드림중국어 고급 회화 800

梦想中国语 高级 会话 800

드림중국어 원어민 수업 체험 예약 (30 분)

QR 코드를 스캔해서 중국어 체험 수업 신청하세요.

(네이버 아이디로 들어감)

ZOOM 1:1 수업, 휴대폰/태블릿/컴퓨터로 수업 가능

드림중국어 고급 회화 800

梦想中国语 高级 会话 800

종이책 발행   2017 년 07 월 01 일
전자책 발행   2020 년 10 월 01 일

편저: 류환 (刘欢)
디자인: 曹帅

발행인: 류환
발행처: 드림중국어
주소: 인천 서구 청라루비로 93, 7 층
이멜: 5676888@naver.com
등록번호: 654-93-00416
등록일자: 2016 년 12 월 25 일

종이책 ISBN: 979-11-88182-20-6 (13720)
전자책 ISBN: 979-11-91186-08-6 (15720)

값: 29,800 원

이 책은 저작권법에 따라 보호받는 저작물이므로 무단복제나 사용은 금지합니다. 이 책의 내용을 이용하거나 인용하려면 반드시 저작권자 드림중국어의 서면 동의를 받아야 합니다. 잘못된 책은 교환해 드립니다.

<MP3 무료 다운!>

이 책에 관련된 모든 MP3 는 드림중국어 카페(http://cafe.naver.com/dream2088)를 회원 가입 후에 <교재 MP3 무료 다운> 에서 무료로 다운 받으실 수 있습니다.

< 목 록 >

< 회화 1-100 > 1

< 단어 1-50 > 23

< 단어 51-100 > 36

< 회화 101-200 > 48

< 단어 101-150 > 77

< 단어 151-200 > 92

< 회화 201-300 > 104

< 단어 201-250 > 131

< 단어 251-300 > 147

< 회화 301-400 > 164

< 단어 301-350 > 190

< 단어 351-400 > 202

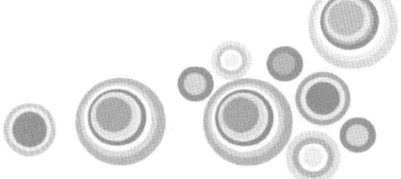

< 목 록 >

< 회화 401-500 > **215**

< 단어 401-450 > 240

< 단어 451-500 > 249

< 회화 501-600 > **259**

< 단어 501-550 > 283

< 단어 551-600 > 294

< 회화 601-700 > **306**

< 단어 601-650 > 335

< 단어 651-700 > 347

< 회화 701-800 > **359**

< 단어 701-750 > 383

< 단어 751-800 > 392

드림중국어 고급 회화 1-800

〈 회화 1-100 〉

01 爱护 àihù	잘 보살피다, 사랑하고 보호하다 A：作为一个国家的公民，应该爱护公共财产吗？B：我认为应该爱护。 A：我们为什么要爱护动物？B：因为动物是我们的朋友。 A：我们应该怎样爱护环境？B：我们应该爱护花草树木，不乱扔垃圾。 A：同学之间应该怎样相处？B：同学之间应该互相帮助，互相爱护。
02 爱惜 àixī	아끼다, 소중히 여기다 A：我们为什么要爱惜时间？B：因为时间就是生命。 A：你最爱惜的东西是什么？B：我最爱惜的东西是我的手机。 A：我们为什么应该爱惜粮食？B：因为粮食是农民伯伯用辛勤劳动换来的。 A：怎样爱惜自己的身体？B：好好儿吃饭，好好儿睡觉，坚持运动并注意休息。
03 安慰 ānwèi	위로하다, 안위하다 A：朋友伤心的时候你会怎样安慰他？B：我会耐心地听朋友倾诉。 A：你什么时候最需要家人或朋友的安慰？B：我遇到困难和挫折的时候。 A：你是一个会安慰人的人吗？B：我是一个会安慰人的人。 A：孩子给父母最大的安慰是什么？B：好好学习，长大成人。
04 安装 ānzhuāng	(기계·기자재 등을) 설치하다 A：电脑为什么需要安装杀毒软件？B：杀毒软件可以保护电脑，防止病毒入侵。 A：你家里安装无线网络了吗？B：我家里安装无线网络了。 A：教室里安装了几盏日光灯？B：教室里安装了6盏日光灯。 A：你的房间里安装空调了吗？B：我的房间里安装空调了。

05 把握 bǎwò	(손으로 꽉 움켜)잡, 쥐다, 파악하다	
	A：如何提高学习效率？ B：把握学习重点，预习和复习相结合。	
	A：你有把握学好哪门课？ B：我有把握学好中文课。	
	A：怎样才能成功？ B：努力准备，并且把握住机会。	
	A：和朋友开玩笑的时候应该注意什么？ B：应该注意把握分寸。	
06 摆 bǎi	놓다, 벌여놓다, 배열하다	
	A：你一般把镜子摆在哪里？ B：我一般把镜子摆在化妆台上。	
	A：小狗开心的时候会做什么？ B：小狗开心的时候会摆尾巴。	
	A：我们怎样和朋友分别？ B：一边摆手，一边说"再见！"。	
	A：吃饭之前我们会做什么？ B：我们会提前把筷子和勺子摆在桌子上。	
07 办理 bànlǐ	처리하다, 취급하다, 수속하다	
	A：出国之前需要办理什么？ B：出国之前需要办理护照。	
	A：登机一个小时前需要办理什么？ B：需要办理登机手续。	
	A：入住酒店时需要办理什么？ B：需要办理入住手续。	
	A：你去银行办理过什么业务？ B：我去银行办理过开设银行卡的业务。	
08 保持 bǎochí	(지속적으로) 유지하다	
	A：怎样保持房间干净整洁？ B：每天按时打扫卫生。	
	A：怎样才能长命百岁？ B：保持健康的生活习惯和良好的心态。	
	A：在读书室学习时应该注意什么？ B：应该注意保持安静。	
	A：司机开车时应该注意什么？ B：应该时刻保持头脑清醒，注意安全。	
09 保存 bǎocún	보존하다. 간수하다. 간직하다	
	A：电脑突然死机会有什么后果？ B：还没来得及保存的资料会丢失。	

	A：你还保存着儿时的照片吗？B：我一直保存着儿时的照片。 A：你一般把重要的信息保存在哪里？B：我一般保存在我的电子邮箱里。 A：你的手机里保存了多少张照片？B：我的手机里保存了100多张照片。
10 保留 bǎoliú	보류하다. 남겨두다. 보존하다 A：当你和他人意见不同时会怎么做？B：我会尊重别人的意见，并且保留自己的想法。 A：你还保留着小时候穿过的衣服吗？B：我家里只剩下一两件小时候的衣服了。 A：老师的职责是什么？B：老师的职责是毫无保留地把知识传授给学生。 A：你觉得北京这个城市怎么样？B：北京的许多古迹还保留着本来的面貌。
11 报告 bàogào	보고서. 리포트. 보고하다. A：你听过什么报告？B：我听过战斗英雄的报告。 A：你做过什么报告？B：我做过毕业论文报告。 A：学校一般在哪里进行报告演讲？B：学校一般在大礼堂进行报告演讲。 A：如果在校园里看到同学打架，你会向老师报告吗？B：我会马上去向老师报告。
12 本领 běnlǐng	기량. 능력. 재능. 솜씨 A：你想学习什么本领？B：我想学习跆拳道。 A：在你家谁的做饭本领最大？B：我的妈妈。 A：你觉得哪项本领可以从小就开始学习？B：外国语，钢琴，绘画，跳舞等。 A：怎样才能获得真本领？B：刻苦学习，埋头苦干。
13 本质 běnzhì	본질. 본성. A：我们应该怎样看待事情？B：我们应该透过现象看到本质。 A：怎样评价一个人？B：我们应该从本质上评价一个人，不能以貌取人。

14 比例 bǐlì	비. 비례 A: 蒸米饭时, 米和水的合适比例是多少? B: 米和水的合适比例是1:1.2。 A: 最具有审美意义的黄金比例是多少? B: 1:0.618。 A: 你们班的男女比例是多少? B: 我们班的男女比例是2:1。 A: 成功和勤奋是什么关系? B: 成功和勤奋是正比例关系。
15 比如 bǐrú	예를 들면. 예컨대. 가령. A: 你最喜欢吃什么中国菜? B: 我喜欢吃很多中国菜, 比如: 火锅, 鱼香肉丝等。 A: 你知道哪些中国成语? B: 比如说: 落叶归根、两小无猜、学富五车等。 A: 你想去中国哪些城市旅游? B: 比如上海, 广州, 香港等城市我都想去旅游一次。 A: 你喜欢听音乐吗, 比如流行音乐? B: 我喜欢流行音乐和经典老歌。
16 必然 bìrán	필연적이다. 꼭. 필연적으로 A: 人类发展的必然规律是什么? B: 优胜劣汰, 适者生存。 A: 违法犯罪的必然下场是什么? B: 受到法律的制裁。 A: 人的成长必然要经历什么? B: 必然要经历一些风雨的磨砺。 A: 梦想的实现必然要付出什么? B: 努力和汗水。
17 必需 bìxū	꼭 필요로 하다. 필수품. 반드시 필요하다 A: 我们的日常生活必需品有哪些? B: 柴米油盐。 A: 人类生存的必需资源是什么? B: 淡水是人类生存的必需品。
18 必要 bìyào	필요로 하다, 반드시 필요하다[추상적인 것에 많이 씀] A: 你觉得有必要复习上节课学习过的知识吗? B: 我觉得有必要。 A: 怎样才能做到珍惜时间? B: 每时每刻都做些有意义的事, 戒掉不必要的行为。 A: 顺其自然是怎样的心态? B: 不要过分追求完美, 不要给自己不必要的压力。

	A：怎样学好一门外语？B：学习外语时，努力和敢说是非常必要的。
19 毕竟 bìjìng	결국, 끝내 A：你的爷爷身体怎么样？B：爷爷毕竟是上了年纪，腿脚已经大不如以前。 A：你认为高中生可以早恋吗？B：我不赞同，毕竟还是学生，一切应以学习为中心。 A：你会原谅朋友对你做错过的事情吗？B：我会原谅，毕竟人无完人。 A：为什么很多华侨晚年落叶归根，回到了故乡？B：毕竟那里是他们出生的地方。
20 避免 bìmiǎn	(나쁜 상황을) 피할 수 없다. A：经常旅游有什么好处？B：经常旅游可以增长见闻，避免坐井观天。 A：工作的时候什么是不可避免的？B：工作的时候失误是不可避免的。 A：怎样做可以避免交通事故？B：遵守交通规则，不酒后驾车。 A：人生在世，什么是不可避免的？B：挫折和失败是不可避免的。
21 标志 biāozhì	표지. 명시하다. (상징)하다. A：中华人民共和国成立的意义是什么？B：标志着中国人民从此站起来了。 A："神舟号"飞船发射成功标志着什么？B：标志着中国航天技术达到新的水平。 A：高速公路上有哪些标志？B：有限速标志,应急停车标志,指路标志等。 A：你觉得心理成熟的标志是什么？B：不再用哭闹来解决问题。 A：人类区别于动物的根本标志是什么？B：劳动。
22 表明 biǎomíng	분명하게 밝히다. 표명하다. A：有的学生努力学习但没有好成绩表明什么？B：表明他的学习方法不对。 A：她考过了HSK6级考试表明了什么？B：表明了她的汉语已经达到了高级水平。 A："三人行，必有我师。"这句话表明了什么？B：表明每个人都有值得他人学习的地方。

	A：对于原则性问题我们应该怎么做？B：我们应该表明自己的立场和态度。
23 脖子 bózi	목 A：什么动物的脖子很长？B：长颈鹿的脖子很长。 A：晚上睡觉落枕了哪里会不舒服？B：脖子会不舒服，第二天一点儿都不能动。 A：你吃过中国有名小吃"鸭脖子"吗？B：我没有吃过，它是什么味道呢？ A：手脖子上可以戴哪些东西？B：手表和手链等。
24 播放 bōfàng	방송하다.방영하다 A：你经常使用MP3播放器吗？B：我上大学的时候经常使用MP3播放器。 A：中文课上老师播放过什么歌曲？B：老师播放过中文流行歌曲。 A：你开车的时候会听广播吗？B：我会听娱乐电台播放的广播。 A：一般一首歌曲会播放多长时间？B：一般一首歌曲会播放4分钟左右。
25 不必 búbì	~할 필요없다 A：怎样对待不讲道理的人？B：不必理他就可以了。 A：小时候我们不必担心什么事情？B：我们不必担心挣钱的事情。 A：你的什么事情妈妈不必操心？B：我工作的事情妈妈不必操心。 A：头疼的时候你会去医院吗？B：我觉得不必去医院，休息一下就好了。
26 不断 búduàn	계속해서. 끊임없이 A：怎样才能不断进步？B：不断反省自己和超越自己。 A：中国除夕夜为什么那么热闹？B：因为到处可以听到接连不断的鞭炮声。 A：好吃的饭馆有什么特点？B：每天顾客源源不断。 A：怎样才能拥有一个健康的身体？B：每天坚持不断地运动。

27 不见得 bújiàndé	확정할 수 없다. 반드시 ~라고는 할 수 없다. A：有很多钱就一定会幸福吗？B：钱很重要，但是有很多钱不见得一定会幸福。 A：你觉得人在任何时候都不能说谎吗？B：有时候说善意的谎言不见得是件坏事。 A：衣着打扮很普通的人都是普通人吗？B：衣着打扮很普通的人不见得都是普通人。 A：言谈举止很有礼貌的人一定是善良的人吗？B：言谈举止很有礼貌的人不见得都是善良的人。 A：父母应该给孩子无限多的爱吗？B：过分的爱不见得对孩子的人格成长有帮助。	
28 不耐烦 bùnàifán	귀찮다. 못참다. 견디지 못하다. A：妈妈对你唠叨的时候你会感到不耐烦吗？B：小时候会，但长大后才明白这都是因为妈妈爱我。 A：你什么时候会变得不耐烦？B：在超市排长队等待结账时我会变得不耐烦。 A：你会不耐烦跟谁讲话？B：我会不耐烦跟路边发广告单的人讲话。 A：你爸爸不耐烦的时候会做什么？B：我爸爸不耐烦的时候会抽一根烟。	
29 不要紧 búyàojǐn	괜찮다. 문제될 것이 없다. A：犯错误了怎么办？B：不要紧，只要及时改正就好。 A：失败可怕吗？B：失败不要紧，要紧的是没有重新挑战的勇气。 A：期中考试没考好怎么办？B：不要紧，只要及时亡羊补牢，认真学习，期末考试一定会取得好成绩。 A：女孩子一个人走夜路不要紧吗？B：女孩子尽量不要独自一人走夜路。	
30 不得了 bùdéliǎo	(정도가) 깊다, (사태가) 심각하다. A：你收到过的最喜欢得不得了的礼物是什么？B：爸爸送给我的音乐手机。 A：你什么时候会紧张得不得了？B：考试开始前十分钟。 A：你觉得什么食物好吃得不得了？B：奶酪蛋糕。	

| | A：如果你晚上12点还没有回家，家人会怎么样？B：家人会担心得不得了。|

31 不免 bùmiǎn	면할 수 없다. ~을 피하지 못하다. A：走在路上听到了一首熟悉的歌，你会有什么感想？B：熟悉的歌不免让我回忆起了往事。 A：一个人性格的形成不免受到什么的影响？B：家庭和社会的影响。 A：你第一次面试的时候会紧张吗？B：因为是第一次，不免有些紧张。 A：违法犯罪会有什么下场？B：不免受到法律的制裁。
32 不然 bùrán	그렇지 않으면. 아니면 A：小明今天怎么没来上课？B：我怀疑他生病了，不然他不会缺课的。 A：酒后可以驾车吗？B：酒后不可以驾车，不然很可能发生交通事故。 A：怎样向别人承诺？B：在做出承诺前一定要想清楚,不然一言既出,驷马难追。
33 不如 bùrú	~하는 편이 낫다. ~만 못하다 A：你喜欢吃红烧肉还是北京烤鸭？B：这两个都不如火锅好吃。 A："天时不如地利"下一句是什么？B："地利不如人和"。 A："双鸟在林，不如一鸟在手"告诉我们什么道理？B：把握现在，不要空想未来。 A：你觉得附近哪家饭店的菜最好吃？B：哪家饭店的菜都不如妈妈做的菜好吃。 A："远亲不如近邻"是什么意思？B：遇有急难，远道的亲戚就不如近旁的邻居那样能及时帮助。
34 不足 bùzú	부족하다. 충분하지 않다. 모자라다. 이르지 못하다 A：你希望将来过上怎样的生活？B：我不求什么大富大贵，"比上不足，比下有余"就行了。 A："读书补天然之不足，经验又补读书之不足。"这句话是谁说的？B：培根。 A：你为什么喜欢夏天？B：因为夏天五彩缤纷，但美中不足的是太热了。

	A：" 尺有所短，寸有所长。" 比喻什么？B：人或事物各有长处和不足之处。
35 步骤 bùzhòu	(일이 처리의) 순서. 절차. 차례 A：你会安装空调吗？B：我会按照说明书上的步骤安装空调。 A：怎样完美地处理一件事情？B：有步骤有条理，不能操之过急。 A：怎样解一道数学题？B：按照正确的方法和步骤解题。
36 采访 cǎifǎng	탐방하다. 인터뷰하다. 취재하다 A：记者的职业是什么？B：采访和报道新闻。 A：你喜欢看什么采访节目？B：我喜欢看明星采访节目。
37 采取 cǎiqǔ	채택하다. 취하다. A：对待学习应采取怎样的态度？B：对待学习应采取认真仔细的态度。 A：紧急时刻我们应采取怎样的措施？B：紧急时刻我们应采取果断的措施。
38 踩 cǎi	밟다. 딛다. A：急刹车的时候应该怎么做？B：快速踩下刹车踏板。 A：不小心踩到别人脚的时候应该怎么做？B：应该对别人道歉。
39 参考 cānkǎo	(의견. 자료를) 참고하다. 참조하다 A：做重要决定的时候，你会参考谁的意见？B：我会参考家人的意见。 A：《中级会话600》的参考译文在哪里？B：在网上可以买到。
40 参与 cānyù	참여하다. 참가하다. A：你积极参与班级的集体活动吗？B：我积极参与班级的集体活动。 A：环境保护需要谁的参与？B：环境保护需要人人参与。

41 惭愧 cánkuì	부끄럽다. 창피하다.	
	A：你什么时候会感到惭愧？	B：老师批评我的时候我会感到惭愧。
	A：你惭愧的时候想做什么？	B：恨不得找一个老鼠洞钻进去。
42 操心 cāoxīn	마음을 쓰다. 신경을 쓰다. 걱정하다	
	A："儿行千里母担忧"表明了什么？	B：做父母的总为儿女操心。
	A：你学习的事情会让妈妈操心吗？	B：我学习的事情从来不让妈妈操心。
43 册 cè	책. 책자. 권, 책 [책을 세는 양사]	
	A：你有几册汉语书？	B：我有四册汉语书。
	A：你家里有几本相册？	B：我家里有两本相册。
44 测验 cèyàn	시험. 테스트. 시험하다. 테스트하다	
	A：汉语课上经常做什么测验？	B：汉字听写测验。
	A：定期考试的意义是什么？	B：可以测验学生对所学知识掌握的程度。
	A：发明家是怎样发明一件东西的？	B：经过无数次测验后，最终发明出一件东西。
45 曾经 céngjīng	일찍이. 이전에	
	A：你曾经去过哪些国家旅游？	B：我曾经去过中国、日本、菲律宾和泰国旅游。
	A：青罗和松岛在地理上曾经是什么？	B：青罗和松岛在地理上曾经是一片海。
	A：你爸爸曾经做过什么工作？	B：我爸爸曾经做过食品贸易工作。
	A：你曾经做过怎样的梦？	B：我曾经梦到自己成为了皇帝。
46 产生 chǎnshēng	생기다. 발생하다. 나타나다.	
	A：在山谷中呐喊会产生什么？	B：在山谷中呐喊会产生回音。
	A：韩国总统是怎样产生的？	B：全民投票选举产生的。

	A：人和人在一起相处久了会产生什么？B：人和人在一起相处久了会产生感情。 A：在路边看到一只可怜的小狗你会有什么心情？B：我会对小狗产生同情心。
47 朝 cháo	~를 향하여. ~쪽으로 A：去超市怎么走？B：沿着小河一直朝东走，10分钟左右就到了。 A：你朝谁发过火？B：我朝妹妹发过火。
48 彻底 chèdǐ	철저하다. 철저히 하다 A：你多久彻底打扫一次房间？B：我一周彻底打扫一次房间。 A：你彻底改掉过什么坏习惯？B：我彻底改掉过睡懒觉的坏习惯。 A：要想获得好的考试成绩应该怎么做？B：要彻底理解平时所学的知识。
49 沉默 chénmò	과묵하다. 말이 적다. 침묵하다. A：你是一个沉默寡言的人吗？B：我不是一个沉默寡言的人。 A："沉默是金"是什么意思？B：指不常说话的人易取得成功。 A："不在沉默中爆发，就在沉默中灭亡。"作者是谁？B：中国著名文学家鲁迅。
50 趁 chèn	(시간, 기회를) 틈타다. A：趁年轻，我们应该多做什么？B：多学习，多旅游，多交往朋友。 A：妈妈趁家人不在家的时候会做什么？B：打扫房间和洗衣服。 A：饭桌上我们经常会听到什么礼貌话？B：快点趁热吃，快点趁热吃。
51 称 chēng	부르다. 칭하다 A：请问怎么称呼你？B：请叫我小明就可以。 A：写作文一般使用第几人称？B：一般使用第一人称。 A：中国乐器之首是什么？B：鼓被称为中国乐器之首。

52 成果 chéngguǒ	성과. 결과[자신의 성과, 일반적인 성과를 말할 때 씀]	
	A：我们为什么要爱惜粮食？B：爱惜粮食就是尊重农民的劳动成果。	
	A：人生最大的快乐是什么？B：自己的劳动得到了成果。	
	A：科技发展的成果有哪些？B：手机，电脑，机器人等。	
53 成就 chéngjiù	(사업상의)성취. 성과[존대의 의미로 남의 성과를 평가할 때 씀]	
	A：你想在哪方面有所成就？B：我想在语言方面有所成就。	
	A：你什么时候最有成就感？B：我考试考了100分的时候最有成就感。	
	A：是什么成就了今天的你？B：对过去的总结，对未来的坚持，成就了今天的我。	
54 成立 chénglì	(조직·기구 등을)창립하다. 결성하다. (나라, 정권, 기관) 세워지다.	
	A：中华人民共和国什么时候成立的？B：1949年10月1日。	
	A：成立新公司之前要做哪些准备？B：首先，需要获得各项审批。	
55 成长 chéngzhǎng	성장하다. 자라다.	
	A：成长的路上充满了什么？B：酸甜苦辣。	
	A："孟母三迁"这个典故说明了什么？B：环境对人的成长有重要作用。	
	A：在你的成长过程中，谁对你的影响最大？B：我的妈妈。	
56 诚恳 chéngkěn	진실하다. 간절하다.	
	A：都是我不好，对不起。B：看在你这么诚恳的份儿上，我就原谅你吧！	
	A：请别人帮忙的时候应该怎么做？B：应该态度诚恳地去请求。	
	A：你爸爸是一个怎样的人？B：为人厚道，待人诚恳。	
57 承担 chéngdān	맡다, 감당하다	
	A：做了错事该怎么办？B：应该勇于承担责任。	

	A：做生意容易吗？B：做生意难免要承担风险。 A：你妈妈上班吗？B：我妈妈不仅上班，还承担着繁重的家务劳动。
58 承认 chéngrèn	인정하다 A：你为什么总是不听妈妈的话？B：我承认是妈妈把我惯坏了。 A：你喜欢唱歌吗？B：是的，我承认我是个麦霸。 A：你会喝酒吗？B：我承认我会喝酒，但是我很讨厌喝酒。
59 承受 chéngshòu	견뎌 내다, 받아들이다. A：我们应该学会承受什么？B：生活的压力。 A：你可以承受什么痛苦？B：失恋的痛苦。 A：你的心理承受能力强吗？B：我的心理承受能力很强。 A：你无法承受什么痛苦？B：我无法承受失去亲人的痛苦。
60 吃亏 chīkuī	손해를 보다. 손실을 입다 A："不听老人言"后果是什么？B："吃亏在眼前"。 A：怎样工作不会吃亏？B：诚实细心地工作是不会吃亏的。 A：说实话会吃亏吗？B：说实话不会吃亏，但说谎话迟早会吃亏的。 A：你买东西的时候吃过亏吗？B：我买衣服的时候吃过亏。
61 持续 chíxù	지속하다. A：雨季的时候，雨会持续下多久？B：一个月左右。 A：怎样才能一直保持优秀的成绩？B：持续不断地努力。 A：近几年物价有什么变化？B：物价持续上涨。 A：你发高烧最严重持续几天？B：三天。

62 冲 chōng	(물로)씻어 내다. 돌진하다.	
	A：饭前怎么做比较讲卫生？	B：饭前冲洗一下手。
	A：夏天很热该怎么办？	B：我每天都会冲个凉水澡。
	A：你早饭一般吃什么？	B：我一般冲一袋儿燕麦片。
	A：上学快迟到的时候你会怎么办？	B：我会飞快地冲出家门，打出租车。
63 充分 chōngfèn	충분하다	
	A：怎样获得充分的自信？	B：正确地评价自我，接受真实的自己。
	A：HSK考试你准备得怎么样了？	B：我已经做好充分的准备了。
	A：我们应该怎样利用时间？	B：我们应该充分利用时间。
	A：自信对我们的重要意义是什么？	B：充分相信自己，朝着自己的目标不断地努力。
64 充满 chōngmǎn	가득 퍼지다. 가득 차다, 넘치다.	
	A：你的眼里为什么充满了泪水？	B：这部电影让我很感动。
	A：家是一个怎样的地方？	B：家是一个充满爱的地方。
	A：现实社会充满了什么？	B：诱惑和选择。
	A：教室里为什么有一股香香的味道？	B：因为有个女同学喷了香水。
65 重复 chóngfù	(같은 일을)반복하다. 중복하다. 반복되다.	
	A：重要的内容老师会重复讲几遍？	B：老师会重复讲两遍。
	A：你每天重复做什么事情？	B：我每天坚持重复运动。
	A：什么事情不可以重复？	B：相同的错误不可以重复。
	A：怎样实现目标？	B：第一要专注，第二要重复。
66 出色 chūsè	대단히 뛰어나다. 특출하다.	
	A：你能出色地完成老师布置的任务吗？	B：我能出色地完成老师布置的任务。

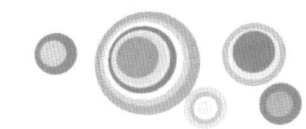

	A：你在哪方面比较出色？B：我在外语方面比较出色。 A：你的梦想是什么？B：我想成为一名出色的翻译家。 A：怎样留住一个人的心？B：活得出色和漂亮！
67 出席 chūxí	(회의, 모임에) 참가하다. 출석하다. A：爸爸明天要坐飞机去哪里？B：爸爸要去中国出席一个重要的国际会议。 A：谁出席了开学典礼？B：校长出席了开学典礼。 A：爸爸妈妈出席过谁的婚礼？B：爸爸妈妈出席了表姐的婚礼。 A：谁出席了你的毕业典礼吗？B：妈妈出席了我的毕业典礼。
68 除 chú	~를 제외하고.~이외에 A：除了汉语，你还会说哪些外国语？B：英语和日语。 A：教室里除了你以外还有几个人？B：除了我，还有两个人。 A：除春节外，你还喜欢哪个节日？B：我还喜欢中秋节。 A：周末你除了做作业，还做什么？B：周末我还彻底打扫一下房间。
69 除非 chúfēi	오직 ~하여야. ~한다면 몰라도 A："若要人不知，除非己莫为。"说明了什么？B：干了坏事是隐瞒不住的。 A：怎样才能考上大学？B：除非努力学习，否则无论复读几次都考不上的。 A：你的人生信念是什么？B：除非我自己放弃了，否则我永远不会被打败！ A：爸爸经常发火吗？B：爸爸不经常发火，除非我犯了大错。
70 传播 chuánbō	널리 퍼뜨리다. 전파하다. 유포하다 A：蜜蜂在花丛中做什么？B：蜜蜂在花丛中传播花粉。 A：声音在真空中可以传播吗？B：声音不可以在真空中传播。 A：教师的职责是什么？B：传播知识。

	A：文化传播的方式有哪些？B：商业贸易、人口迁徙和教育。
71 传递 chuándì	(차례차례) 전달하다. 전하다 A：手机的作用是什么？B：手机是我们传递信息的工具。 A：你看过奥运圣火的传递吗？B：我在电视上看过，很壮观。 A：歌声可以传递什么？B：快乐与忧伤。 A：春节的时候人们为什么发短信拜年？B：因为短信可以传递对亲朋好友的祝福。
72 传染 chuánrǎn	전염하다. 감염하다 A：你怎么突然感冒了？B：我的同学感冒了，不久传染给我了。 A：怎样预防传染病？B：打预防针可以有效预防传染病。 A：传染病会通过哪些途径传播？B：空气、飞沫、接触等途径。 A：不幸患上传染病应该怎么办？B：应该接受隔离治疗。
73 创造 chuàngzào	창조하다. 만들다 A：谁创造了历史？B：人民群众是历史的创造者。 A：一个企业怎样才能一直保持盈利？B：与时俱进，不断地创造新产品。 A：普通人怎样实现人生的价值？B：在平凡的岗位创造出不平凡的业绩。 A：爱迪生发明创造了什么？B：爱迪生发明创造了电灯。
74 吹 chuī	불다, (입으로) 바람을 불다 A：你会吹口哨吗？B：我不会吹口哨。 A：什么人的话不能相信？B：爱吹牛皮的人的话不能相信。 A：路边的小树怎么折断了？B：树枝昨晚被大风吹断了。 A：她怎么看起来不开心？B：她刚和新交的男朋友吹了。

75 此外 cǐwài	이 외에, 이 밖에. A：怎样才能学好中文？B：只有下功夫多读多练，此外没有别的办法。 A：怎样做一个好学生？B：上课认真听讲，此外还要积极完成作业。 A：饭后散步有什么好处？B：促进肠胃消化，此外还可以减肥。 A：你去过哪些地方旅游？B：国内的北京、上海等大城市，此外还有海外的一些城市。
76 次要 cìyào	부차적인. 이차적인 A：怎样提高学习效率？B：分清主要和次要内容，有重点地学习。 A：刚毕业找工作时应该注意什么？B：是否有发展前景是重要的，工资多少是次要的。
77 刺激 cìjī	자극하다. (정신적인) 자극. 충격 A：他今天怎么浑身火药味？B：他今天好像受到什么刺激了。 A：含羞草一受到刺激就会怎样？B：它的叶子会马上缩起来。 A：这次足球比赛怎么样？B：这次比赛紧张又刺激。 A：你做过的最刺激的一件事是什么？B：去年旅游的时候，坐海盗船让我感到最刺激。
78 从此 cóngcǐ	이후로. 그로부터. 이로부터, 그때부터 A：那个犯人出狱后变得怎么样？B：从此他改邪归正，老老实实做人。 A：如果被朋友欺骗了你会怎样？B：从此不再相信他。 A：她结婚后过得怎么样？B：她嫁给了真爱，从此过上了幸福的生活。
79 从而 cóngér	따라서 그리하여, 그렇게 함으로써, 따라서 A：你们学校经常开展课外活动吗？B：我们学校经常开展课外活动，从而开阔了同学们的知识面。 A：你喜欢看魔术表演吗？B：喜欢，魔术师表演得很完美，从而让我感到很神奇。 A：中华餐厅的菜好吃吗？B：中华料理有独特的风味，从而吸引了很多顾客。

	A：自信的人是怎样的人？B：自信的人会发现自己的长处，并发扬长处，从而取得成功。
80 从前 cóngqián	이전. 옛날 A：现在的农村生活怎么样？B：现在可不比从前了，家家都过上了好日子。 A：你比从前变化最大的地方是什么？B：从前的我很脆弱，现在的我很坚强。 A：你的好朋友比从前有什么变化？B：她从前相貌平平，现在长成了一个大美女。 A：这里从前是什么？B：这里从前是一片海，现在被人们开发为一座新城市。
81 从事 cóngshì	종사하다. 몸담다 A：你爸爸从事什么工作？B：我爸爸从事食品贸易工作。 A：将来你想从事什么工作？B：将来我想从事医学工作。 A：从事怎样的工作有前途？B：无论从事怎样的工作，只要努力，都有前途。 A：性格急躁的人有什么缺点？B：容易鲁莽从事，好事也会办成坏事。
82 促进 cùjìn	촉진하다. 촉진시키다 A：经济政策的改革有什么意义？B：经济政策的改革促进了这座城市的发展。 A：慢跑有什么好处？B：慢跑可以促进血液循环，有利于健康。 A：你为什么喜欢喝酸奶？B：因为酸奶可以促进肠胃消化吸收。 A：生产和安全的关系是什么？B：生产必须安全，安全促进生产。
83 促使 cùshǐ	~하게끔 (추진)하다. ~하게 하다 A：挫折对人生的意义是什么？B：挫折是促使人生成功的良药。 A：儿童为什么不能多吃零食？B：零食会促使身体发胖，营养失衡。
84 催 cuī	재촉하다. 독촉하다. 다그치다 A：你那件事情办得怎么样了？B：不要催我，我得好好考虑考虑。

	A：催化剂的作用是什么？B：催化剂可以加快化学反应的速度。 A：妈妈每天早上会催你起床吗？B：上课快迟到的时候，妈妈会催我起床。 A：你最喜欢的一首催眠曲是什么？B：《昨日重现》。
85 存在 cúnzài	존재하다 A：如果太阳不复存在会有什么后果？B：地球上的生命都无法存活。 A：世界上存在完美的东西吗？B：世界上根本不存在完美无缺的东西。 A：怎样解决复杂的问题？B：首先应该找出问题存在的根本原因。 A：每个月开会的意义是什么？B：总结工作中存在的问题，从而更好地开展工作。
86 措施 cuòshī	조치. 대책 A：国家采取哪些措施保护环境？B：制订环境保护法，加大环境保护资金投入。 A：社会采取什么措施帮助贫困儿童？B：捐款和办学校。 A：有哪些措施可以减少交通事故的发生？B：制订法律，加强监管。
87 错误 cuòwù	착오 잘못 A：你经常因为什么犯错误？B：我经常因为马虎犯错误。 A：发现别人的错误我们应该怎么做？B：我们应该帮助别人委婉指出错误。 A：犯错误后应该怎么改正？B：首先从主观上找根本原因。 A：对儿童错误的教育方法会造成什么影响？B：会使儿童产生反常的心理。
88 答应 dāying	응하다. 응답하다. 동의하다. 허락하다 A：爸爸答应过你什么事情？B：爸爸答应过会带我去海外旅游。 A：如果你能考第一名，妈妈会答应你什么？B：妈妈会答应给我买一个手机。 A：答应别人的事情要怎么做？B：答应别人的事情一定要做到。 A：你答应过朋友什么事情？B：我答应过朋友陪她一起去听演唱会。

89 达到 dádào	도달하다. 이르다 A：中国航天技术发展得怎么样？B：中国航天技术已经达到世界先进水平。 A：他有多么爱看书？B：他看起书来，能达到废寝忘食的程度。 A："一箭双雕"是什么意思？B：比喻做一件事可以达到两个目的。 A：你的汉语会话达到什么水平了？B：我的汉语会话达到高级水平了。
90 打交道 dǎjiāodao	(사람끼리)왕래하다, 사귀며 왕래하다 A：做生意的人经常跟谁打交道？B：做生意的人经常跟客户打交道。 A：你不喜欢和怎样的人打交道？B：我不喜欢和不讲信用的人打交道。 A：你和那个朋友什么时候认识的？B：我和他打交道很多年了。
91 打听 dǎting	물어보다. 알아보다 A：你打听过附近哪家饭馆儿最有名吗？B：附近的中华料理饭馆儿挺有名的。 A：你是从哪里打听到中文学院的？B：我是从朋友那里打听到中文学院的。 A：你喜欢打听别人的事情吗？B：我不喜欢打听别人的事情。 A：在国外迷路的时候你会怎么办？B：我会向陌生人打听一下。
92 打招呼 dǎzhāohu	인사하다 A：你每天跟谁打招呼？B：我每天跟老师和同学们打招呼。 A：你怎样跟初次见面的人打招呼？B：我会微笑问好，并简单做自我介绍。 A：酒店服务员应该怎样对客人打招呼？B：酒店服务员应该热情得向客人打招呼。
93 大方 dàfāng	(언행이) 시원하다. (성격이) 대범하다 A：学生应该怎样穿衣打扮？B：学生穿衣打扮应该朴素大方。 A：你是一个出手大方的人吗？B：我对朋友出手很大方。 A：面试的时候怎样保持良好的形象？B：面带微笑，举止大方。

94 呆 dāi	머물다. (머리가)둔하다. 멍청하다. 멍하다 A：你喜欢发呆吗？B：我一个人的时候喜欢听着音乐发呆。 A：你放假的时候喜欢呆在哪里？B：我喜欢呆在家里。 A：你会被什么吓呆？B：我会被朋友的恶作剧吓呆。 A：你觉得什么人看起来呆呆的？B：我觉得话少的人看起来呆呆的。
95 贷款 dàikuǎn	(은행에서)대출하다. 대부금. 대여금 A：爸爸从银行贷款过吗？B：爸爸开公司的时候从银行贷款过。 A：为什么很多人贷款买房？B：因为买房需要很多很多钱。 A：偿还贷款的时候还需要偿还什么？B：还需要偿还利息。
96 待遇 dàiyù	대우. 대접. 대우하다 A：你学校的食宿待遇怎么样？B：我学校的食宿待遇很好。 A：每个人都希望受到怎样的待遇？B：每个人都希望受到平等的待遇。 A：你买什么的时候受到过优惠待遇？B：我国庆节买电脑的时候受到过优惠待遇。 A：你会选择去哪个公司工作？B：我会选择去薪资待遇好的公司工作。
97 单纯 dānchún	단순하다 A：为什么孩子的世界很美好？B：因为孩子天真单纯。 A：怎样学好汉语？B：单纯靠努力背单词是不够的，还需要多听多说。 A：你喜欢和怎样的人做朋友？B：我喜欢和单纯、诚实的人做朋友。 A：这个问题很复杂吗？B：是的，这个问题没有想象中的那么单纯。
98 单调 dāndiào	단조롭다 A：大学生活怎么样？B：大学生活丰富多彩，一点儿也不单调。 A：怎样让一成不变的生活不单调？B：多培养一些兴趣爱好。

	A：这部电影你觉得怎么样？B：虽然演员很帅，但是故事情节太单调了。 A：你喜欢什么类型的衣服？B：我喜欢颜色单调的衣服。
99 单位 dānwèi	단위. 직장. 기관 A：你爸爸的单位离家近吗？B：我爸爸的单位离家有点儿远。 A：人民币的单位是什么？B：人民币的单位是元。 A：公务员在什么单位上班？B：公务员在国家机关单位上班。
100 担任 dānrèn	맡다. 담임하다. 담당하다. A：你在班里担任过班长吗？B：上大学的时候，我在班里担任过班长。 A：爸爸在公司里担任什么职务？B：爸爸在公司里担任理事职务。 A：谁担任了这本书的主编？B：院长老师担任了这本书的主编。 A：这次会议的主办方是谁担任的？B：这次会议的主办方是央视CCTV担任的。

〈 단어 1-50 〉

1-50 单词	拼音	意思
公民	gōngmín	국민. 공민.
公共财产	gōnggòngcáichǎn	공공 재산. 공공 자산.
乱扔垃圾	luànrēnglājī	쓰레기를 함부로 버리다
相处	xiāngchǔ	함께 살다[지내다].
互相	hùxiāng	서로. 상호.
粮食	liángshi	양식. 식량.
伯伯	bóbó	백부. 큰아버지.
辛勤	xīnqín	부지런하다. 근면하다.
换来	huànlái	갈아 끼우다
坚持	jiānchí	견지하다. 굳건히 보지하다.
耐心	nàixīn	참을성이 있다. 인내심이 강하다.
倾诉	qīngsù	하소연
挫折	cuòzhé	좌절하다
长大成人	zhǎngdàchéngrén	장성하여 어른이 되다
杀毒软件	shādúruǎnjiàn	백신 소프트웨어(software).
防止	fángzhǐ	방지하다.
病毒入侵	bìngdúrùqīn	바이러스가 침입하다.
无线网络	wúxiànwǎngluò	무선 네트워크
盏	zhǎn	잔.잔 모양의 용기.개.
日光灯	rìguāngdēng	형광등

空调	kōngtiáo	공기를 조절하다.에어컨
效率	xiàolǜ	(작업 등의) 능률.(기계·전기 등의) 효율.
预习	yùxí	예습하다.
相结合	xiāngjiéhé	서로 결합하다
分寸	fēncùn	명사 (일이나 말의) 분별. 분수. 주제.
镜子	jìngzǐ	거울.안경.
化妆台	huàzhuāngtá	화장대.
尾巴	iwěibā	꼬리
分别	fēnbié	분별하다
筷子	kuàizǐ	젓가락.
勺子	sháozǐ	(조금 큰) 국자. 주걱. 수저.
护照	hùzhào	여권
登机	dēngjī	비행기에 탑승하다
手续	shǒuxù	절차.수속
入住	rùzhù	입주하다
业务	yèwù	업무
开设	kāishè	개설하다
干净整洁	gānjìngzhěngjié	깨끗하고 청결하다.
按时	ànshí	제때에. 시간에 맞추어.
卫生	wèishēng	위생
长命百岁	shǎngmìngbǎisuì	천년 만년 살다
心态	xīntài	심리 상태
读书室	dúshūshì	독서실
注意	zhùyì	주의하다. 조심하다.

安静	ānjìng	조용하다. 잠잠하다. 고요하다.
司机	sījī	운전사. 기관사. 기사
清醒	qīngxǐng	맑다. 분명하다. 또렷하다.
死机	sǐjī	컴퓨터가 다운되다
来得及	láidejí	제 시간에 댈 수 있다
资料	zīliào	자료
丢失	diūshī	분실되다.
儿时	érsh	어린 시절
信息	íxìnxī	정보.음신(音信). 소식. 편지.
电子邮箱	diànzǐyóuxiāng	이메일함
意见	yìjiàn	견해. 의견. 이의
尊重	zūnzhòng	존중하다.중시하다.(언행이) 정중하다.
职责	zhízé	직책
毫无	háowú	조금도 없다
传授	chuánshòu	전수하다
古迹	gǔjì	고적
本来	běnlái	본래. 원래.원래의.
面貌	miànmào	면모
战斗英雄	zhàndòuyīngxióng	전투 영웅.
毕业论文	bìyèlùnwén	졸업 논문
演讲	yǎnjiǎng	강연하다
大礼堂	dàlǐtáng	대강당
跆拳道	táiquándào	태권도
钢琴	gāngqín	피아노

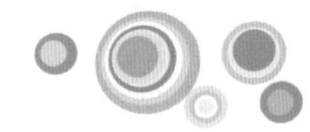

绘画	huìhuà	회화
跳舞	tiàowǔ	춤을 추다.
刻苦	kèkǔ	노고를 아끼지 않다. 고생을 참아 내다.
埋头苦干	máitóukǔgàn	몰두하여 열심히 일하다.
看待	kàndài	취급하다
透过现象	tòuguòxiànxiàng	현상 투과
评价	píngjià	평가하다.
以貌取人	yǐmàoqǔrén	용모로 사람의 품성·능력을 평가하다.
蒸	zhēng	찌다
合适	héshì	적당[적합]하다. 알맞다.
具有	jùyǒu	가지고 있다
审美	shěnměi	심미
勤奋	qínfèn	꾸준하다. 부지런하다.
火锅	huǒguō	신선로
鱼香肉丝	yúxiāngròusī	위샹러우쓰(돼지 살코기 볶음)
落叶归根	luòyèguīgēn	타향에 있는 사람도 결국에는 고향으로 돌아간다.
两小无猜	liǎngxiǎowúcā	남녀 어린아이가 허물없이 지내다. 어린아이의 순진한 감정[마음].
学富五车	ixuéfùwǔchē	읽은 책이 수많은 수레를 가득 채울 수 있다.
流行	liúxíng	유행하다. 성행하다. 널리 퍼지다.
经典老歌	jīngdiǎnlǎogē	클래식 이전의 노래
规律	guīlǜ	규율. 법칙. 규칙.규율에 맞다.
优胜劣汰	yōushènglièitài	우승열패하다. 나은 자는 이기고 못한 자는 패하다.
适者生存	shìzhěshēngcún	적자생존.

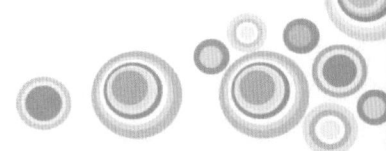

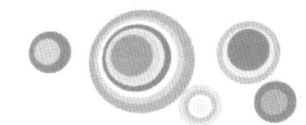

违法犯罪	wéifǎfànzuì	위법 범죄
下场	xiàchǎng	퇴장하다. 시험장에 가서 시험을 보다. 끝장
制裁	zhìcái	제재하다.
磨砺	mólì	연마하다
付出	fùchū	바치다
柴米油盐	cháimǐyóuyán	(땔감·곡식·기름·소금 등) 생활 필수품.
资源	zīyuán	자원
淡水	dànshuǐ	담수
每时每刻	měishíměikè	늘. 언제나. 항상.
戒掉	jièdiào	끊다
顺其自然	shùnqízìrán	순리대로 내버려 두다.
过分追求	guòfènzhuīqiú	지나치게 추구하다
敢说	gǎnshuō	감히 말하다
上了年纪	shàngleniánjì	나이가 지긋하다
不如以前	bùrúyǐqián	예전보다 못하다
早恋	zǎoliàn	이른[어린] 나이에 연애하다.
故乡	gùxiāng	고향
增长见闻	zēngzhǎngjiànwén	견문을 넓히다.
坐井观天	zuòjǐngguāntiān	우물 속에 앉아 하늘을 보다.
失误	shīwù	실수하다.
遵守	zūnshǒu	준수하다
规则	guīzé	규칙. 규정. 법규.
酒后驾车	jiǔhòujiàchē	음주 운전
人生在世	rénshēngzàishì	인생이 살아 있다

挫折	cuòzhé	좌절하다
失败	shībài	실패하다.
成立	chénglì	성립되다
神舟号	shénzhōuhào	신주호
飞船	fēichuán	우주선
发射	fāshè	발사하다.
航天技术	hángtiānjìshù	우주 비행 기술
水平	shuǐpíng	수평.수준.
限速	xiànsù	속도를 제한하다
应急停车	yìngjítíngchē	비상 브레이크
指路	zhǐlù	길을 가리키다.
心理成熟	xīnlǐchéngshú	심리적 성숙
哭闹	kūnào	울다
区别于	qūbiéyú	~와 구별되다
劳动	láodòng	노동하다
成绩	chéngjì	성적. 성과. 수확.
值得	zhídé	값에 상응하다. 값이 맞다. 값이 …할 만하다.
原则性	yuánzéxìng	원칙적인 원칙
立场	lìchǎng	입장
态度	tàidù	태도.기색.표정.
长颈鹿	chángjǐnglù	기린
落枕	luòzhěn	베개를 베다.
舒服	shūfu	편안하다. 쾌적하다. 가볍다.
鸭脖子	yābózǐ	오리 목

戴	dài	착용하다. 쓰다. 차다. 달다. 끼다.
手表	shǒubiǎo	손목시계.
手链	shǒuliàn	팔찌
播放器	bōfàngqì	재생기
歌曲	gēqǔ	가곡
流行	liúxíng	유행하다. 성행하다. 널리 퍼지다.
广播	guǎngbō	방송하다.방송 프로그램.널리 전파되다.
娱乐电台	yúlèdiàntái	오락 방송국
讲道理	jiǎngdàolǐ	이치를 따지다
担心	dānxīn	염려하다. 걱정하다.
挣钱	zhèngqián	돈을 벌다.
操心	cāoxīn	마음을 쓰다. 신경을 쓰다. 걱정하다. 애를 태우다.
反省	fǎnxǐng	반성하다.
超越	chāoyuè	초월하다
除夕夜	chúxīyè	섣달 그믐날 밤. 제야.
热闹	rènào	떠들썩하다
接连不断	jiēliánbúduàn	연해 연방
鞭炮声	biānpàoshēng	폭죽 소리
源源不断	yuányuánbùduàn	끝없이 이어지다
拥有	yōngyǒu	갖고 있어요.
坚持	jiānchí	유지하다
任何	rènhé	어떠한
说谎	shuōhuǎng	거짓말하다.

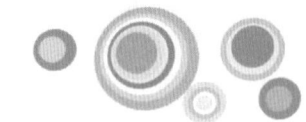

善意	shànyì	선의의
衣着打扮	yīzhuódǎbàn	옷차림새
言谈举止	yántánjǔzhǐ	말과 행동
礼貌	lǐmào	예의 바르다
无限	wúxiàn	끝이 없다.
人格	réngé	인격
成长	chéngzhǎng	성장하다.
唠叨	láodao	잔소리하다.
排队	páiduì	줄을 서다.
等待	děngdài	기다리다.
结账	jiézhàng	계산하다
广告单	guǎnggàodān	광고 전단지
抽一根烟	chōuyìgēnyān	담배 한대 피우다
犯错误	fàncuòwù	잘못을 저지르다.
重新挑战	chóngxīntiǎozhàn	재도전
勇气	yǒngqì	용기
期中	qīzhōng	학기 중(學期中). 학기 중간.
亡羊补牢	wángyángbǔláo	소 잃고 외양간 고친다.
认真	rènzhēn	진지하다
期末	qīmò	기말
取得	qǔdé	취득하다
走夜路	zǒuyèlù	밤길을 가다
尽量	jìnliàng	가능한 한
独自	dúzì	독자

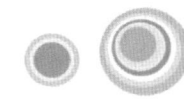

礼物	lǐwù	선물
奶酪	nǎilào	치즈
蛋糕	dàngāo	케이크
熟悉	shúxī	익숙하다
回忆	huíyì	추억을 돌아보다.
往事	wǎngshì	옛 일
家庭	jiātíng	가정
社会	shèhuì	사회
面试	miànshì	면접
违法犯罪	wéifǎfànzuì	위법 범죄
下场	xiàchǎng	퇴장하다. 시험장에 가서 시험을 보다. 끝장. 말로.
法律	fǎlǜ	법률
制裁	zhìcái	제재하다.
怀疑	huáiyí	의심하다
缺课	quēkè	(수업에) 결석하다.
驾车	jiàchē	차를 끌다.
事故	shìgù	사고
承诺	chéngnuò	승낙하다. 대답하다. 승낙. 대답.
清楚	qīngchǔ	분명하다. 조리있다. 알기 쉽다. 명백하다. 뚜렷하다.
一言既出, 驷马难追	yìyánjìchūsìmǎnánzhuī	말이 입 밖으로 나가면 사두마차로도 되돌릴 수가 없다.
红烧肉	hóngshāoròu	홍사오로우. [돼지고기 요리].
烤鸭	kǎoyā	오리 구이

天时不如地利, 地利不如人和	Tiānshíbùrúdìlì, dìlìbùrúrénhé	천시불여지리지리불여인화. 하늘이 주는 좋은 때는 지리적 이로움만 못하고 지리적 이로움도 사람의 화합만 못함.
把握	bǎwò	파악하다.
空想	kōngxiǎng	공상하다
未来	wèilái	미래
远亲不如近邻	yuǎnqīnbùrújìnlín	먼 친척보다 가까운 이웃이 낫다.
遇	yù	만나다
急难	jínàn	위급한 상황에 직면하다
远道的	yuǎndàode	먼 노정의
亲戚	qīnqī	친척
近旁的	jìnpángde	가까운
邻居	línjū	이웃집. 이웃 사람.
及时	jíshí	제때에
大富大贵	dàfùdàguì	많이 부귀하다.
培根	péigēn	베이컨
五彩缤纷	wǔcǎibīnfēn	울긋불긋하다. 오색찬란하다.
美中不足	měizhōngbùzú	전체적으로 훌륭한 가운데에도 조금 부족한 점이 있다.
尺有所短, 寸有所长	chǐyǒusuǒduǎn, cùnyǒusuǒzhǎng	척유소단촌유소장. 한 자의 길이도 짧을 때가 있고, 한 치의 길이도 길 때가 있다
比喻	bǐyù	비유하다
安装空调	ānzhuāngkōngtiáo	에어컨을 설치하다
说明书	shuōmíngshū	설명서
处理	chǔlǐ	처리하다

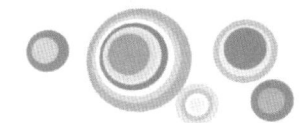

条理	tiáolǐ	조리
操之过急	cāozhīguòjí	너무 성급하게 일처리를 하다.
解	jiě	해소하다
数学题	shùxuétí	수학 문제
正确	zhèngquè	정확하다
记者	jìzhě	기자
职业	zhíyè	직업
报道新闻	bàodàoxīnwén	뉴스를 보도하다
节目	jiémù	프로그램(program). 프로. 종목.
明星	míngxīng	스타
对待	duìdài	대하다.
认真仔细	rènzhēnzǐxì	진지하게 생각하다
紧急时刻	jǐnjíshíkè	긴급한 순간
措施	cuòshī	조치. 대책.
果断	guǒduàn	과단성이 있다
急刹车	jíshāchē	급브레이크를 밟다.
刹车	shāchē	브레이크
不小心	bùxiǎoxīn	조심하지 않다
道歉	dàoqiàn	사과를 하다.
译文	yìwén	번역문
积极	jījí	적극적이다.
班级	bānjí	학급
集体活动	jítǐhuódòng	단체 활동
批评	pīpíng	비평하다

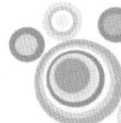

恨不得	hènbude	안타까워하다
老鼠洞	lǎoshǔdòng	쥐 구멍
钻进去	zuānjìnqù	들어가다
儿行千里母担忧	érxíngqiānlǐmǔdānyōu	오늘 저녁 어머니께서 걱정하실 것을 걱정하신다.
表明	biǎomíng	표명하다
从来	cónglái	지금까지. 여태껏. 이제까지.
相册	xiàngcè	사진첩
定期	dìngqī	정기적으로
知识	zhīshí	지식
掌握	zhǎngwò	파악하다
发明家	fāmíngjiā	발명가
菲律宾	fēilǜbīn	필리핀
泰国	tàiguó	태국
松岛	sōngdǎo	송도
地理	dìlǐ	지리
食品贸易	shípǐnmàoyì	식품 무역
皇帝	huángdì	황제
呐喊	nàhǎn	절규하다
回音	huíyīn	답신
总统	zǒngtǒng	대통령
全民投票	quánmíntóupiào	전 국민 투표
选举	xuǎnjǔ	선거하다
相处	xiāngchǔ	함께 지내다
感情	gǎnqíng	감정

可怜	kělián	불쌍하다
同情心	tóngqíngxīn	동정심
超市	chāoshì	슈퍼 마켓
沿着	yánzhe	따라가다
一直	yìzhí	줄곧
发过火	fāguòhuǒ	화를 내다
多久	duōjiǔ	얼마 오래
打扫	dǎsǎo	청소하다
改掉	gǎidiào	고쳐 버리다
睡懒觉	shuìlǎnjué	늦잠자다.
获得	huòdé	획득하다.
理解	lǐjiě	이해하다.
沉默寡言	chénmòguǎyán	과묵하다. 말수가 적다. 입이 무겁다.
取得	qǔdé	취득하
爆发	bàofā	멸망하다
灭亡	mièwáng	터지다
著名	zhùmíng	유명하다
文学家	wénxuéjiā	문학가
鲁迅	lǔxùn	루쉰
年轻	niánqīng	젊다
结交	jiéjiāo	사귀다

〈 단어 51-100 〉

51-100 单词	拼音	意思
礼貌话	lǐmàohuà	예의 바른 말
称呼	chēnghū	호칭
作文	zuòwén	작문
人称	rénchēng	인칭
乐器	yuèqì	악기
之首	zhīshǒu	머리. 앞. 우두머리.
鼓	gǔ	북
爱惜粮食	àixīliángshi	양식을 소중히 여기다.
尊重	zūnzhòng	존중하다.중시하다.
科技发展	kējìfāzhǎn	과학 기술 발전하다.
机器人	jīqìrén	로봇
有所	yǒusuǒ	다소 …하다. 어느 정도 …하다. 좀 …하다.
语言	yǔyán	언어
总结	zǒngjié	총괄하다. 총화하다. 총결산하다.
坚持	jiānchí	유지하다
各项	gèxiàng	각종 항목
审批	shěnpī	심사하여 비준하다
充满	chōngmǎn	충만하다
酸甜苦辣	suāntiánkǔlà	세상 풍파. 풍상고초. 세상의 온갖 고초.
孟母三迁	mèngmǔsānqiān	맹모삼천.

典故	diǎngù	고사
份儿	fènér	처지
原谅	yuánliàng	용서하다.
请求	qǐngqiú	요청하다. 바라다. 부탁하다.
为人厚道	wéirénhòudào	사람됨이 너그럽고 관대하다.
勇于	yǒngyú	용감하다
责任	zérèn	책임
做生意	zuòshēngyì	장사를 하다
难免	nánmiǎn	면하기 어렵다
风险	fēngxiǎn	위험(성). 모험.
不仅	bùjǐn	뿐만 아니라
繁重	fánzhòng	번잡하고[많고] 무겁다. 힘들다.
家务	jiāwù	집안 일
惯坏	guànhuài	나쁜 버릇이 들다
麦霸	màibà	노래방에가서 노래를 엄청 열정있게 부르는 사람
讨厌	tǎoyàn	싫어하다. 미워하다. 혐오하다.
失恋	shīliàn	실연하다. 연애[사랑]에 실패하다.
心理	xīnlǐ	심리
无法	wúfǎ	방법이 없다
亲人	qīnrén	가족
不听老人言	bùtīnglǎorényán	노인의 말을 듣지 않다.
吃亏在眼前	chīkuīzàiyǎnqián	손해가 눈앞에 닥치다
诚实	chéngshí	성실하다.
细心	xìxīn	세심하다

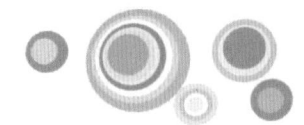

说实话	shuōshíhuà	진실을 말하다. 참말을 하다.
说谎话	shuōhuǎnghuà	거짓말을 하다
迟早	chízǎo	조만간. 머지않아.
雨季	yǔjì	우기
保持优秀	bǎochíyōuxiù	우수를 유지하다
物价	wùjià	물가
上涨	shàngzhǎng	(수위·물가 등이) 오르다.
发高烧	fāgāoshāo	고열이 나다
严重	yánzhòng	심각하다
讲卫生	jiǎngwèishēng	위생을 중시하다
冲洗	chōngxǐ	씻어 내다
燕麦片	yànmàipiàn	오트밀(oatmeal). 빻은 귀리.
迟到	chídào	지각하다.
飞快地	fēikuàidì	재빠르게
打出租车	dǎchūzūchē	택시를 잡다
评价	píngjià	평가하다.
接受	jiēshòu	받아들이다.
利用	lìyòng	이용하다.
朝着	cháozhe	향하다
诱惑	yòuhuò	유혹하다.
选择	xuǎnzé	선택하다.
股	gǔ	대퇴. 넓적다리. 허벅다리.배당. 몫. 출자금.명사 주식. 증권.
味道	wèidào	냄새. 맛
香水	xiāngshuǐ	향수

遍	biàn	두루 갖추다
实现	shíxiàn	실현하다
专注	zhuānzhù	전념하다
完成	wánchéng	완성하다.
布置	bùzhì	배치하다
任务	rènwù	임무
翻译家	fānyìjiā	번역가
留住	liúzhù	만류하여 묵게 하다
开学典礼	kāixuédiǎnlǐ	개학식
校长	xiàozhǎng	교장
婚礼	hūnlǐ	결혼식
表姐	biǎojiě	사촌 누나.
毕业典礼	bìyèdiǎnlǐ	졸업식
春节	chūnjié	음력 정월 초하루. 춘절.
节日	jiérì	명절
若要人不知,除非己莫为	Ruòyàorénbùzhī, chúfēijǐmòwéi	남이 모르게 하려면, 자기가 할 수 있는 일을 남에게 시키지 마라.
隐瞒不住	yǐnmánbúzhù	숨길 수 없다
否则无论	fǒuzéwúlùn	그렇지 않으면
信念	xìnniàn	신념
放弃	fàngqì	버리다. 포기하다.
打败	dǎbài	물리치다
犯	fàn	범하다
蜜蜂	mìfēng	꿀벌
花丛	huācóng	꽃밭

梦想中国语 会话

传播花粉	chuánbōhuāfěn	꽃가루를 뿌리다
真空	zhēnkōng	진공
教师	jiàoshī	교사
职责	zhízé	직책
知识	zhīshí	지식
商业贸易	shāngyèmàoyì	상업 무역
迁徙	qiānxǐ	옮겨 다니다
工具	gōngjù	도구
奥运圣火	àoyùnshènghuǒ	올림픽 성화
壮观	zhuàngguān	장관이다.
歌声	gēshēng	노랫 소리
忧伤	yōushāng	근심 걱정에 잠기다
拜年	bàinián	세배를 드리다.
亲朋好友	qīnpénghǎoyǒu	친지와 친구.
祝福	zhùfú	축복하다.
预防	yùfáng	예방하다.
有效	yǒuxiào	효과가 있다
途径	tújìng	경로
飞沫	fēimò	비말. 날아 흩어지는 물방울.
接触	jiēchù	접하다.
不幸	búxìng	불행하다.
患上	huànshàng	걸리다
隔离治疗	gélízhìliáo	격리 치료
保持盈利	bǎochíyínglì	이윤을 유지하다

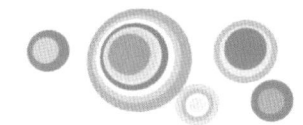

与时俱进	yǔshíjùjìn	시대와 같이 전진하다. 시대의 보조를 따라가다.
实现	shíxiàn	실현하다. 달성하다.
岗位	gǎngwèi	직장. 부서. 근무처. 보초 서는 곳.
业绩	yèjì	업적
爱迪生	àidíshēng	토머스 에디슨
电灯	diàndēng	전등
口哨	kǒushào	휘파람
吹牛皮	chuīniúpí	허풍을 떨다. 큰소리치다. 흰소리하다
折断	zhéduàn	꺾다. 끊다. 부러뜨리다.
树枝	shùzhī	나뭇가지
断	duàn	(도막으로) 자르다. 끊다. 단절하다.
下功夫	xiàgōngfū	공을 들이다.
认真	rènzhēn	진지하다
散步	sànbù	산책하다.
促进	cùjìn	촉진하다.
肠胃消化	chángwèixiāohuà	소화 기관이 위장하다
减肥	jiǎnféi	살을 빼다.
效率	xiàolǜ	(작업 등의) 능률. (기계·전기 등의) 효율.
分清	fēnqīng	분명하게 가리다
是否	shìfǒu	…인지 아닌지.
前景	qiánjǐngi	전망
浑身	húnshēn	온몸
火药味	huǒyàowè	화약 냄새. 격렬한 충돌 분위기. 강렬한 적의.
好像	hǎoxiàng	마치 …과 같다[비슷하다]. 닮다. 유사하다. 비슷하다.

含羞草	hánxiūcǎo	함수초. 감응초(感應草). 미모사(mimosa).
缩起来	suōqǐlái	움츠러들다
比赛	bǐsài	경기를 하다.
紧张	jǐnzhāng	긴장하다.
海盗船	hǎidàochuán	해적선
犯人	fànrén	범인
出狱	chūyù	출감하다
改邪归正	gǎixiéguīzhèng	잘못을 고쳐 바른 길로 돌아오다.
老老实实	lǎolǎoshíshí	고분고분 하다
欺骗	qīpiàn	기만하다
结婚	jiéhūn	결혼하다.
开展	kāizhǎn	전개하다
课外活动	kèwàihuódòng	과외 활동
开阔	kāikuò	너르다
知识面	zhīshímiàn	지식 범위
魔术表演	móshùbiǎoyǎn	마술 공연
魔术师	móshùshī	마술사
神奇	shénqí	신기하다
中华餐厅	zhōnghuácāntīng	중국 식당
独特	dútè	독특하다.
风味	fēngwèi	풍미
吸引	xīyǐn	흡인하다. 빨아당기다
顾客	gùkè	고객. 손님.
发扬	fāyáng	선양하여 발전시키다. 드높이다.

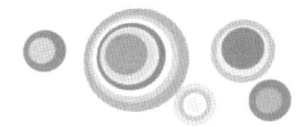

取得	qǔdé	취득하다
过上	guòshàng	지나다
好日子	hǎorìzǐ	좋은 날
脆弱	cuìruò	취약하다
坚强	jiānqiáng	굳세다. 굳고 강하다. 꿋꿋하다. 완강하다.
相貌平平	xiàngmàopíngpíng	용모가 평범하지 않다.
长成	zhǎngchéng	자라다
开发	kāifā	개발하다.
食品贸易	shípǐnmàoyì	식품 무역
将来	jiānglái	장래. 미래
医学工作	yīxuégōngzuò	의학 업무.
前途	qiántú	전도
急躁	jízào	안달복달하다.
缺点	quēdiǎn	결점. 단점. 부족한 점.
鲁莽	lǔmǎng	저돌적이다
办成	bànchéng	해내다
经济政策	jīngjìzhèngcè	경제 정책
改革	gǎigé	개혁하다.개혁.
慢跑	mànpǎo	조깅하다
血液循环	xuèyèxúnhuán	혈액 순환
有利于	yǒulìyú	유리하다
酸奶	suānnǎi	요구르트
肠胃	chángwèi	위장
吸收	xīshōu	섭취하다. 흡수하다.빨아들이다.

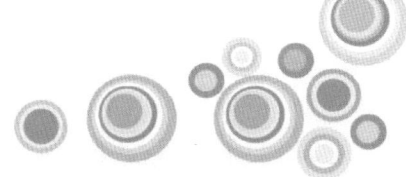

生产	shēngchǎn	생산하다. 출산하다. 몸풀다. 해산하다.
必须	bìxū	반드시 …해야 한다. 꼭 …해야 한다.
挫折	cuòzhé	좌절하다
良药	liángyào	좋은 약
零食	língshí	간식. 군것질. 주전부리.
发胖	fāpàng	살이 찐다.
营养失衡	yíngyǎngshīhéng	영양 불균형
考虑	kǎolǜ	고려하다. 생각하다. 구상하다.
催化剂	cuīhuàjì	촉매제. 촉매.
加快	jiākuài	박차를 가하다.
化学反应	huàxuéfǎnyìng	화학 반응
速度	sùdù	속도
催眠曲	cuīmiánqǔ	자장가.
昨日重现	zuórìchóngxiàn	어제 다시 살아나다
后果	hòuguǒ	결과. 뒷일. 뒤탈.
存活	cúnhuó	생존하다
根本	gēnběn	근본. 근원. 기초.
无缺	wúquē	결함이 없다
总结	zǒngjié	총괄하다. 총화하다. 총결산하다.
采取	cǎiqǔ	채택하다. 취하다. 강구하다.
制订	zhìdìng	작성하다
资金投入	zījīntóurù	자금 돌입하다.
贫困	pínkùn	가난하다
捐款	juānkuǎn	헌금하다

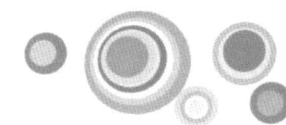

办学校	bànxuéxiào	학교를 꾸리다
事故	shìgù	사고
法律	fǎlǜ	법률
加强监管	jiāqiángjiānguǎn	감시 통제를 강화하다.
马虎	mǎhu	소홀하다
委婉指出	wěiwǎnzhǐchū	완곡하게 지적하다
改正	gǎizhèng	시정하다
主观	zhǔguān	주관적이다
教育	jiàoyù	교육
造成	zàochéng	만들다
产生反常	chǎnshēngfǎncháng	이변이 일어나다
心理	xīnlǐ	심리
做到	zuòdào	해내다
陪	péi	모시다
演唱会	yǎnchànghuì	콘서트
航天技术	hángtiānjìshù	우주 비행 기술
先进水平	xiānjìnshuǐpíng	선진 수준.
废寝忘食	fèiqǐnwàngshí	(어떤 일에) 전심전력하다. 매우 몰두하다.
一箭双雕	yìjiànshuāngdiāo	일석이조. 일거양득.
目的	mùdì	목적
做生意	zuòshēngyì	장사를 하다
客户	kèhù	거래처
讲信用	jiǎngxìnyòng	신용을 중시하다.
中华料理	zhōnghuáliàolǐ	중화 요리

迷路	mílù	길을 잃다. 정확한 방향을 잃다. 길을 잘못 들다.
陌生人	mòshēngrén	낯선 사람
初次	chūcì	처음
朴素	pǔsù	소박하다
出手	chūshǒu	물건을 내다 팔다
面试	miànshì	면접
保持	bǎochí	유지하다. 지키다. 보지하다.
面带微笑	miàndàiwēixiào	얼굴에 미소를 띠다
举止	jǔzhǐ	거동
吓呆	hèdāi	놀라서 멍해지다
恶作剧	èzuòjù	못된 장난
偿还	chánghuán	상환하다
利息	lìxī	이자
食宿	shísù	숙식을 제공하다
平等	píngděng	동일한〔평등한〕대우를 받다. 평등하다.
优惠	yōuhuì	특혜의. 우대의. 할인의
国庆节	guóqìngjié	국경일
薪资	xīnzī	임금
天真	tiānzhēn	천진하다. 순진하다. 꾸밈이 없다.
背单词	bèidāncí	단어를 암기하다.
诚实	chéngshí	진실하다. 참되다. 성실하다.
丰富多彩	fēngfùduōcǎi	풍부하고 다채롭다
一成不变	yīchéngbùbiàn	고정 불변하다
兴趣	xìngqù	취미

演员	yǎnyuán	배우. 연기자.
情节	qíngjié	플롯
类型	lèixíng	종류
人民币	mínbì	인민폐
机关	jīguān	기관
职务	zhíwù	직무
理事	lǐshì	이사
主编	zhǔbiān	편집장
主办方	zhǔbànfāng	주최 측
央视 CCTV	Yāngshì CCTV	중앙 텔레비전 방송국 CCTV

〈 회화 101-200 〉

101 耽误 dānwù	지체하다. 시간을 지체하다 일을 그르치다. A：衣服、鞋袜等放在哪里比较好？ B：衣服、鞋袜等物品都应放在固定的地方，免得要用时到处找，耽误时间。 A：妈妈，我等一会吃饭。B：你快点吃吧,别耽误了上学的时间。 A：我想退学，你觉得怎么样？ B：你可不要做傻事，耽误了自己的锦绣前程。 A：你什么时候到的？ B：我本该昨天到的,只因有急事耽误了。 A：他为什么耽误了半年的课程？ B：他因有病而耽误了半年的课程。
102 淡 dàn	(맛이) 싱겁다. 농도가 낮다. 농도가 묽다. A：你尝尝这个汤的味道怎么样？ B：这汤好像有点儿淡，最好再加点儿盐。 A：去面试的时候，需要化妆吗？ B：最好是画个淡妆，这样让人感觉很正式。 A：你觉得这个颜色的衣服怎么样？ B：我觉得颜色有点淡，再深一点就好了。 A："君子之交淡如水"是什么意思？ B：是指因君子有高尚的情操，所以他们的交情纯得像水一样。
103 挡 dǎng	막다. 차단하다. A：你怎么没有直走呢？直走的话更快一些。 B：前面的石头挡住了我们的路。 A：你的挡风玻璃怎么有裂痕？ B：今天不小心撞到了树上，把挡风玻璃震碎了。 A：你为什么难过？ B：我觉得阻挡我学习的困难太多了。 A：前面的人稍微低一点，挡到后面人的脸了。 B：好的。一二三，茄子！ A：今天天气怎么样？ B：今天大雾挡住了人们的视线，一米之内都看不清。
104 导演 dǎoyǎn	연출자. 감독. 안무. 연출하다, 감독하다 A：这两部电影很不同吗？B：这两部电影内容一样，但是由不同的人导演的，所以风

格各异。

A：你有什么梦想？ B：我想努力学习，毕业以后当导演。

A：你觉得导演的工作难做吗？ B：我觉得很难做，因为各个方面都要统筹好。

A：你知道这名导演吗？ B：这是一位很有才华的导演，他组织拍摄的电视剧深受人们喜爱。

A：听说你们学校今天来导演了？ B：是的，电影导演来到我们学校物色小演员。

105 导致 dǎozhì

어떤 사태를 야기하다. 초래하다.

A：为什么会发生这场事故？ B：工人的擅离职守导致了这场事故的发生。

A：是什么导致了交通的堵塞？ B：周末晚高峰的到来导致城区的交通堵塞了。

A：你知道是什么原因导致河水枯竭了吗？ B：由于长久不下雨，导致河水枯竭。

A：他的公司为什么倒闭了？ B：由于他个人的经营管理不善，导致公司倒闭了。

A：长期食用过多的高热量食物会导致肥胖吗？ B：长期食用过多的高热量食物会导致肥胖。

106 到达 dàodá

(어떤 장소·단계에) 이르다, 도달하다. 도착하다

A：乘务员，您好，火车下一站到哪了？ B：本次列车马上就要到达中国首都——北京的火车站了。

A：你坐的什么时候的车？ B：今天傍晚上火车，明日凌晨就能到达北京。

A：你知道他什么时候才能到达这吗？ B：按照计划，他明天要到达这儿。

A：你乘坐的火车晚点了吗？ B：我乘坐的这列火车没有晚点。

A：开车的话，从沈阳多久能够到达北京？ B：大约需要七八个小时能够到达。

107 倒 dào

거꾸로 하다

A：中国过年时倒贴"福"字，有什么意义？ B：中国过年时倒贴"福"字，意为"福到了"。

A：行还是不行，你倒是说句话啊？ B：我觉得都可以。

	A：你会倒立吗？ B：我不会倒立，因为我觉得很危险。	
	A：这些饮料好久没喝了，还能继续喝吗？ B：时间太久了，倒掉吧！	
108 道理 dàolǐ	도리. 이치. 규칙 A：当你弟弟不听话时，你会和他讲道理吗？ B：我会和他讲道理。 A：你知道龟兔赛跑的道理吗？ B：龟兔赛跑告诉我们谦虚的道理。 A：你的父母会常常和你讲道理吗？ B：我的父母会常常和我讲做人的道理。 A：老师用什么方法讲了这个深奥的道理？ B：老师通过一则寓言讲了这个深奥的道理。 A：你觉得爷爷说的话有道理吗？ B：我觉得爷爷说的话很有道理。	
109 登机牌 dēngjīpái	비행기 탑승권 A：您好。 B：请拿好您的登机牌和护照，在十一点半之前到候机厅准备登机。 A：你的登机牌放在哪里了？ B：和你的登机牌放在一起了。 A：你为什么给登机牌照相啊？ B：因为这是我第一次坐飞机，我想纪念一下。 A：登机的时候，需要拿着什么？ B：需要拿着登机牌。	
110 登记 dēngjì	등기하다. 등록하다 A：吴老师经常核对考勤登记表吗？ B：每到周末,吴老师就要核对一次考勤登记表。 A：你们这么认真，在做什么呢？ B：我们正在填写毕业登记表。 A：想要开一家公司需要做什么？ B：需要到工商局登记备份。 A：在中国开店需要去工商局登记吗？ B：在中国即使只是开一家小店，也得去工商部门登记。	
111 等待 děngdài	기다리다. [기다리는 사람·사물·상황이 반드시 온다는 확신이 없음] A：人们正在专心地等待着什么？ B：人们目不转睛地看着发射塔,等待火箭升空。 A：电影什么时候开演啊，我都等了好久了。 B：电影马上就开演了,请大家再耐心等	

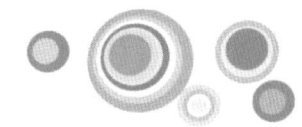

	待一会儿。	
	A：小站上有很多人正在等待什么？ B：小站上有很多人正在等待火车的到来。	
	A：同学们在教室做什么？ B：同学们静静地坐在教室里等待老师上课。	
	A：参加竞选的人为什么心里七上八下的？ B：等待着竞选的结果。	
112 等候 děnghòu	기다리다. [기다리는 사람·사물·상황이 반드시 온다는 확신이 있음] A：哲洙为什么不进屋，在门口等候着？ B：哲洙看到老师在休息,不忍打搅,独自在门口等候着。 A：让你最难忘记的等候是什么？ B：小时候在农村，傍晚我总能看到奶奶在老槐树下等候我的身影。 A：大家在手术室外等候着什么？ B：在等候一个新生命的到来。 A：他在等候什么？ B：他在等候女儿的电话。 A：天气这么冷，凌晨等待看升旗仪式的人多吗？ B：虽然早上寒风刺骨，但是很多人从凌晨四点就来到天安门广场耐心地等候升旗仪式的开始。	
113 滴 dī	액체가 한방울씩 떨어지다. A：你觉得只要有恒心，什么事情都能做得到吗？ B：俗话说"滴水穿石"，只要有恒心，什么事情都能做得到。 A：怎样做可以缓解眼疲劳？ B：可以滴眼药水缓解眼疲劳。 A：你喜欢听下雨的声音吗？ B：我喜欢小雨的滴答滴答声音. A：是什么声音，一直滴答滴答地响？ B：是墙上挂着的钟的声音。 A：雨滴落在河面上，会产生什么？ B：雨滴落在河面上，会荡起层层涟漪。	
114 的确 díquè	확실히. 분명히. 정말 A：每个人都可能失败吗？ B：的确，胜败乃兵家常事嘛！ A：你在路上见到他了？ B：的确，我在路上见到他了。 A：如今很多学生都近视眼了！ B：学生视力问题的确应该引起注意了。	

		A：他的射箭技术很厉害？ B：他的射箭技术的确高明。
		A：你觉得打官司费钱费力吗？ B：打官司的确是费钱费力的事。
115	地道 dìdào	순수하다. 진짜의. 정통의 A：他是哪里人？ B：他是个地道的东北男人。 A：为什么大家都很羡慕小明？ B：小明会说一口地道的英语,我们都很羡慕他。 A：听你的口音,应该是北京人吧？ B：是啊,我是地地道道的北京人。 A：你认为怎样才能讲好一口流利又地道的汉语？ B：要多听、多说、多读、多写。 A：尝尝我做的地道的东北菜,我保证你爱吃！ B：好啊！让我尝尝你的手艺！
116	递 dì	전해 주다 A：你能不能把桌子上的手机递给我一下？ B：没问题！ A：这些东西你打算怎么运回家？ B：我打算快递回去。 A：递我一下笔,我这支笔没有油了。 B：好的。 A：这是什么？ B：别问那么多,帮我递给他就是了。
117	顶 dǐng	꼭대기, 최고점 A：当你到达山顶时有什么感受？B：到达山顶时感受到的那种成就感,能够令人忘记登山时的辛苦。 A：你这顶帽子很漂亮,在哪里买的？ B：在乐天百货买的。 A：你的头顶上有什么？ B：我的头顶上有头发。 A：你能顶得住这么大的压力吗？ B：我也不知道,我尽量吧！
118	冻 dòng	얼다. 굳다 A：好冷啊！我的手都冻红了。 B：这么冷的天,你怎么不戴手套？ A：今天好冷啊！ B：是啊,今天室外的温度太低了,放一杯水很快都会被冻成冰。

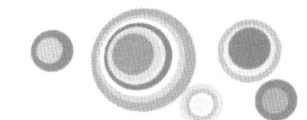

	A：经常吃速冻食品好吗？ B：经常吃速冻食品不好。 A：你吃过速冻饺子吗？ B：我吃过速冻饺子，味道挺好的，还很方便。 A：真是冻死我了！咱们快进屋吧！ B：马上。
119 独特 dútè	독특하다 A：你觉得北京怎么样？ B：北京历史悠久，有着深厚的文化底蕴与独特的风土人情。 A：这幅画很独特啊！ B：是啊，这画廊里的画意境比较独特，来观赏的人不少。 A：蜘蛛有什么独特的本领？ B：结网捕食，是蜘蛛独特的本领。 A：人都有自己的轨迹吗？ B：人生总有独特的轨迹，或者平淡一生，或者名垂青史。 A：中国画为什么很有名？ B：中国画以"画中有诗，诗中有画"的独特风格而闻名世界。
120 度过 dùguò	시간을 보내다. 지내다. A：爷爷在哪里度过了大部分时间？？ B：爷爷在硝烟弥漫的战场上度过了半生。 A：是什么支撑她遇到困难也不放弃的？ B：这份真挚的爱情，支撑她度过了苦难的后半生。 A：每当你看见什么心情就会好起来？ B：我一看见美丽的蓝天心情就会好起来。 A：张爷爷晚年是在哪里度过的？ B：因为张爷爷没儿没女，所以晚年是在敬老院度过的。 A：下面请领导讲话。 B：祝愿各位与会者在这里度过一段愉快的时间。
121 堆 duī	무더기 쌓여있다. 쌓다. A：我有很多书，我喜欢这样堆着放，因为看的时候很方便。B：可是书堆得到处都是，很不整齐。 A：你喜欢堆积工作吗？ B：我不喜欢堆积工作。 A：为什么要把这些东西堆起来？ B：这样比较集中。 A：这么一堆衣服，要洗到什么时候才能洗完啊？ B：别着急，慢慢来。

122 对比 duìbǐ	대비하다. 대조하다. A：这两支球队都很强吗？ B：这两支球队对比起来,力量相差悬殊。 A：爷爷经常用什么方法教育你？ B：爷爷常用今昔对比的方法教育我。 A：新旧社会一样吗？ B：新旧社会对比,简直是两重天。 A：这两个人不像是双胞胎。B：是啊，一个沉静,一个活泼,这对双胞胎的性格形成了鲜明的对比。 A：你觉得我和她的性格相同吗？ B：她和你的性格对比起来真是南辕北辙。
123 对待 duìdài	대응하다. 대처하다. A：对待动物，需要同情心吗？B：对待动物，当然需要同情心。 A：对待学习较差的同学，我们应该怎么做？ B：对待学习较差的同学,我们要帮助他,不要耻笑他。 A：这事与全局利害攸关,要认真对待。B：好的，您放心吧！我会认真对待的。 A：你这样对待他,不但解决不了问题,反而会使他产生逆反心理。B：那我反思一下吧！ A：对待工作婚姻,要怎么样？B：对待工作、婚姻等人生大事一定要慎重，不能随心所欲。
124 对方 duìfāng	상대방. 상대편 A：我们能战胜对方吗？B：我们人强马壮,一定能战胜对方。 A：他表现得怎么样？ B：他思维敏捷,谈吐锋利,驳得对方哑口无言。 A：他为什么觉得委屈？B：他本是一番治病救人的好意却受到了对方的冷遇。 A：两国建交后，设立了什么？ B：两国建交后,各自在对方设立了大使馆。 A：我们有理由反驳吗？ B：我们有充分的理由驳倒对方的错误观点。 A：说话的时候不能怎么样？ B：说话的时候不能只想着自己,要考虑考虑对方的感受。
125 对手	맞수. 적수.

	duìshǒu	A：这场球怎么样？ B：这场球踢得不太理想,我们队输给了对手。
		A：小刚跑得怎么样？ B：小刚有后劲,终于在冲刺时超过了所有的对手。
		A：要战胜对手，需要什么？ B：要战胜对手,不仅需要勇敢,更需要机智。
		A：你觉得比赛之前一定要做的是什么？B：知己知彼才能百战百胜，比赛之前一定要对对手进行分析。
		A：你遇到过对手吗？ B：我遇到过对手。
126	对象 duìxiàng	(연애·결혼) 상대. 대상..
		A：小刘在做什么？ B：小刘正在和对象聊天。
		A：她为什么是很多男士追求的对象？B：因为她秀外慧中,所以是很多男士追求的对象。
		A：我们要捕捉的是什么？ B：前面那只兔子，是我们要捕捉的对象。
		A：我给他介绍对象了。 B：他已经有对象了,你不知道吗？
		A：让你最近很头疼的是什么？ B：一过三十，父母和亲戚们就开始接二连三地为我找对象了。
127	对于 duìyú	~에 대하여.~에 대해서.
		A：对于学习中出现的难题，我们应该怎么应对？ B：我们应该努力克服它。
		A：对于上课点名这个问题你怎么看待？B：有利有弊,不过在大学课堂应用得比较多。
		A：你知道"曰"字的发音吗？B：对于这个问题我也很疑惑，我们请教老师吧。
		A：对于青少年的叛逆，我们应该做点什么？B：对于青少年的叛逆，我们应该给予理解和恰当的引导。
		A：对于你来说，什么是最重要的？B：对于我来说，家庭是最重要的。
128	多亏 duōkuī	은혜를 입다. 덕택이다
		A：祝贺你终于梦想成真，考上了理想的大学。B：多亏你的鼓励和帮助,我才考上大学。
		A：快打上雨伞，省得淋湿了！B：雨下得真大，多亏你提醒我带把伞。

	A：搬家那天，一切顺利吗？ B：我们搬家那天,多亏邻居们来帮忙。
	A：这次工作完成得顺利吗？ B：多亏他煞费苦心地四处奔走,这次的工作才能顺利完成。
	A：祝贺你终于拥有自己的家啦！ B：多亏你主动借给我钱,不然我就买不下这个房子了。
129 多余 duōyú	여분의. 나머지의. 쓸데없다, 불필요하다 A：你有多余的笔吗，能否借我一根？ B：没问题。 A：如果有多余的衣服，你会怎么处理？ B：如果有多余的衣服，我会捐出去。 A：我忘记了带雨伞。 B：我带了两把伞，这把多余的你拿着吧。 A：你多余的钱，会用来做什么？ B：我会把多余的钱存到银行里，既保险又能获利。 A：我很担心他。 B：事实证明，你的担心是多余的。
130 躲藏 duǒcáng	숨다. 피하다. A：这是什么？ B：这大概是老鼠洞，每当遇到危险时，它就躲藏进来。 A：你们家的小猫呢？ B：小猫见有生人,赶紧躲藏起来了。 A：你为什么躲藏在这里？ B：嘘！因为我们在玩捉迷藏。 A：听说他逃走了，最终还是被抓到了吗？ B：他以为躲藏于深山老林就可以逃避法律的制裁,从此巢居穴处。但法网恢恢，最终没有躲过应有的惩罚。 A：这一地区安全吗？ B：不是很安全,据报道，一些恐怖分子曾经躲藏在这一地区。
131 恶劣 èliè	매우 나쁘다. 열악하다 A：今天还去学汉语吗？ B：虽然今天的天气很恶劣，但我还是要坚持学汉语。 A：你觉得和他交朋友怎么样？ B：这个人品质恶劣,不要和他来往。 A：沙漠的天气怎么样？ B：沙漠中天气恶劣,一会儿刮风,一会儿下雪。 A：你为什么喜欢这朵花？ B：这朵不起眼的小花，在如此恶劣的气候下,顽强地盛开着。 A：你为什么那么佩服他？ B：不管环境怎么恶劣，不管条件怎么艰苦，他总是是迎难而

	上一次次出色地完成上级交给的任务。
132 发表 fābiǎo	(글을) 게재하다, (의견을) 발표하다. A：你曾经发表过文章？ B：我的作文在《少年报》上发表过。 A：这篇刚刚发表的微博你看了吗？ B：我看了，我觉得写得很有意思。 A：他看起来很不同。 B：他常常发表与众不同的意见。 A：班长发表了什么意见？ B：班长希望班级里多开展些有趣的活动。 A：今天的新闻内容有什么？ B：我国政府发表声明，对某国政府干涉我国内政表示强烈抗议。
133 发愁 fāchóu	걱정하다. 근심하다. 우려하다. A：我最近因为这件事实在是太愁了！B：你不用发愁，到了一定时机，事情自然就会瓜熟蒂落的。 A：我觉得写作文让我很发愁。B：平时留心观察各种事物，写作文时就不会发愁了。 A：几天没见，你怎么变得有些消瘦了？ B：我这几天正在为工作的事情发愁。 A：我真得特别担心。B：依我看这事用不着发愁，水来土掩，到时候自有对付的办法。 A：她总是变化很多吗？ B：她忽而莫名其妙地高兴，忽而莫名其妙地发愁。
134 发达 fādá	발전시키다. 발달하다 A：应该如何缩短同发达国家之间的差距？ B：我们要努力发展科学技术，缩短同发达国家之间的差距。 A：现代化建设中，要努力做到哪些？B：在现代化建设中，要善于吸取发达国家的先进技术和管理经验。 A：我觉得他那句话说得很对。B：后进学先进，先进更先进，我们的事业将更加兴旺发达。 A：东部地区的交通状况如何？ B：东部地区交通发达，公路铁路纵横交错。 A：足球运动员腿部肌肉发达吗？ B：足球运动员腿部的肌肉特别发达。

135 发挥 fāhuī	발휘하다. A：看图写作文有什么技巧吗？ B：看图写作文时,除了要看懂图画的内容,还要充分发挥自己的想象力。 A：这次比赛怎么样？ B：在这次比赛中,中国运动员超常发挥,战胜许多著名选手,最终夺取了冠军。 A：老师是怎么教育你们的？ B：老师让我们在学习上充分发挥积极性和创造性。 A：社会新闻有什么重要性？ B：社会新闻可以发挥对市民的教育作用。 A：这次比赛他的表现怎么样？ B：这次比赛他实力发挥正常，一举夺得了三枚金牌。
136 发明 fāmíng	발명하다. 발명 A：火药是哪国发明的？ B：火药是中国古代劳动人民发明的。 A：中国在多少年前发明了纺织？ B：中国大约在五六千年前发明了纺织。 A：你听说过发明大王爱迪生的故事吗？ B：当然，我很崇拜他。 A：你知道飞机最早是谁发明的吗？ B：飞机最早是由莱特兄弟发明的。 A：在发明望远镜之前，人们只能用什么观察物体？ B：人们只能靠肉眼或简单的工具观察物体。
137 发票 fāpiào	영수증 A：退换商品需要什么凭证？ B：退换商品需要发票。 A：去餐厅吃饭，你会索要发票吗？ B：是的，我一般都会索要发票。 A：妈妈，你看见我新买的衣服的发票了吗？ B：没有啊，你看看衣服袋子里有没有？
138 发言 fāyán	발언. 의견을 발표하다. A：同学们在课堂上积极发言吗？ B：同学们在课堂上争先恐后地发言。 A：上课发言应该注意什么？ B：上课发言有多少就说多少,不必长篇大论,出口成章。 A：会议内容是什么？ B：每位代表各自做了精彩的发言。

		A：还想发言的同学请举手。B：老师我想发言。
139 罚款 fákuǎn		위약금을 부과하다. 벌금 A：他为什么被罚款了？ B：因为他违反了交通规则。 A：你觉得对乱停放自行车的人罚款有效吗？B：我觉得有一定的效果。 A：他为什么又被罚款了？ B：他违章开车,被罚款了。 A：破坏公物会被罚款吗？B：破坏公物会受到双倍罚款。
140 翻 fān		(~을 찾기 위해)뒤지다. 헤집다. A：睡觉时，你会经常翻身吗？ B：我睡不着时，会翻来翻去。 A：你找到那件大衣了吗？ B：我把大衣柜翻了个遍，最终在角落里找到了。 A：你会经常翻看照片吗？ B：我会的，看着照片，好像又回到了那些美好的时光。 A：老师，今天我们学习什么内容？B：请把书翻到第58页。 A：你的领子没有翻好，照着镜子再重新整理一下。B：知道啦，谢谢！
141 凡是 fánshì		모두. 모든. 다 A：什么样的问题要问清楚？B：凡是模棱两可的问题都要问清楚。 A：这次比赛哪些人有参赛资格？ B：凡是本校学生,都有参赛资格。 A：你会经常麻烦别人吗？ B：凡是力所能及的事情，我决不麻烦别人！ A：儿童几岁开始需要接受义务教育？ B：凡是年满七周岁的儿童都需要接受九年义务教育。 A：大四的学生在准备什么？ B：凡是大四的学生，都在准备考研或找工作。
142 反而 fǎnér		반대로 도리어. 오히려 A：你为什么不理他了？ B：我本想安慰他，他不但不领情，反而怪罪我。 A：火没有被扑灭吗？ B：火不但没有被扑灭,反而越烧越猛了。

	A：妈妈骂你时，爸爸会帮你吗？ B：爸爸不但不帮我,反而还火上浇油。 A：什么样的干部让你气愤？ B：不为老百姓办事,反而以权谋私的干部让我气愤。 A：我这样对待他有什么不对吗？ B：你这样对待他,不但解决不了问题,反而会使他产生逆反心理。
143 反复 fǎnfù	거듭하다. 반복하다. A：他的汉语作文怎么写得那么好？ B：他写文章时，总是反复修改,仔细推敲。 A：你说话算话,不可反悔呦！ B：大丈夫说一不二,决不能无常地反复。 A：医生，我们需要注意什么吗？ B：病情可能还会反复，要按时吃药。 A：老师反复强调了什么？ B：老师反复强调了这节课的重要内容。
144 反正 fǎnzhèng	아무튼. 어쨌든. A：你为什么不把实情告诉大家呢？ B：反正大家都认定是我不对，我就算解释也无济于事。 A：你觉得你的父亲厉害吗？ B：反正我没有见过比他还厉害的人。 A：你快去给他赔礼道歉吧！ B：你愿意去就自己去，反正他不向我赔礼道歉，我是不会去的！ A：超市里的香蕉都卖没了，吃点别的水果吧！ B：我不管，反正我就要吃香蕉。 A：你觉得汉语容易学吗？ B：很多人都说难，反正我觉得找到方法之后很简单。
145 妨碍	지장을 주다. 방해하다. A：如果在图书馆里有人一直大声说话，你会说什么？ B："请你不要大声说话,以免妨碍别人学习。" A：上课随便说话有什么影响？ B：上课随便说话会妨碍别人学习。 A：马路上为什么不准摆摊儿？ B：马路上摆摊儿会妨碍交通。 A：给爸爸送了一杯咖啡后，你做了什么？ B：我悄悄地离开了爸爸的房间,生怕妨碍到他的工作。

		A：你觉得什么时候不要打篮球？为什么？ B：过了半夜12点最好不要打篮球，以免妨碍别人休息。
146 房东 fángdōng	집주인 A：你的房东怎么样？ B：房东阿姨对大家特别热情,服务很周到。 A：你见过房东吗？ B：当然，我第一天搬到这里的时候就见过她。 A：你的房东人不错吧？ B：我的房东人非常好，偶尔会打电话问我有没有什么不方便的地方。 A：你为什么一直住在这儿？ B：因为这儿的租金合理，房东阿姨又很善良。	
147 仿佛 fǎngfú	마치 ~인 것 같다 A：你觉得徐悲鸿先生的马画得怎么样？ B：徐悲鸿先生的马画得真有神,一匹匹骏马仿佛在奋蹄奔跑。 A：南京长江大桥怎么样？ B：南京长江大桥仿佛一条钢铁巨龙,横跨在江面上。 A：你怎么知道她们是孪生姐妹的？ B：两个人的模样相仿,一看便知道是孪生姐妹。 A：你觉得这篇游记写得好吗？ B：这篇游记写得很生动，读了以后仿佛身临其境一般。 A：每当听到国歌时，你会想到什么？ B：每当听到国歌时,我会想到抗战英雄们。	
148 放松 fàngsōng	늦추다. 느슨하게 하다. 긴장을 풀다. 이완하다 A：学习可以放松吗？ B：学习如逆水行舟，不进则退，时刻不能放松。 A：大家的心情怎么放松下来了？ B：老师语调平缓,让大家紧张的心情放松下来了。 A：我们能对敌人放松警惕吗？ B：我们绝不能对敌人放松警惕。 A：休息的时候你会怎么做？ B：我会全身放松,闭目养神。 A：运动前后需要做什么活动？ B：运动前后需要做准备活动，放松肌肉，防止受伤。	
149 非 fēi	~이 아니다. A：你在想什么呢，怎么答非所问？ B：不好意思，我走神了。	

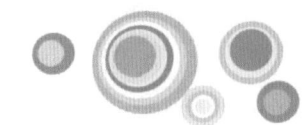

	A：你知道长城吗？ B：当然，长城是一座世界闻名的文物古迹。
	A：今天我非要把老师留的作业早早写完。 B：加油！
	A：你觉得什么是每天非做不可的事？ B：我觉得吃饭是每天非做不可的事。
150 肺 fèi	허파. 폐 A：你了解哮喘病吗？ B：哮喘病是一种慢性肺部疾病。 A：你觉得他这个人怎么样？ B：他狠心抛弃妻子，狼心狗肺。 A：他在房间里做什么呢？ B：他和女朋友分手了，在撕心裂肺地哭呢。 A：他为什么住院了？ B：听说他得了肺癌。
151 废话 fèihuà	쓸데없는 말. 쓸데없는 말을 하다 A：写文章最忌讳什么？ B：写文章最忌讳废话连篇,无病呻吟。 A：我这篇文章写得怎么样？ B：你这篇文章废话连篇,没有突出主题思想。 A：他讲的话有用吗？ B：他讲的这些废话一钱不值。 A：你觉得这些稿件可以发表出来吗？ B：这种废话连篇的稿件是不可能被发表的。 A：嗨！你有时间吗？ B：我很忙，你就别废话了，有什么事儿快说！
152 分别 fēnbié	헤어지다. 이별하다. 각각. 따로따로 A：爷爷和奶奶分别了多久又见面了？ B：奶奶和爷爷分别了十年又见面了。 A：你和妈妈分别多久了？ B：我和妈妈分别已经有一个月了。 A：老师为了解决他们两个人的矛盾，做了什么努力？ B：老师分别找他们谈话了。 A：你们之间是平等的吗？ B：我们之间是平等的,没有高低贵贱的分别。 A：没想到我们已经分别这么久了。 B：光阴似箭,我们已经分别三年了。
153 分配 fēnpèi	분배하다. 배급하다. 배치하다 A：毕业后，他被分配到哪里了？ B：毕业后,他被分配到一家化工厂了。

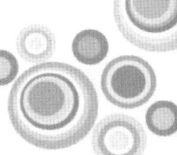

		A：你爸爸从什么时候开始当老师的？ B：我爸爸大学毕业后开始当教师的。 A：这次董事会会议讨论了什么内容？ B：讨论了人事变动、股权分配等重要问题。 A：你们刚才在做什么？ B：我们围拢在班长周围,听他分配任务。 A：现在和过去相比,大学生就业有什么不同？ B：过去国家给大学生分配工作,现在大学生需要自己找工作。
154	分析 fēnxī	분석하다. A：我们应该怎样对待复杂的情况？ B：我们必须认真分析,严肃对待。 A：听了他对时局的分析,大家怎么样了？ B：听了他对时局的分析,大家都有豁然贯通的感觉。 A：他怎样分析那个问题？ B：他有条有理地分析那个问题。 A：小明哪方面能力比较强？ B：小明分析问题和解决问题的能力比较强。 A：分析课文时,要注意什么？ B：分析课文时,要注意理清文章的线索。
155	纷纷 fēnfēn	잇달아. 연달아. 쉴 새 없이 A：秋风吹来,树叶怎么样了？ B：树叶纷纷散落在地上了。 A：冬天快到了啊! B：是啊,秋风瑟瑟,落叶纷纷,冬天快要到了。 A：你为什么想要去山上？ B：我想去看红艳艳的枫叶纷纷扬扬地洒满山坡的景象。 A：同学们干什么去了？ B：同学们为了帮助灾区人民,纷纷去捐款捐物了。
156	风格 fēnggé	기질. 풍격. 스타일 A：颐和园的设计风格怎么样？ B：颐和园的设计风格真是独特。 A：他的什么风格让人敬佩？ B：他仗义执言的风格让人敬佩。 A：他的作品有什么风格？ B：他的作品有强烈的民族风格。 A：在物质利益面前,我们应该表现出怎样的风格？ B：我们应该表现出高尚的风格。 A：你喜欢这种风格的衣服吗？ B：我不喜欢这种风格的衣服,看起来太幼稚了。

157 风俗 fēngsú	풍속	
	A：端午节的时候，中国有什么风俗？ B：中国民间有吃粽子、赛龙舟的风俗。	
	A：吃年夜饭是中国哪一节日的风俗习惯？ B：吃年夜饭是中国春节的风俗习惯。	
	A：中国的传统风俗中，过年要做什么？ B：中国的传统风俗中,过年家家户户都要贴春联。	
	A：每个民族都有自己的风俗习惯吗？ B：每个民族都有自己的风俗习惯。	
	A：中国的中秋节有什么风俗？ B：中国的中秋节有一边吃月饼，一边赏月的风俗。	
158 讽刺 fěngcì	풍자하다. 풍자	
	A：被人讽刺时，我们应该怎么做？ B：继续做自己的事,不必理睬别人的讽刺。	
	A：漫画采用什么方法达到讽刺的目的？ B：漫画采用夸张手法达到讽刺的目的。	
	A：发现同学的缺点后我们应该怎样做？ B：我们应该热情帮助，不要讽刺挖苦。	
	A：这个寓言故事有什么寓意？ B：这个寓言故事讽刺了总是想不劳而获的人。	
159 否定 fǒudìng	부정하다. 부정의	
	A：否定对事物发展有什么作用？ B：否定是事物发展的一个环节。	
	A：你觉得这部小说写得好吗？ B：这部小说虽有不足的地方,但也不能完全否定。	
	A：她提出的登山方案有人否定吗？ B：他的对手否定了她提出的登山方案。	
	A：难道你觉得我说得不对吗？ B：你的发言自相矛盾,后面的论证恰恰否定了前面的论点。	
	A：我这样说是为你好，你的人生方向有问题。B：你可以批评我，但不能否定我的人生方向。	
160 否认 fǒurèn	부인하다. 부정하다.	
	A：窗户是被他打破的吗？ B：他否认了。	
	A：这件事不是我做的。B：我们已经查清事实真相,你不要再否认了。	

	A：有人看到毛毛动了桌上的东西。B：可是毛毛否认动过桌上的东西。 A：你难道不爱我了吗？B：我不否认我很爱你，可是错过了就是错过了。
161 扶 fú	(손으로)일으키다. 부축하다. 받치다 A：那位老人看起来腿脚不灵便。B：是啊！那我们扶着他上车吧。 A：小红，你快来扶我一下，我有点头晕。B：怎么了？你最近总是头晕，有空去医院看看。 A：你帮我扶一下这个要倒的书架。B：好的。 A：老爷爷，您慢慢走，我来扶着您。B：谢谢你啊！年轻人。 A：上下电梯时，要扶好扶手。B：好的，我知道了。放心吧！
162 服从 fúcóng	따르다. 복종하다 A：士兵可以不服从上级的命令吗？B：士兵要绝对服从上级的命令。 A：各个地区在发展的同时，要注意什么？B：各个地区应服从中央政府的领导,不能各自为政。 A：在赛场上，足球运动员应服从谁的判决？B：在赛场上,足球运动员应服从裁判的判决。 A：军人的天职是什么？B：无条件地服从命令是军人的天职。
163 幅 fú	너비. 폭[그림·직물 등을 세는 양사] A：听说他举办了自己的画展？B：他在法国举办了个人画展，展出了近几年来自己画的百余幅作品。 A：你最喜欢哪幅画？B：我最喜欢中国的《清明上河图》。 A：这节美术课的作业是画一幅风景画。B：老师，这幅画什么时候交给您？ A：如果图画博览馆失火了，你会救哪幅画？B：我会救离出口最近的那幅画。
164 付款	돈을 지불하다.

	fùkuǎn	A：你习惯使用什么方式付款？B：我习惯使用刷卡方式付款。
		A：你买手机的时候是一次性付款还是分期付款的？B：我是分期付款的。
165 复印 fùyìn		복사하다. 복제하다
		A：需要复印什么材料吗？ B：请帮忙复印这两页内容。
		A：办理这个手续需要身份证复印件吗？ B：办理这个手续需要身份证复印件。
		A：你们学校复印资料贵吗？ B：我们学校复印资料很便宜。
		A：你经常复印东西吗？ B：我经常复印材料。
		A：你要去哪里？ B：我要去复印店复印两份材料。
166 改进 gǎijìn		개량하다
		A：汽车在最初发明时，使用起来方便吗？ B：最初不是很方便，但由于人们不断改进，今天的汽车让人们的出行变得都很方便。
		A：什么让我们摆脱了沉重的作业负担？ B：老师改进教学方法，使我们摆脱了沉重的作业负担。
		A：他改进了学习方法之后，有什么效果？ B：他改进了学习方法之后，提高了学习效率。
		A：虽然我们的设计还不完善，但我们有信心改进它。B：好的，我相信你们！
		A：新政府如何提高了工作效率？ B：新政府采取了很多办法来改进工作方法，提高工作效率。
167 改善 gǎishàn		개선하다.
		A：改革开放之后大家的生活有改变吗？ B：改革开放之后人们的生活得到了改善，大多数人摆脱了贫困的生活。
		A：那些员工们在讨论什么呢？ B：员工们强烈要求公司改善工作环境。
		A：国家为改善农村教育做了什么努力？ B：国家投入大量资金，改善农村中小学的办学条件。

	A：科学宫的建成改善了什么？ B：科学宫的建成改善了科技人员的工作环境。
168 改正 gǎizhèng	(잘못·착오등을)개정하다. A：我们应该歧视犯错误的人吗？ B：不要歧视犯错误的人,要耐心地帮助他改正错误。 A：我为我犯过的错误感到很惭愧。 B：犯错误后改正了,仍然是个好员工。 A：我们要听老师的教导吗？ B：我们要虚心听从老师的教导,改正自身的缺点。 A：聪明人不犯错吗？ B：聪明人不是不犯错误,而是有了错误立即改正。
169 盖 gài	두껑. 덮개. 덮다. 뒤덮다. A：怎么样才能让水开得快？ B：把锅盖盖上，这样水才开得快。 A：这个盖子真有意思啊！ B：是吧，很有创意吧！ A：晚上很冷，盖好被子。 B：好的，我会盖好被子的。 A：怎么办？我的茶杯盖被我摔碎了。 B：怎么这么不小心，小心别划手！
170 概括 gàikuò	개괄하다 A：老师让你发言的内容是什么？ B：老师让我概括一下课文的中心思想。 A：你知道这个剧情的大概吗？ B：知道,因为老师刚才把剧情概括地介绍了一下。 A：你能概括一下这部电影的内容吗？ B：对不起,因为我没有看过,所以没办法概括。 A：你觉得这个文章的概括怎么样？ B：对文章中心内容的概括应再简略些。 A：你怎么理解唐代诗人杜甫的作品？ B：杜甫用形象化的语言深刻地概括了当时的社会矛盾。
171 概念 gàiniàn	개념 A：你觉得这篇文章怎么样？ B：这篇论文概念明晰,说理透彻,是一篇好文章。 A：这本书对概念解释得怎么样？ B：这本书对概念的解释含混不清,使人费解。 A：写论文之前要弄清什么？ B：写论文之前要先弄清概念,否则写了也白写。

		A：你对时间有概念吗？　B：我没有太多概念。
172 干脆 gāncuì		아예. 차라리 A：王经理的工作作风怎么样？B：王经理办事干脆利落,员工们都很佩服。 A：你哥哥性格怎么样？　B：哥哥性格干脆,办事从不优柔寡断！ A：你说我要和他继续交往吗？　B：这个人不讲信用,干脆和他断绝往来。 A：最近的生意很难做啊！　B：如果实在维持不下去,咱们干脆关门大吉算了。 A：我不知道接下来我该做什么？　B：我们干脆将计就计。 A：他是一个干脆的人吗？　B：他那个人优柔寡断,说话爱兜圈子,一点儿也不干脆。
173 赶紧 gǎnjǐn		서둘러. 재빨리. 어서 A：交通事故的肇事者呢？　B：眼见事态扩大,肇事者赶紧溜之大吉。 A：见到老大娘摔倒了,张明做了什么？　B：张明赶紧跑上去扶住。 A：村里发生了什么？　B：远方传来一个孩子的呼救声,人们赶紧跑过去看个究竟。 A：咱们再聊一会吧！　B：你劳累了一天,赶紧休息一下吧。 A：刚才公交车上,我看见你给别人道歉,发生了什么？B：我不小心踩到一位大叔的脚,赶紧说了声"对不起",他却彬彬有礼地笑着对我说："没关系。"。
174 赶快 gǎnkuài		황급히. 재빨리 A：请大家赶快上车,火车马上就要开了。　B：好的好的。 A：我还是没有想好我要不要去。　B：你去或者是不去,请赶快作出决定。 A：这个问题最近需要解决吗？　B：赶快把这个问题解决了,不然夜长梦多。 A：我觉得我不用去医院。B：你病得很重,赶快去医院,不能再拖延了。 A：我还想再睡一会儿。B：又要迟到了,你赶快起床、洗脸、刷牙、吃饭。
175 感激		감격하다.

gǎnjī	A：灾民们是怎样感谢解放军的？ B：灾民们用真挚的话语表达了对解放军的感激之情。	
	A：他如何对待父老乡亲的帮助？ B：他对父老乡亲报以感激的微笑。	
	A：大家为什么都很感激方老师？ B：因为方老师无微不至地关怀同学们。	
	A：爸爸帮李奶奶做了什么？ B：爸爸抽空帮李奶奶修好了房顶,李奶奶很感激。	
	A：你给了我这么多的帮助,我真不知道该怎么感激你。B：客气什么呀！咱们不是好朋友嘛！	
176 感受 gǎnshòu	감수하다. 느끼다 A：东北的冬天很冷吗？ B：是的,到了东北你就会完全感受到一种冰天雪地的世界。 A：你为什么喜欢这篇文章？B：这篇文章把人们的共同感受形象地表达出来了。 A：中秋节我很想家,你呢？ B：每逢佳节倍思亲,这是游子的共同感受。 A：小学生一般都怎么写作文？ B：小学生一般都根据自己的真实感受写作文。 A：你假期想去哪里？ B：我想去海边,感受大自然。	
177 感想 gǎnxiǎng	감상. 소감. A：读了《养花》这篇课文,你有什么感想吗？ B：我有很多感想。 A：听了战斗英雄的报告,你有什么感想？ B：我有很多感想,既佩服他的骁勇善战,也更加懂得了和平的可贵。 A：大家在一起做什么呢？ B：大家在一起互相交流着听报告的感想。 A：您今天获得了最佳男主角奖,请问,您有什么感想？ B：很感谢大家一路走来的陪伴与支持！	
178 钢铁 gāngtiě	강철 A：解放军的意志值得我们学习吗？ B：解放军钢铁般的意志值得我们每一位青少年学习。 A：保尔是一名很厉害的战士吗？ B：保尔是一名经过千锤百炼的钢铁战士。 A：你觉得护路工人的价值大吗？ B：很大,正是因为有护路工人精心养护,钢铁大动	

	脉才能畅通无阻。 A：钢铁般的意志要经得起什么？ B：钢铁般的意志要经得起千锤百炼。 A：这个工厂是生产什么的？ B：这个工厂是生产钢铁的。
179 高档 gāodàng	고급의. 상등의. A：你怎么知道小华很朴素！ B：小华从不和同学攀比穿高档品牌的衣服。 A：你的家庭环境怎么样？ B：我家里没有宽敞的房屋,没有豪华的汽车,甚至没有高档的家用电器，但是我有一个美满和谐的家庭。 A：你觉得现在高档的商品越来越多吗？ B：我觉得现在高档的商品越来越多。 A：你觉得现在的努力重要吗？ B：现在的学习努力程度决定着将来的生活。 A：这家店的服装贵吗？ B：这家店卖的都是高档服装，价钱贵得吓人。
180 格外 géwài	각별히. 특별히. A：你觉得我们要格外关心谁？ B：我们要格外关心那些从小失去母爱的孩子。 A：有绿树和鲜花的广场美丽吗？ B：绿树和鲜花把广场点缀得格外美丽。 A：什么会让你感到特别亲切？ B：在他乡遇到老朋友,会让我感到格外亲切。 A：你昨晚睡得怎么样？ B：昨天登山累了,晚上睡得格外香甜。 A：今天的天气怎么样？ B：今天的天气格外晴朗，非常适合去公园玩儿。
181 工业 gōngyè	공업 A：近年来，我国纺织工业发展得如何？ B：近年来,我国纺织工业发展迅速。 A：你觉得中国的服装工业发展得怎么样？ B：中国的服装工业发展很快,花色款式日新月异。 A：种植业和哪一行业相互依赖？ B：种植业和农产品加工业互相依赖。 A：蒸蒸日上的一汽是哪一工业的缩影？ B：蒸蒸日上的一汽是整个汽车工业的缩影。 A：工业可以细分为什么？ B：工业可以细分为重工业和轻工业。

182 公布 gōngbù	공표하다	
	A：你什么时候才明白这道题的？	B：当老师把问题答案公布出来时,我才恍然大悟。
	A：这两天他的心情怎么样？	B：高考成绩快公布了,这几天他焦虑不安。
	A：电视上公布了什么？	B：电视上公布了这次歌唱比赛的获奖名单。
	A：马上就要公布考试结果了，你的心情怎么样？	B：我的心情七上八下,生怕考不好。
	A：这次考试的成绩出来了吗？	B：听说这次考试的成绩已经公布了，你快去看看吧！
183 公开 gōngkāi	공개하다. 공표하다	
	A：明天有什么活动？	B：刘老师举行公开教学,欢迎各校同行光临指导。
	A：这件事已经公开了,请你详细说说内情。	B：好的，那我就为大家讲一讲。
	A：这件事的结果可以透露一下吗？	B：这件事还没有调查清楚，暂时不能公开。
	A：她为什么今天没有来参加舞会？	B：她很害羞，从不敢在公开场合抛头露面。
	A：为什么群众有疑问？	B：村子里的财务账目不公开,群众有疑问。
184 公平 gōngpíng	공평하다	
	A：爷爷的一生过得怎么样？	B：爷爷一生坎坷,受到许多不公平待遇。
	A：市场经济中什么样的环境很重要？	B：公平竞争的环境很重要。
	A：他的作品为什么受到大家的喜爱？	B：他用手中的笔对那个时代的很多不公平作了一番冷嘲热讽。
	A：小王在被经理指责后，心情怎么样？	B：对经理不公平的指责,小王愤愤不平。
185 功能 gōngnéng	기능. 효능	
	A：你是如何走进这间多媒体教室的？	B：我们怀着好奇的心情走进了这间功能完备的多媒体教室。
	A：现在手机有什么功能？	B：现在的手机有很多功能，既能接打电话，又能听音乐、拍照片。

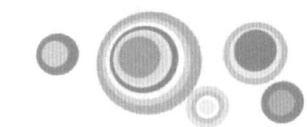

	A：你知道这个手表有什么功能吗？ B：它既可以看时间，也可以监测身体状况。 A：华为手机的拍照功能怎么样？ B：我觉得很不错。 A：这个保健品有什么功能？ B：它可以保健身体，降血脂，降血糖。
186 贡献 gòngxiàn	공헌하다. 기여하다. 공헌 A：他在做什么？ B：他正在为祖国默默无闻地贡献着青春。 A：中国应该对世界作出较大的贡献吗？ B：中国是个大国,应当对世界做出较大的贡献。 A：你觉得怎么做才会让自己有出息？ B：无论做什么工作,只要对社会有贡献,就有出息。 A：你愿意为祖国贡献自己吗？ B：我们愿为祖国的强盛贡献出全部的力量。 A：你希望做什么？ B：我希望自己能为公司的发展贡献一份力量。
187 沟通 gōutōng	교류하다. 소통하다. A：长江大桥是沟通哪里的主要交通要道？ B：长江大桥是沟通南北的主要交通要道。 A：刘老师经常为我们做什么？ B：刘老师经常和我们沟通,帮助我们解决学习中的困难。 A：为什么我们常说"理解万岁"？ B："理解万岁",因为它是人与人之间心灵的沟通。 A：老师应该和家长多沟通什么？ B：老师应该经常和家长沟通学生的情况。 A：最亲近的人需要互相沟通吗？ B：即使是最亲近的人，也需要经常互相沟通。
188 构成 gòuchéng	구성하다. 이루다. A：你知道照相机由哪几部分构成吗？ B：照相机是由镜头、暗箱、快门等装置构成的。 A：你看，天空好好看啊！B：是啊！蓝天与白云交相辉映,构成了一幅美妙的图画。 A：你为什么喜欢乡村？ B：因为乡村有蓝天、白云、青山、碧水……构成了一幅绝妙的图画。

	A：你现在每天都在忙什么？　B：查资料、写论文，构成了我现在每天生活的全部内容。
189 股票 gǔpiào	주식 A：你知道有些年轻人因为投资而失败的事吗？　B：知道，有许多年轻人盲目地投资股票，结果损失惨重。 A：最近金融市场的环境怎么样？　B：最近金融市场的环境不景气。 A：他怎么突然哭了？　B：听了股票下跌的消息后，这个股票商眼泪刷地流了下来。 A：最近为什么股票市场变得不稳定了？　B：最近由于各种自然灾害频繁，股票市场越来越不稳定了。 A：你买过股票吗？　B：我好久之前买过，但情况不怎么好。
190 固定 gùdìng	고정되다 A：话剧剧本的情节安排是不变的吗？　B：话剧剧本的情节安排不是固定不变的。 A：为什么山体的岩石开始松动了？　B：由于失去了树根的固定，山体的岩石开始松动了。 A：那面镜子被固定在哪里了？　B：那面镜子被固定在墙上了。 A：他靠什么养活母亲？　B：他靠零敲碎打地帮人干活挣点钱养活母亲。 A：父亲在哪里安身？　B：在勘探队工作的父亲，一年到头没有一个固定的处所安身。 A：如果妈妈没接到你的电话，会怎么样？　B：如果妈妈没接到我的电话，就会担心得不得了。
191 固体 gùtǐ	고체 A：什么问题比较严峻？　B：都市固体废物处理问题比较严峻。 A：固体可以变成液体吗？　B：在一定的条件下，固体可以变成液体。 A：你能举几个固体的例子吗？　B：比如，书桌、书、大树等。 A：你有固体胶吗？　B：我有，你要是想要的话，去我的书桌上取吧！

192 雇佣 guyōng	고용하다. A：她怎么照顾小孩？ B：她雇佣了一个保姆照顾小孩。 A：他雇佣谁帮忙干活？ B：他雇佣几个民工帮忙干活。 A：昨天奶奶说了什么让你很吃惊？ B：奶奶说,她在很小的时候就被富裕人家雇佣种田养家。 A：李老板雇佣了一些年轻人为他做什么？ B：李老板雇佣了一些年轻人为他看护山林。 A：中国的法律规定不许雇佣多大的孩子工作？ B：不许雇佣十三岁以下的儿童工作。
193 挂号 guàhào	등록하다. 접수시키다. 접수하다, 수속하다 A：到医院后需要先做什么？ B：需要先挂号。 A：我给你邮寄了一封挂号信，请注意查收。B：好的，谢谢你啦！ A：你去医院挂号了吗？ B：我已经挂号了，按顺序去看医生就行了。 A：不同的医生的挂号费一样吗？ B：不一样，根据医生的等级不同会有些许不同。 A：医院挂号一定要亲自去医院申请才可以吗？ B：不是的，也可以电话预约挂号或通过互联网挂号。
194 怪不得 guàibude	과연. 어쩐지 A：这孩子为什么成绩不好？ B：这孩子学习很不认真,怪不得成绩不好。 A：他这次可是遇到大麻烦了。 B：这件麻烦事是他自找的,怪不得别人。 A：你觉得这部电影怎么样？ B：这部电影真是扣人心弦,怪不得迎来了那么多的客人。 A：为什么那么多人都喜欢这个明星？ B：你看他一出场就八面威风,怪不得人们爱看他的戏了。 A：为什么追求王小姐的人很多？ B：王小姐真可称为窈窕淑女,怪不得追求她的人很多。 A：我大学之前都是在中国读的书。 B：怪不得你汉语说得这么地道，原来你小学、初中、高中都是在中国上的啊！

195 关闭 guānbì	닫다. 파산하다 A：这家工厂怎么关闭了？ B：这家工厂因缺少资金而倒闭了。 A：我们要怎么节约水资源？ B：我们要随手关闭水龙头。 A：为什么你不坐飞机来？ B：大雪导致各地机场全部关闭了。
196 关怀 guānhuái	관심을 가지다. 보살피다. 배려하다 A：你的眼眶怎么湿润了？ B：听到大家充满关怀的问候，我感到很温暖。 A：在你生病期间，哪些人帮助了你？ B：老师和同学们给了我无微不至的关怀。 A：大家为什么很感激方老师？ B：方老师无微不至地关怀同学们，大家都很感激他。 A：孩子叛逆怎么办？ B：在孩子青春期，要从各个方面关怀孩子，理解孩子。 A：你很喜欢读《我们仨》这本书吗？ B：是的，这本书中充满了人性关怀。
197 观察 guānchá	관찰하다. 살피다. A：写作水平需要怎么积累？ B：平时注意观察,多积攒些作文的材料。 A：老师让你们观察什么？ B：老师让我们观察酸碱中和生成盐和水的化学反应。 A：每天写日记有用吗？ B：每天坚持写一篇观察日记,天长日久,观察能力和写作能力就会有很大的提高。 A：通过望远镜观察银河，可以看到什么？ B：通过望远镜观察银河，可以看到密密麻麻的星星。
198 观点 guāndiǎn	관점. 견해. A：每当大家没有思路的时候，他都会有自己独特的观点。B：他好厉害啊！ A：对于这一问题大家都有什么观点，一起讨论一下。B：我认为应该支持。 A：这个辩题我觉得正方的观点是正确的。B：我的观点和你恰恰相反。 A：法律面前人人平等是什么时候提出来的？ B：最早是在古希腊时代被提出来的,是法制的一个重要原则。

	A：对于如何能够学好汉语，你有什么观点？ B：我觉得需要多多练习。
199 观念 guānniàn	관념. 생각. 의식 A：面对旧思想，我们应该怎么做？ B：我们要把旧思想和旧观念从头脑中驱逐出去。 A：你认为重男轻女对吗？B：很不对！可是在许多有封建思想的人的观念里，只有生儿子才能传宗接代。 A：为了改革开放，我们应该怎么做？ B：我们要进一步解放思想,转变观念,把改革开放提高到新水平。 A：想要改革，必须怎么做？ B：必须抛弃旧思想,树立新观念。 A：企业想要盈利应该怎么做？ B：企业应该坚持"时间即金钱"的观念，不断地提高工作效率。
200 广大 guǎngdà	광대하다. (범위·규모가) 넓다, 크다. A：雷锋精神影响大吗？ B：影响很大，雷锋精神已经在广大青少年中结出硕果。 A：中国的西部是怎样的地区？ B：中国的西部地域广大、物产丰富。 A：消费者协会的任务是什么？ B：消费者协会的任务是保护广大消费者的权利。 A：教室大厦完工了吗？ B：新建的教师大厦已经落成,广大教师已经喜迁新居了。 A：平原地区怎么样？ B：平原地区面积广大，土地肥沃，交通发达，是经济、文化发展较早的地方。

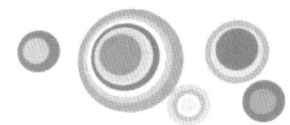

〈 단어 101-150 〉

101-150 单词	拼音	意思
鞋	xié	신발
袜	wà	양말
物品	wùpǐn	물품
固定	gùdìng	고정되다
免得	miǎnde	…하지 않도록. …않기 위해서
退学	tuìxué	퇴학하다
傻事	shǎshì	바보짓
锦绣前程	jǐnxiùqiánchéng	전도양양한 앞날. 아름답고 빛나는 미래. 유망한 전도.
本该	běngāi	원래 마땅히 …해야 한다.
课程	kèchéng	교과 과정
面试	miànshì	면접
高尚	gāoshàng	고상하다
情操	qíngcāo	정서
交情	jiāoqíng	우정. 친분. 정분.
挡风玻璃	dǎngfēngbōlí	바람 막이용 유리
裂痕	lièhén	갈라진 금
震碎	zhènsuì	흔들려서 부서지다
阻挡	zǔdǎng	저지하다. 가로막다.

风格各异	fēnggégèyì	성격/기질/스타일 제각기 다르다.
毕业	bìyè	졸업(하다).
统筹	tǒngchóu	전면적인 계획을 세우다. 통일된 계획을 세우다. 총괄하다.
才华	cáihuá	재능. 재주.
组织	zǔzhī	조직하다. 구성하다. 결성하다.
拍摄	pāishè	촬영하다. (사진을) 찍다.
深受	shēnshòu	(매우) 깊이 받다. 크게 입다.
物色	wùsè	물색하다.
事故	shìgù	사고.
擅离职守	shànlízhíshǒu	마음대로 직장을 이탈하다
堵塞	dǔsè	막히다. 가로막다.
城区	chéngqū	도시 구역
枯竭	kūjié	고갈되다
倒闭	dǎobì	(상점·회사·기업 등이) 도산하다.
经营	jīngyíng	운영하다.(기업 등을) 경영하다.
不善	búshàn	좋지 않다. 나쁘다.대단하다.
食用	shíyòng	식용하다. 먹다.식용의.생활비.
热量	rèliàng	열량
肥胖	féipàng	(인체가) 뚱뚱하다. 비만하다.
乘务员	chéngwùyuán	승무원
列车	lièchē	열차
傍晚	bàngwǎn	저녁 무렵
凌晨	língchén	새벽

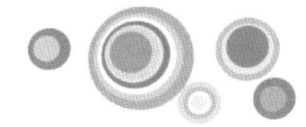

按照	ànzhào	…에 따르다. …의거하다.…에 의해. …에 따라.
计划	jìhuà	계획하다. 기획하다. 꾸미다.
晚点	wǎndiǎn	연착하다
倒贴	dàotiē	(글자·그림 등을) 거꾸로 붙이다.
倒是	dàoshì	도리어
倒立	dàolì	거꾸로 서다
饮料	yǐnliào	음료
继续	jìxù	계속하다. 끊임없이 하다.연속. 계속. 속편.
龟兔赛跑	guītùsàipǎo	토끼와 거북이가 경주하다
谦虚	qiānxū	겸허하다
深奥	shēnào	심오하다
则	zé	양사 조항. 문제. 편. 토막
寓言	yùyán	우언. 우화
拿好	náhǎo	잘 들어 두다
护照	hùzhào	여권.(출장·운송·여행 따위의) 통행증. 증명서.
候机厅	hòujītīng	대합실
照相	zhàoxiàng	사진을 찍다
纪念	jìniàn	기념하다.
核对	héduì	대조 확인〔검토〕하다. 조합(照合)하다
考勤	kǎoqín	출근을 기록하다
填写	tiánxiě	써넣다
工商局	gōngshāngjú	상공 행정 관리국
备份	bèifèn	백업하다
开店	kāidiàn	가게를 열다. 상점을 개업하다.

目不转睛	mùbùzhuǎnjīng	눈 한 번 깜빡하지 않고 보다.주시하다. 응시하다.
发射塔	fāshètǎ	송신탑
火箭	huǒjiàn	로켓
升空	shēngkōng	하늘로 날아올라 가다
开演	kāiyǎn	공연이 시작되다
耐心	nàixīn	인내심
小站	xiǎozhàn	작은 역(驛). 간이역.
竞选	jìngxuǎn	경선하다.
七上八下	qīshàngbāxià	안절부절못하다
不忍打搅	bùrěndǎjiǎo	차마 폐를 끼치지 못하다
独自	dúzì	독자
老槐树	lǎohuáishù	늙은 회나무
身影	shēnyǐng	모습
手术室	shǒushùshì	수술실
升旗仪式	shēngqíyíshì	국기 계양식.
寒风刺骨	hánfēngcìgǔ	차가운 바람이 뼛속까지 파고든다.
恒心	héngxīn	변함없는[꾸준한] 마음[의지]. 항심.
俗话说	súhuàshuō	속담에서…. 속설에서….
滴水穿石	dīshuǐchuānshí	작은 힘이라도 꾸준히 계속하면 성공할 수 있다.
缓解	huǎnjiě	완화되다. 호전되다. 누그러지다.
眼疲劳	yǎnpíláo	눈이 피로하다
眼药水	yǎnyàoshuǐ	물 안약.
滴答	dīdá	똑똑. 뚝뚝. [물방울이 떨어지는 소리]
荡起	dàngqǐ	돌아다니다. 어슬렁거리다.방탕하다. 방종하다.

涟漪	liányī	잔잔한 물결〔파문〕.
胜败乃兵家常事	shèngbàinǎibīngjiāchángshì	승패는 병가의 상사이다.
近视眼	jìnshìyǎn	근시안.
引起	yǐnqǐ	끌다. 야기하다. 불러 일으키다.
射箭	shèjiàn	활을 쏘다.활쏘기. 궁도.양궁
技术	jìshù	기술.기교. 재량.
高明	gāomíng	고명하다. 빼어나다
打官司	dǎguānsī	소송하다. 고소하다. 재판을 걸다.
费钱费力	fèiqiánfèilì	돈이 많이 들다.힘을 들이다.
羡慕	xiànmù	흠모하다. 부러워하다.
保证	bǎozhèng	보증하다. 담보하다.
手艺	shǒuyì	손재간. 솜씨.
运	yùn	돌다. 이동하다. 운행하다. 운동하다.운송하다. 운반하다.
成就感	chéngjiùgǎn	성취감.
令人	lìngrén	사람을 도취시키다
帽子	màozǐ	모자
戴手套	dàishǒutào	장갑을 끼다.
温度	wēndù	온도
速冻食品	sùdòngshípǐn	냉동 식품
悠久	yōujiǔ	장구하다
底蕴	dǐyùn	상세한 내용〔경위〕. 내부 상황
独特	dútè	독특하다.
风土人情	fēngtǔrénqíng	풍토와 인정

画廊	huàláng	갤러리
意境	yìjìng	경지
观赏	guānshǎng	관상하다
蜘蛛	zhīzhū	거미
本领	běnlǐng	능력
结网	jiéwǎng	그물을 뜨다
捕食	bǔshí	포식하다. (동물이) 먹이를 잡다.
轨迹	guǐjì	자취
名垂青史	míngchuíqīngshǐ	청사에 길이 남을 이름[업적]이다.
风格	fēnggé	스타일
闻名	wénmíng	명성을 날리다
硝烟弥漫	xiāoyānmímàn	초연이 자욱하다.
支撑	zhīchēng	버티다. 받치다. 지탱하다.
真挚	zhēnzhì	진지하다.
敬老院	jìnglǎoyuàn	양로원
领导	lǐngdǎo	지도하다. 영도하다.영도자. 지도자.
祝愿	zhùyuàn	축원하다.
与会者	yǔhuìzhě	회의 참가자
愉快	yúkuài	기쁘다. 유쾌하다. 즐겁다.
到处	dàochù	도처. 곳곳. 이르는 곳. 가는 곳.
堆积	duījī	퇴적되다. 쌓여 있다. 쌓이다.
相差悬殊	xiāngchàxuánshū	그 차이가 현격하다.
今昔	jīnxī	현재와 과거
两重天	liǎngzhòngtiān	(서로 다른) 두 세상. 완전히 다른 두 개의 상황.

双胞胎	shuāngbāotāi	쌍둥이
沉静	chénjìng	평온하다
活泼	huópō	활발하다
南辕北辙	nányuánběizhé	속으로는 남쪽으로 가려 하면서 수레는 도리어 북쪽으로 몰다.하는 행동과 목적이 상반되다.
耻笑	chǐxiào	비웃다. 조소하다.
全局	quánjú	전역
利害	lìhài	이해하기 어렵다
攸关	yōuguān	걸려 있다
逆反	nìfǎn	역반응
反思	fǎnsī	되짚어 가다
婚姻	hūnyīn	혼인. 결혼.
慎重	shènzhòng	신중하다.
随心所欲	suíxīnsuǒyù	자기 뜻대로 하다. 하고 싶은 대로 하다.
人强马壮	rénqiángmǎzhuàng	사람은 굳세고 말은 건장하다. 군대가 매우 강하다.어떤 집단이 활력이 넘치다
思维敏捷	sīwéimǐnjié	사유가 민첩하다
谈吐锋利	tántǔfēnglì	화제를 모으다
驳得	bódé	반박하다. 논박하다.얼룩덜룩하다
哑口无言	yǎkǒuwúyán	벙어리처럼 말을 못 하다.
委屈	wěiqū	울하다. 답답하다. 괴롭다
一番	yìfān	한바탕. 한차례. 한번.한 종류.한 배.
治病救人	zhìbìngjiùrén	사람의 결점과 잘못을 지적하여 고치도록 하다.
冷遇	lěngyù	냉대하다
建交	jiànjiāo	수교하다

梦想中国语 会话

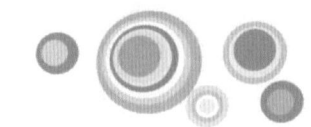

大使馆	dàshǐguǎn	대사관
反驳	fǎnbó	반박하다
驳倒	bódǎo	반박하여 굴복시키다
错误观点	cuòwùguāndiǎn	잘못된 관점
输	shū	패하다. 지다. 잃다. 운송하다.
后劲	hòujìn	뒷심
冲刺	chōngcì	스퍼트 하다
机智	jīzhì	기지가 넘치다
知己知彼	zhījǐzhībǐ	자기의 기량을 정확히 평가하고 또 상대방도 충분히 파악하여야 한다.
分析	fēnxī	분석하다.
对象	duìxiàng	대상자
追求	zhuīqiú	추구하다.
秀外慧中	xiùwàihuìzhōng	잘생기고 똑똑하다.
捕捉	bǔzhuō	포착하서로 결탁하여 나쁜 짓을 하다.다
接二连三	jiēèrliánsān	몇 번 연이어서. 잇따라. 연속적으로. 끊임없이.
应对	yìngduì	응답하다. 대답하다. 대응하다. 대처하다.
克服	kèfú	극복하다.
有利有弊	yǒulìyǒubì	이로움도 있고 폐단도 있다.
课堂应用	kètángyìngyòng	수업 시간 활용
疑惑	yíhuò	의혹을 품다
请教	qǐngjiào	가르침을 청하다
叛逆	pànnì	반역하다
给予	jǐyǔ	기여하다.

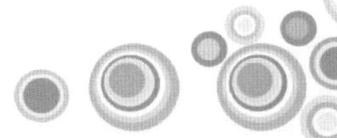

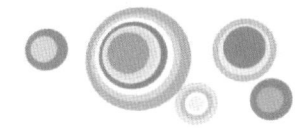

恰当	qiàdàng	타당하다
引导	yǐndǎo	인도하다
祝贺	zhùhè	축하드립니다.
鼓励	gǔlì	격려하다.
省得	shěngdé	중요하지 않다
淋湿	línshī	흠뻑 젖다
提醒	tíxǐng	주의를 환기시키다
煞费苦心	shàfèikǔxīn	몹시 고심하다
四处奔走	sìchùbēnzǒu	동분서주
买不下	mǎibùxià	살 수 없다
捐出去	juānchūqù	기부금을 내다
存到	cúndào	예금하다
保险	bǎoxiǎn	보험
获利	huòlì	이익을 얻다..
事实证明	shìshízhèngmíng	사실이 증명하듯이
老鼠洞	lǎoshǔdòng	쥐 구멍
生人	shēngrén	출생하다. 태어나다.낯선 사람.
赶紧	gǎnjǐn	서둘러. 재빨리
捉迷藏	zhuōmícáng	숨바꼭질.말이나 행동이 숨바꼭질하듯 하다.
逃走	táozǒu	도망치다.
深山老林	shēnshānlǎolín	깊은 산 속의 원시림.
逃避	táobì	도피하다.
制裁	zhìcái	제재하다.
巢居穴处	cháojūxuéchù	구멍을 뚫어 동굴 입구에 정박하다

法网恢恢	fǎwǎnghuīhuī	법망을 빠져나갈 방도가 없다
惩罚	chéngfá	벌을 주다.징벌(하다).
恐怖分子	kǒngbùfènzǐ	테러리스트.
曾经	céngjīng	예전
坚持	jiānchí	유지하다
品质	pǐnzhì	품질
来往	láiwǎng	다니다.교제하다. 거래하다.
沙漠	shāmò	사막
不起眼	bùqǐyǎn	눈에 차지 않다. 눈에 띄지 않다.
顽强	wánqiáng	완강하다. 억세다. 드세다. 강경하다.
盛开	shèngkāi	활짝 피다
佩服	pèifu	탄복하다
艰苦	jiānkǔ	힘들고 고되다
迎难而上	yíngnánérshàng	어려움에 굴복하지 않고 전진하다
微博	wēibó	웨이보
与众不同	yǔzhòngbùtóng	뭇 사람과 다르다. 남다르다.
开展	kāizhǎn	전개하다
干涉	gānshè	간섭하다
内政	nèizhèng	내정
强烈抗议	qiánglièkàngyì	강력히 항의하다
时机	shíjī	시기
瓜熟蒂落	guāshúdìluò	참외가 익으면 꼭지가 절로 떨어진다.
留心观察	liúxīnguānchá	주의 깊게 관찰하다
消瘦	xiāoshòu	수척하다

梦想中国语 会话

依我看	yīwǒkàn	내가 보기에는
水来土掩	shuǐláitǔyǎn	물이 오면 흙으로 덮다. 적절한 방법으로 대처하다.
对付	duìfù	대처하다
莫名其妙	mòmíngqímiào	영문도 모르다
缩短	suōduǎn	단축하다
差距	chājù	차이가 있다.
科学技术	kēxuéjìshù	과학 기술
建设	jiànshè	건설하다
吸取	xīqǔ	흡수하다
经验	jīngyàn	경험
后进	hòujìn	뒤떨어진 사람.후진의. 뒤떨어진.
先进	xiānjìn	선진의. 남보다 앞선. 진보적인.
兴旺发达	xīngwàngfādá	대단히 번창하다.
纵横交错	zònghéngjiāocuò	종횡으로 교차하다
肌肉	jīròu	근육
技巧	jìqiǎo	기교. 기예.
超常	chāocháng	뛰어나다
夺取	duóqǔ	탈취하다
冠军	guànjūn	우승자
积极性	jījíxìng	적극성
创造性	chuàngzàoxìng	창조성
市民	shìmín	시민
一举夺得	yìjǔduódé	일 거에 따내다

枚	méi	매. 장. 개.
火药	huǒyào	화약
古代	gǔdài	고대
纺织	fǎngzhī	방직하다
爱迪生	àidíshēng	토머스 에디슨
崇拜	chóngbài	숭배하다
莱特兄弟	láitèxiōngdì	라이트 형제
望远镜	wàngyuǎnjìng	망원경
观察	guānchá	지켜보다.
肉眼	ròuyǎn	맨눈
退换	tuìhuàn	반품하다
凭证	píngzhèng	증빙 서류
餐厅	cāntīng	식당
索要	suǒyào	요구하다. 달라고 하다. 구하다.
课堂	kètáng	교실.학습의 장.
积极	jījí	적극적이다.
争先恐后	zhēngxiānkǒnghòu	뒤질세라 앞을 다투다.
长篇大论	chángpiāndàlùn	지나치게 길거나 끊임없이 이어지는 말.
出口成章	chūkǒuchéngzhāng	말하는 것이 그대로 글이 되다. 글을 짓는 영감과 말재주가 뛰어나다.
精彩	jīngcǎi	멋지다
规则	guīzé	규칙
乱停放	luàntíngfàng	주차하다
违章	wéizhāng	규정을 위반하다

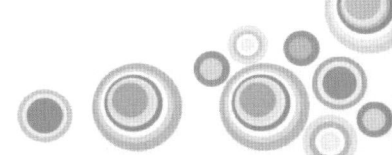

破坏公物	pòhuàigōngwù	공공 기물을 파손하다
角落	jiǎoluò	구석
领子	lǐngzǐ	옷깃. 칼라
照着镜子	zhàozhejìngzǐ	거울을 비추다
模棱两可	móléngliǎngkě	이도 저도 아니다. 애매 모호하다.
参赛	cānsài	시합에 참가하다
力所能及	lìsuǒnéngjí	힘이 미칠 수 있는 바
年满	niánmǎn	연한이 차다
考研	kǎoyán	대학원 시험에 응시하다
理	lǐ	정리하다. 다스리다. 다스리다. 관리하다. 거들떠 보다.
安慰	ānwèi	위로하다.
领情	lǐngqíng	(상대방의 호의를) 감사히 받다[여기다].
怪罪	guàizuì	책망하다
扑灭	pūmiè	박멸하다
猛	měng	맹렬하다
火上浇油	huǒshàngjiāoyóu	불에 기름을 끼얹다
干部	gànbù	간부.지도자. 관리자.
气愤	qìfèn	화 내다.분개하다.
老百姓	lǎobǎixìng	백성
以权谋私	yǐquánmóusī	직권을 이용하여 사리 사욕을 채우다.
逆反	nìfǎn	역반응
仔细推敲	zǐxìtuīqiāo	곰곰이 헤아리다
说话算话	shuōhuàsuànhuà	말한 대로 말하다.

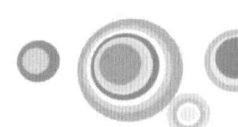

反悔	fǎnhuǐ	후회하다
大丈夫	dàzhàngfū	대장부
说一不二	shuōyībúèr	하나도 남지 않다
无常	wúcháng	불귀의 객이 되다
强调	qiángdiào	강조하다.
实情	shíqíng	실정
认定	rèndìng	인정하다
无济于事	wújìyúshì	일에 아무런 도움이 안 되다. 아무 쓸모 없다.
厉害	lìhài	대단해
赔礼道歉	péilǐdàoqiàn	예를 갖추고 사과하다
不管	bùguǎn	…을 막론하고. …에 관계없이. 상관하지 않다. 돌보지 않다.
随便	suíbiàn	마음대로. 좋을 대로. 자유로이.
摆摊儿	bǎitānér	노점을 벌이다[차리다].
悄悄地	qiāoqiāodì	살그머니, 살며시, 살금살금.
生怕	shēngpà	(…할까 봐) 몹시 두려워하다. 매우 걱정하다.
阿姨	āyí	아주머니
周到	zhōudào	주도면밀하다
偶尔	ǒuěr	때때로. 간혹. 이따금.
租金	zūjīn	임대료
徐悲鸿	xúbēihóng	서비홍, 쉬베이홍(1985년 7월 19일-1953년 9월 26일), 중국 현실주의 화가이자 미술 교육가.
有神	yǒushén	생기가 있다. 원기가 있다.신통하다. 기묘하다.
骏马	jùnmǎ	준마
奋蹄奔跑	fèntíbēnpǎo	네발로 달리다

钢铁	gāngtiě	강철 같다
横跨	héngkuà	가로지르다
孪生	luánshēng	쌍둥이를 낳다
相仿	xiāngfǎng	비슷하다
游记	yóujì	기행문
身临其境	shēnlínqíjìng	어떤 장소에 직접 가(서 체험하)다. 어떤 입장에 서다.
逆水行舟	nìshuǐxíngzhōu	물을 거슬러 배를 몰다.어려운 지경에 처하더라도, 반드시 노력하여 헤쳐 나가야 한다.
不进则退	bùjìnzétuì	앞으로 가지 않으면 후퇴하기 마련임을 이르는 말.
时刻	shíkè	시시각각
语调平缓	yǔdiàopínghuǎn	말투가 온화하다.
紧张	jǐnzhāng	긴장하다.
警惕	jǐngtì	경계심
闭目养神	bìmùyǎngshén	눈을 감고 마음을 안정시키다
肌肉	jīròu	근육
走神	zǒushén	정신이 팔리다
闻名	wénmíng	명성을 날리다
文物古迹	wénwùgǔjì	문물 고적
哮喘病	xiàochuǎnbìng	천식
慢性	mànxìng	만성
狠心抛弃	hěnxīnpāoqì	독한 마음을 버리다
狼心狗肺	lángxīngǒufèi	흉악하고 잔인하다. 배은망덕하다.
撕心裂肺	sīxīnlièfèi	몹시 마음이 아프거나 고통스럽다.

〈 단어 151-200 〉

151-200 单词	拼音	意思
肺癌	fèiái	폐 암
忌讳	jìhuì	기피하다
连篇	liánpiān	전편에 걸쳐 있다
无病呻吟	wúbìngshēnyín	무병 신음하다
突出	tūchū	뛰어나다.
一钱不值	yīqiánbùzh	걸레 같다
稿件	ígǎojiàn	원고
矛盾	máodùn	모순
贵贱	guìjiàn	귀천
光阴似箭	guāngyīnsìjiàn	세월이 화살처럼 빠르게 지나가다.
化工厂	huàgōngchǎng	화학 공장
董事会	dǒngshìhuì	이사회
人事变动	rénshìbiàndòng	인사 이동
股权	gǔquán	주주권
围拢	wéilǒng	주위에 모여들다
周围	zhōuwéi	주위
严肃	yánsù	엄숙하다
时局	shíjú	시국

豁然贯通	huòránguàntōng	훤히 뚫리다. 갑자기 깨닫다.
有条有理	yǒutiáoyǒulǐ	조리 정연하다
理清	lǐqīng	정산하다
线索	xiànsuǒ	단서
散落	sǎnluò	흩어져 떨어지다
瑟瑟	sèsè	부들부들 떨다
落叶	luòyè	낙엽
红艳艳	hóngyànyàn	붉고 아름답다
枫叶	fēngyè	단풍잎
纷纷扬扬	fēnfēnyángyáng	(눈·꽃·낙엽 등이) 어지럽게 날리다. 흩날리다.
洒满	sǎmǎn	가득 채우다
山坡	shānpō	산 비탈
景象	jǐngxiàng	광경
灾区	zāiqū	재해 지역
捐款	juānkuǎn	헌금하다
捐物	juānwù	의연품
颐和园	yíhéyuán	이화원
独特	dútè	독특하다.
敬佩	jìngpè	경탄하다
仗义执言	izhàngyìzhíyán	정의를 위해 공정한 말을 하다.
强烈	qiángliè	강하다.
物质利益	wùzhìlìyì	물질적 이익
高尚	gāoshàng	고상하다
幼稚	yòuzhì	유치하다. 어리다.

粽子	zòngzǐ	쫑쯔. [찹쌀을 대나무 잎사귀나 갈대잎에 싸서 삼각형으로 묶은 후 찐 음식. 단오절에 굴원(屈原)을 기리기 위한 풍습]
赛龙舟	sàilóngzhōu	용머리로 뱃머리를 장식하다
年夜饭	niányèfàn	제야에 먹는 음식.
春联	chūnlián	춘련
月饼	yuèbǐng	월병
赏月	shǎngyuè	달구경하다
理睬	lǐcǎi	아랑곳하지 않다
漫画	mànhuà	만화
夸张手法	kuāzhāngshǒufǎ	과장법
寓意	yùyì	메시지
不劳而获	bùláoérhuò	불로 소득을 얻다
环节	huánjié	환절
登山	dēngshān	등산하다.
方案	fāngàn	방안
自相矛盾	zìxiāngmáodùn	스스로 모순되다.
论证恰恰	lùnzhèngqiàqià	논증이 정확하다.
论点	lùndiǎn	논점
批评	pīpíng	비평하다
查清	cháqīng	철저히 조사하다
真相	zhēnxiàng	진상
错过	cuòguò	놓치다
灵便	língbiàn	민첩하다
头晕	tóuyūn	머리가 어지러워요.

有空	yǒukōng	틈이 나다.
书架	shūjià	책꽂이
中央政府	zhōngyāngzhèngfǔ	중앙 정부
各自为政	gèzìwéizhèng	제각기 따로 따로 자기 생각대로만 일하다
赛场	sàichǎng	경기장
判决	pànjué	판결하다
天职	tiānzhí	천직
画展	huàzhǎn	회화 전람회.
百余	bǎiyú	100여
幅	fú	폭
美术课	měishùkè	미술 과목
博览馆	bólǎnguǎn	관광지
刷卡	shuākǎ	카드로 하겠습니다.
分期	fēnqī	할부하다
手续	shǒuxù	수속
资料	zīliào	자료
最初	zuìchū	맨 처음
摆脱	bǎituō	벗어나다
沉重	chénzhòng	무겁다
负担	fùdān	부담하다
完善	wánshàn	완벽하다
改革开放	gǎigékāifàng	개혁 개방.
贫困	pínkùn	가난하다.
资金	zījīn	자금

梦想中国语 会话

办学	bànxué	학교를 세우다
建成	jiànchéng	건설하다
歧视	qíshì	차별 대우
惭愧	cánkuì	부끄럽다
教导	jiàodǎo	교도하다
虚心听从	xūxīntīngcóng	허심하게 말하다.
立即	lìjí	바로
锅	guō	솥
创意	chuàngyì	아이디어
摔碎	shuāisuì	바스러지다
剧情	jùqíng	줄거리
简略	jiǎnluè	간략하다
杜甫	dùfǔ	두보.
形象化	xíngxiànghuà	형상화하다
深刻地	shēnkèdì	심각히
矛盾	máodùn	갈등. 대립. 배척. 배타.
作风	zuòfēng	기풍. 태도. 풍격
干脆利落	gàncuìlìluò	깔끔하고 시원스럽다.
优柔寡断	yōuróuguǎduàn	우유부단하다. 결단력이 없다.
断绝往来	duànjuéwǎnglái	왕래를 끊다
维持	wéichí	유지하다.
关门大吉	guānméndàjí	문을 닫다. 도산하다. 휴업하다.
将计就计	jiāngjìjiùjì	계책을 꾸미다
兜圈子	dōuquānzǐ	변죽을 울리다

肇事者	zhàoshìzhě	장본인
事态	shìtài	사태
溜之大吉	liūzhīdàjí	몰래 달아나다[도망치다]. 줄행랑 놓다.
摔倒	shuāidǎo	쓰러지다. 넘어지다. 자빠지다
呼救	hūjiù	도움을 요청하다
究竟	jiūjìng	도대체
劳累	láolèi	지치다
道歉	dàoqiàn	사과를 하다.
踩到	cǎidào	밟다
彬彬有礼	bīnbīnyǒulǐ	점잖고 예절 바르다.
夜长梦多	yèzhǎngmèngduō	밤이 길면 꿈이 많다.밤이 길면 꿈이 많다.
拖延	tuōyán	지연시키다
解放军	jiěfàngjūn	해방군.
父老乡亲	fùlǎoxiāngqīn	동네 어르신과 마을 사람들.
每逢佳节倍思亲	měiféngjiājiébèisīqīn	명절이 될 때마다 부모님께서 안부를 전해 주시기를 바랍니다.
游子	yóuzǐ	유자. 나그네. 방랑자.
战斗英雄	zhàndòuyīngxióng	전투 영웅.
骁勇善战	xiāoyǒngshànzhàn	용맹하고 싸움을 잘하다.
最佳	zuìjiā	최상의
男主角奖	nánzhǔjiǎojiǎng	남자 주연 상
千锤百炼	qiānchuíbǎiliàn	백방으로 단련하다.
养护	yǎnghù	양생하다
动脉	dòngmài	동맥

梦想中国语 会话

畅通无阻	chàngtōngwúzǔ	막힘 없이 잘 통하다.
朴素	pǔsù	소박하다
宽敞	kuānchǎng	널찍하다
豪华	háohuá	호화스럽다
美满和谐	měimǎnhéxié	원만하고 원만하다
纺织	fǎngzhī	방직하다
迅速	xùnsù	신속하다
花色	huāsè	때깔
款式	kuǎnshì	스타일
日新月异	rìxīnyuèyì	나날이 새로워 지다.
种植业	zhǒngzhíyè	재식농업
依赖	yīlài	의지하다
蒸蒸日上	zhēngzhēngrìshàng	날로 번영[번창]하다. 빠르게 진보하다.
缩影	suōyǐng	축도
细分	xìfēn	세분하다
焦虑不安	jiāolǜbùān	초조하고 불안하다.
获奖名单	huòjiǎngmíngdān	입상자 명단
七上八下	qīshàngbāxià	안절부절못하다
光临指导	guānglínzhǐdǎo	왕림해 주셔서 감사합니다
内情	nèiqíng	내정
透露	tòulù	토로하다
暂时	zànshí	잠시
抛头露面	pāotóulùmiàn	부녀자가 대중 앞에 모습을 드러내다.
疑问	yíwèn	의문

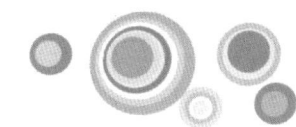

财务账目	cáiwùzhàngmù	재무 계정
待遇	dàiyù	대우
冷嘲热讽	lěngcháorèfěng	차가운 조소와 신랄한 풍자.
指责	zhǐzé	책망하다
愤愤不平	fènfènbùpíng	섭섭하다
多媒体	duōméitǐ	멀티 미디어
怀着好奇	huáizhehàoqí	호기심을 갖고 있다
完备	wánbèi	완비되어 있다
保健品	bǎojiànpǐn	건강의약품
降血脂	jiàngxuèzhī	고지혈증을 낮추다
降血糖	jiàngxuètáng	혈당증을 낮추다
戒骄戒躁	jièjiāojièzào	교만함과 성급함을 경계하다.
精明	jīngmíng	총명하다
兵不厌诈	bīngbùyànzhà	전란으로 세상이 어수선하다.
妥当	tuǒdāng	타당하다. 알맞다. 온당하다.
默默无闻	mòmòwúwén	이름이 알려지지 않다
出息	chūxī	출세하다
强盛	qiángshèng	강성하다
要道	yàodào	요도. [중요한 길]
镜头	jìngtóu	렌즈
暗箱	ànxiāng	어둠 상자
快门	kuàimén	셔터
装置	zhuāngzhì	장치하다
交相辉映	jiāoxiānghuīyìng	여러 빛이나 색채 따위가 서로 어울려 비치다

梦想中国语 会话

美妙	měimiào	아름답다
碧水	bìshuǐ	푸른 물
绝妙	juémiào	절묘하다
盲目	mángmù	맹목적으로
损失惨重	sǔnshīcǎnzhòng	손실이 막대하다.
下跌	xiàdiē	떨어지다
刷地	shuādì	휙
稳定	wěndìng	안정적이다
频繁	pínfán	빈번하다
话剧剧本	huàjùjùběn	연극 극본
岩石	yánshí	암석
松动	sōngdòng	붐비지 않다
树根	shùgēn	나무 뿌리
养活	yǎnghuó	부양하다
零敲碎打	língqiāosuìdǎ	문무를 겸비하다
安身	ānshēn	몸을 의탁하다
一年到头	yìniándàotóu	일년 내내
处所	chǔsuǒ	장소.
不得了	bùdeliǎo	야단났다
严峻	yánjùn	준엄하다
废物	fèiwù	폐기물
液体	yètǐ	액체
胶	jiāo	접착제
保姆	bǎomǔ	보모

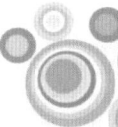

民工	míngōng	노동자
富裕	fùyù	부유하다
种田养家	zhòngtiányǎngjiā	농사를 짓고 가족을 부양하다.
看护	kānhù	간호하다
等级	děngjí	등급
互联网	hùliánwǎng	인터넷
自找	zìzhǎo	자초하다
扣人心弦	kòurénxīnxián	심금을 울리다
迎来	yínglái	맞다
出场	chūchǎng	출연하다
八面威风	bāmiànwēifēng	위풍 당당하다
窈窕淑女	yǎotiǎoshūnǚ	요조 숙녀
地道	dìdào	명산지의
缺少	quēshǎo	부족하다
水龙头	shuǐlóngtóu	수도꼭지
导致	dǎozhì	야기하다
眼眶	yǎnkuàng	눈 언저리
湿润	shīrùn	촉촉하다.
充满	chōngmǎn	충만하다
问候	wènhòu	안부를 묻다.
无微不至	wúwēibúzhì	지극하다
感激	gǎnjī	감격하다
叛逆	pànnì	반역하다
充满	chōngmǎn	충만하다

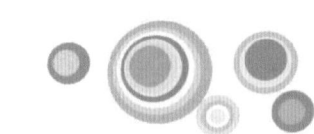

积累	jīlěi	쌓이다.
积攒	jīzǎn	조금씩 모으다
酸碱	suānjiǎn	산과 알칼리
中和	zhōnghé	중화하다
生成	shēngchéng	생성되다
盐	yán	소금
化学反应	huàxuéfǎnyìng	화학 반응
望远镜	wàngyuǎnjìng	망원경
银河	yínhé	은하
密密麻麻	mìmìmámá	빼곡하다
思路	sīlù	사고 방식.
辩题	biàntí	변론대회의 제목.
正方	zhèngfāng	정방형
恰恰	qiàqià	마침
古希腊	gǔxīlàfǎzhì	고대 그리스
法制	fǎzhì	법제.
驱逐	qūzhú	추방하다
传宗接代	chuánzōngjiēdài	대를 잇다.
抛弃	pāoqì	포기하다
盈利	yínglì	이윤을 남기다
雷锋	léifēng	레이펑(1940년 12월 18일 - 1962년 8월 15일)은 중국 인민해방군의 모범병사.
结出硕果	jiéchūshuòguǒ	큰 열매가 맺히다
地域	dìyùxǐ	지역

| 喜迁新居 | qiānxīnjū | 새집을 옮겨 이사하다. |
| 肥沃 | féiwò | 비옥하다 |

梦想中国语 会话

〈 회화 201-300 〉

201 广泛 guǎngfàn	광범위하다. 폭넓다 A: 为什么现在手机使用得如此广泛？ B: 因为手机使用起来很方便。 A: 你有什么爱好？ B: 我的爱好很广泛，比如读书，演奏乐器，学习外语等。 A: 如今在中国，哪种结算方式使用得比较广泛？ B: "支付宝"结算方式用得比较广泛。 A: 为什么要学习汉语？ B: 因为汉语的适用范围越来越广泛。
202 规矩 guīju	법칙. 규정. 표준 A: "没有规矩，不成方圆。"是什么意思？ B: 不用规和矩，就画不成方形和圆形。比喻人人遵守规则，才能有良好的秩序。 A: 你弟弟是个怎样的孩子？ B: 他从小就是个守规矩、处事谨慎、努力学习的孩子。 A: 你觉得家里的规矩重要吗？ B: 正所谓国有国法，家有家规，家里的规矩很重要。 A: 爷爷是个什么样的人？ B: 爷爷一辈子规规矩矩地种田,是个安分守己的庄稼汉。 A: 小刚写字漂亮吗？ B: 小刚的字总是写得规规矩矩的。 A: 他为什么成为了很有名气的作家？ B: 他大胆打破规矩,创作了新体裁小说。
203 规模 guīmó	규모. 형태 A: 你知道三峡吗？ B: 三峡是一个规模宏大的水利工程。 A: 你觉得中国的国庆阅兵怎么样？ B: 国庆大阅兵规模宏大,气势雄壮。 A: 这次战役的规模怎么样？ B: 这次战役的规模之大是空前的。 A: 你们学校每年会举行运动会吗？ B: 我们学校每年都举行规模盛大的运动会。 A: 爆炸的原因是什么？ B: 一个小小的计算失误,竟然引起了大规模的爆炸。
204 规则	규칙. 규정. 법규

guīzé	A: 过马路应该注意什么？	B: 我们要遵守交通规则,靠右侧行走。
	A: 你讨厌不遵守交通规则的人吗？	B: 不止是我，大家都讨厌那些不遵守交通规则的人。
	A: 选手应该按照什么顺序入场？	B: 按照比赛规则,选手入场的先后顺序由抽签决定。
	A: 你认为对于违反交通规则的人应该怎样处理？	B: 违反交通规则的人应受到惩罚。
205 过分 guòfèn	(말·행동이)지나가다. 분에 넘치다. 과분하다.	
	A: 做父母的应该注意什么？	B: 对孩子要关心、爱护,但不能过分溺爱。
	A: 青少年应该过分打扮自己吗？	B: 我们青少年应该用功学习,不要过分讲究穿着打扮。
	A: 你认为溺爱子女有好处吗？	B: 对子女过分溺爱,没有一点儿益处。
	A: 你刚才为什么制止我说话？	B: 你这样当众指责他,未免太过分了。
	A: 你觉得我刚才做错了吗？	B: 尽管他也有错,但我觉得你做得也太过分了。
206 过敏 guòmǐn	알레르기 반응을 나타내다. 알레르기를 일으키다.	
	A: 你为什么不吃海鲜？	B: 我对海鲜过敏,一吃海鲜,嘴唇就会肿起来。
	A: 你对什么水果过敏？	B: 我对菠萝过敏。
	A: 你的脸怎么红了？	B: 我好像吃什么东西过敏了。
207 海关 hǎiguān	세관	
	A: 他的护照为什么被扣留了？	B: 他的护照是伪造的,被海关扣留了。
	A: 海关昨天查获了什么？	B: 海关昨天查获了一批劣质香烟。
	A: 你觉得海关怎么样？	B: 近年来,海关对打击走私活动起到了重要的作用。
	A: 海关人员为什么要提高警惕？	B: 走私活动几乎是无孔不入的,海关人员必须提高警惕。
	A: 可以带着水果通过海关吗？	B: 在通过海关时，水果、肉制品等都会被查出来的。

208 海鲜 hǎixiān	해산물. 해물. A: 海鲜和啤酒能够一起吃吗？ B: 据说，吃海鲜时喝过量的啤酒容易导致痛风。 A: 海鲜市场上，什么比较多？ B: 海鲜市场上,到处是刚刚捕捞的鱼虾。 A: 你最喜欢吃的海鲜是什么？ B: 我最喜欢吃的海鲜是螃蟹。 A: 你妈妈喜欢吃海鲜吗？ B: 我妈妈很喜欢吃海鲜。
209 行业 hángyè	직업. 직종. 업종 A: 他为什么受到了领导的重视？ B: 因为他掌握了一项在本行业中顶尖的技术。 A: 专业评审团将邀请谁作评估顾问？ B: 专业评审团将邀请行业专家出任评审团顾问. A: 这项政策有什么作用？ B: 这次政策的出台,让相关行业看到了希望。 A: 为什么行业越来越多？ B: 随着生产力的发展，社会分工越来越细，行业也越来越多。
210 豪华 háohuá	호화스럽다. 사치스럽다. 화려하다 : A: 好豪华啊！ B: 是啊！眼前的高楼洋房、豪华轿车让普通百姓望洋兴叹。 A: 香港旅游团出海了吗？ B: 是的，香港旅游团乘坐豪华游艇出海了。 A: 你觉得豪华游轮怎么样？ B: 豪华游轮的船舱又宽敞又舒适。 A: 你为什么喜欢威尼斯酒店？ B: 因为它豪华、如梦如幻、金碧辉煌。 A: 他的房子装修的怎么样？ B: 他家的房子装修得非常豪华，像总统套房一样。
211 好奇 hàoqí	호기심을 갖다. A: 你觉得孩子哪里可爱？ B: 孩子们天性好奇,什么事都想问个究竟。 A: 你走进多功能教室的时候感觉如何？ B: 我心里充满了无限的好奇。 A: 新同学为什么脸红？ B: 因为大家都好奇地打量着他。 A: 他为什么拆开了他的闹钟？ B: 因为他的好奇心很强，好奇闹钟的内部结构。

		A: 同学们认真上化学实验课吗？ B: 同学们瞪大眼睛好奇地看着老师做化学实验。
212 合法 héfǎ		법에 맞다. 합법적이다. A: 个人利益应该得到保护吗？ B: 个人利益只要是合法的,就应该得到保护。 A: 携带枪支合法吗？ B: 携带枪支在某些国家是合法的。 A: 国家保护公民的权益吗？ B: 国家依法保护每个公民的合法权益。 A: 我们应该怎样保护妇女儿童？ B: 我们应该保护妇女儿童的合法权益。
213 合理 hélǐ		합리적이다. 도리에 맞다. A: 你认为这篇文章的结构怎么样？ B: 这篇文章的结构安排得十分合理。 A: 政府应该废除哪些收费制度？ B: 政府应该废除那些不合理的收费制度。 A: 你觉得这座建筑物设计得怎么样？ B: 这座建筑物左右对称,设计得很合理。 A: 你觉得什么是人才浪费？ B: 不合理地使用人才是对人才的最大浪费。 A: 学校针对规章制度做了哪些调整？ B: 学校取消了一些不合理的规章制度。
214 合同 hétong		계약서. 계약, 협정 A: 签订合同之后，双方应该怎么做？ B: 双方都必须认真履行合同内容。 A: 你知道农民进城打工需要什么手续吗？ B: 农民进城打工需要签订劳动合同。 A: 甲乙双方最终签合同了吗？ B: 经过反复协商,甲乙双方在合同书上签了字。 A: 他们签订了什么合同？ B: 双方签订了租赁合同。
215 合影 héyǐng		함께 (사진을) 찍다 A: 你怎么哭了？ B: 看到这张小学毕业合影,很感动。 A: 你还能想起小时候的事吗？ B: 是的，儿时的许多往事经常浮现在我脑海中。 A: 毕业时，你们照毕业相了吗？ B: 毕业时,我们全班同学在一起合影留念了。 A: 获奖足球运动员在做什么？ B: 他戴着金灿灿的奖牌,高兴地和球迷合影。

	A: 有什么需要帮忙的吗？ B: 谢谢，请您为我们拍一张合影。
216 合作 hézuò	합작하다. 협력하다. 협조하다. A: 这两家公司做了什么？ B: 这两家公司合作开发了一个项目。 A: 你知道企业家和教育家在谈什么吗？ B: 企业家和教育家在谈合作办学的事情。 A: 你认为怎样才能提高工作效率呢？ B: 团队分工合作可以提高工作效率。 A: 谁抓住了恐怖分子？ B: 中美警方通力合作终于抓住了恐怖分子。 A: 你知道中国共产党和国民党合作过几次吗？ B: 中国共产党和国民党历史上有过两次合作。
217 何必 hébì	굳이~할 필요가 있는가 A: 我好失落啊！ B: 前进路上出现些失误是难免的,何必大惊小怪呢! A: 我一定要搬走它！ B: 既然搬不动那块石头,你又何必在那儿逞强呢? A: 你怎样看待他的行为？ B: 做事要光明正大,何必偷偷摸摸的! A: 你知道我有多心疼吗？ B: 你只不过被偷了一块钱,何必哭得这么撕心裂肺呢? A: 我觉得你有些事做的不是特别好…… B: 有意见直说,何必拐弯抹角的?
218 何况 hékuàng	더군다나. 하물며 A: 你觉得学习外语难吗？ B: 学习本国的语言都不容易,何况学习外语呢! A: 你害怕吗？ B: 再大的困难都不怕,何况这点小事! A: 你会珍惜自己的朋友吗？ B: 好友难觅,更何况是肝胆相照、可以推心置腹的知己? A: 今天颐和园里的人这么多啊! B: 颐和园的游人总是很多,何况今天是星期天。
219 后果 hòuguǒ	결과 [주로 부정적인 결과에 쓰임] A: 怎样完美地叙述一件事情？ B: 需要把它的前因后果都交代清楚。 A: 用劣质材料建高楼有什么后果？ B: 用劣质材料建高楼,后果难以想象。

		A: 同学之间产生矛盾会带来什么后果？ B: 同学之间产生矛盾会影响专心学习。
		A: 酒后驾车有什么危害？ B: 酒后驾车，害人害己，后果不堪设想。
220	忽视 hūshì	소홀리 하다. 등한히 하다. A: 体育运动重要吗？ B: 体育运动关系到同学们的身体健康,不可忽视。 A: 工厂施工时怎么做会很危险？ B: 只抓生产,忽视安全,是很危险的。 A: 学习的同时也不能忽视什么？ B: 对眼睛的保护。 A: 外语教学应该注意什么？ B: 外语教学不能忽视口语表达能力的培养。 A: 你认为学校教育应该偏重智育对吗？ B: 学校教育不能只偏重智育而忽视体育。 A: 你认为家庭教育的现状如何？ B: 很多家长们只重视孩子们的成绩，却忽视了对他们的人性教育。
221	胡说 húshuō	헛소리하다. 함부로 지껄이다. 말도 안 되는 소리를 하다 A: 自从发生那次事情之后他怎么了？ B: 他再也不相信算命先生的胡说八道了。 A: 事情就是这样的。 B: 这件事很严肃,容不得半点胡说。 A: 我不是胡说，你们爱信不信。 B: 我们调查之后再给你答复。 A: 你知道吗，小明考上北京大学了？ B: 你胡说，他成天不学习，怎么可能考上北京大学呢？
222	胡同 hútòng	골목 : A: 前面的胡同很窄吗？ B: 这条胡同太狭窄,连汽车也开不进去。 A: 还有多久才能到爷爷家啊？ B: 穿过这条狭窄的小胡同就到爷爷家了。 A: 你的家离得很近吗？ B: 这条胡同的尽头就是我的家。 A: 你找不到路了吗？ B: 是的，这里胡同太多，我都分不清哪儿是哪儿。
223	壶 hú	항아리. 주전자

	A: 你通常用什么保温热水？ B: 我通常用暖壶保温热水？
	A: 你觉得在挑选热水壶时，什么最重要？ B: 它的保温性能最重要。
	A: 先生，欢迎您来到古典茶楼。请问，您想点点儿什么？ B: 先给我上一壶龙井。
	A: 你家里有几个暖壶？ B: 我家有两个暖壶。
	A: 茶壶有不同的价格吗？ B: 根据材料和制作工艺的不同，茶壶的价格也千差万别。
224 糊涂 hútu	어리석다. 멍청하다: A: 你觉得这个重担小李能挑起来吗？ B: 李哥小事糊涂，大事不糊涂，可以担此重任。 A: 你有过后悔的时候吗？ B: 那天一时糊涂做了错事,现在想起来悔恨不已。 A: 那个选手这次比赛成绩怎么样？ B: 他在比赛中输得一塌糊涂。 A: 难道他说的话是真的？ B: 你真是聪明一世，糊涂一时，怎么能相信他的话呢？
225 话题 huàtí	화제. 논제 A: 你觉得什么可以成为永恒的话题？ B: 爱国是一个永恒的话题。 A: 你们班的班会开展得怎么样？ B: 围绕"孝敬父母"的话题,同学们展开了激烈的讨论。
226 怀念 huáiniàn	회상하다. 추억하다. 그리워하다. A: 人们永远怀念哪些人？ B: 人们永远怀念为革命壮烈牺牲的战士。 A: 你最怀念的是什么？ B: 童年的美好时光让我十分怀念。 A: 你为什么喜欢读这首诗？ B: 这首诗抒发了海外游子怀念祖国的感情。 A: 你现在最怀念生命中的哪段时光？ B: 上大学的日子，是我现在最怀念的时光。

227 缓解 huǎnjiě	정도가 완화되다. 호전되다. (긴장·스트레스를) 풀다: A: 旱情是如何缓解的？ B: 一场及时雨使旱情得到了缓解。 A: 你认为开通汽车新线路有什么好处？ B: 既缓解了市内交通拥挤的状况,又方便了人们的生活。 A: 怎样可以提高身体的免疫力？ B: 运动、听音乐等休闲活动有助于缓解压力，提高身体的免疫力。
228 幻想 huànxiǎng	공상. 환상. 몽상. 환상을 가지다. A: 人类幻想飞上月球吗？ B: 人类早就幻想着飞向太空,登上月球。 A: 你幻想做什么？ B: 我幻想有一天乘坐宇宙飞船在太空中遨游。 A: 小刚是个爱幻想的孩子吗？ B: 小刚的脑海里充满了千奇百怪的幻想。 A: 人们为什么喜欢童话故事？ B: 有趣的童话故事里充满了奇妙的幻想。
229 慌张 huāngzhāng	당황하다. 쩔쩔매다. A: 这次审讯顺利吗？ B: 犯人显得很慌张,经常答非所问。 A: 你刚才为什么很慌张地跑了？ B: 刚才要迟到了,所以我慌慌张张地跑去学校了。 A: 她怎么了？ B: 她神色慌张,好像遇到了什么事。 A: 你为什么怀疑他？ B: 这个人一副慌慌张张的样子,很可疑。
230 灰尘 huīchén	먼지 A: 为什么要打扫教室啊？ B: 经过一个假期,教室里布满了灰尘,该好好打扫一下了。 A: 妈妈在做什么？ B: 妈妈在用抹布擦电视机上的灰尘。 A: 为什么雨后的空气很新鲜？ B: 原本悬浮在空中的灰尘都被雨水冲刷掉了。 A: 汽车经过泥土路会扬起什么？ B: 汽车经过泥土路会扬起一片灰尘。 A: 为什么这个房子的灰尘很多？ B: 因为这个房子在马路旁边。

231 灰心 huīxīn	낙담하다. 낙심하다	
	A: 琳琳怎么了？ B: 不理想的考试成绩让琳琳感到灰心丧气。	
	A: 他为什么灰心丧气？ B: 一而再的失败已使他灰心丧气。	
	A: 我觉得我什么事都做不成。 B: 受一点挫折就灰心丧气,能干成什么事情？	
	A: 你为什么佩服他？ B: 他失败了很多次,但是他从来没有灰心。	
232 恢复 huīfù	회복하다. 회복되다	
	A: 操场什么时候很平静？ B: 上课铃声响后,操场上又恢复了平静。	
	A: 环境治理的效果怎么样？ B: 经过治理,这条小河恢复了原来的清澈。	
	A: 病人手术后身体状况怎么样了？ B: 经过医生抢救,老人的呼吸已经恢复正常。	
233 挥 huī	휘두르다. 흔들다. 내두르다	
	A: 这次考试你发挥的怎么样？ B: 发挥得不太好。	
	A: "我挥了挥衣袖，不带走一片云彩。"出自哪首诗？ B: 这句话出自徐志摩的《再别康桥》。	
	A: 为什么酒精的盖子要密封好？ B: 因为酒精的化学稳定性很不好，特别容易挥发。	
	A: 你为何流泪？ B: 看着他在火车下向我挥手告别，我的内心很不是滋味。	
	A: 这次演讲发挥的很不错哦！ B: 谢谢，我练习了很多次。	
234 汇率 huìlǜ	환율	
	A: 你关心哪个国家的汇率变化？ B: 我关心中韩两国的汇率变化。	
	A: 你好，请问有什么需要帮助的吗？ B: 我要换钱，请问今天的汇率是多少？	
235 活跃 huóyuè	활동적이다. 활기있다	
	A: 你觉得在你身边的好人多吗？ B: 活跃在我们身边的好人好事不可胜数。	
	A: 你觉得学校为什么举办各种活动？ B: 为了活跃同学们的课余生活。	

		A: 玲玲的思维很活跃吗? B: 是的，玲玲思维活跃,常常能用多种方法解答数学题。 A: 语文老师的课堂气氛怎么样? B: 语文老师讲课生动,课堂氛围十分活跃。
236	基本 jīběn	기본의. 기본적인 A: 我国的粮食生产可以满足人民的需要吗? B: 我国的粮食生产,基本满足了人民生活的需要。 A: 这场雨很及时啊! B: 是啊，这场雨范围很广,北方旱情基本解除。 A: 你们家每个月的开支状况如何? B: 我们家每月除了基本生活费用,还有很多额外的开支。
237	激烈 jīliè	감정이 충동적이다. 치열하다, 격렬하다 A: 面对激烈的竞争，我们应该怎么做? B: 面对激烈的竞争,我们不能裹足不前。 A: 大家讨论出结果了吗? B: 经过激烈的争论,大家终于统一了意见。
238	及格 jígé	합격하다 A: 你什么时候被父母骂? B: 我考试不及格的时候会挨骂。 A: HSK考试你的成绩比及格线高出了多少分? B: 高出了50多分。
239	急忙 jímáng	급히. 황급히 A: 他听到母亲住院了之后，去了哪里? B: 听说母亲生病住院,他急忙赶到了医院。 A: 爸爸接到通知之后，回单位了吗? B: 爸爸接到通知后,急忙赶回单位。 A: 小刚为什么看起来这么着急? B: 要迟到了,小刚急忙背起书包向学校跑去。
240	集体 jítǐ	단체. 집단. 공동체 A: 每个同学都要怎样为集体争光? B: 每个同学都要以实际行动为集体争光。 A: 你喜欢参加学校组织的集体活动吗? B: 你喜欢参加学校组织的集体活动。

241 集中 jízhōng		집중하다. 모으다
	A: 这段时间要考试了，你怎么打算的？	B: 这段时间,我要集中精力准备好期末考试。
	A: 北方地区雨量集中，要怎么做？	B: 北方地区雨量集中,要坚持防汛与抗旱并重。
	A: 你什么时候不能集中注意力学习？	B: 我肚子很饿的时候无法集中注意力学习。
	A: 上课时我们的注意力要集中在哪里？	B: 应该集中在书本上。
242 计算 jìsuàn		계산하다. 산출하다. 셈하다
	A: 你能熟练使用计算机吗？	B: 我能熟练使用一些基本的功能。
	A: 做数学计算题的时候应该注意什么？	B: 每一步计算都要小心仔细。
243 记录 jìlù		기록(하다)
	A: 你上课有做笔记的习惯吗？	B: 是的，我会记录下老师讲的重点和难点内容。
	A: 2008年北京奥运会为什么很成功？	B: 中国选手创造了多项新记录。
	A: 这是一本怎样的书？	B: 这本书真实记录了抗震救灾的整个过程。
244 记忆 jìyì		기억하다. 떠올리다
	A: 儿时记忆最深的是什么？	B: 儿时的记忆有些模糊了,只有故乡的小河仍然让我印象深刻。
	A: 什么事情让你记忆犹新？	B: 去年和朋友一起旅游的场景让我难忘。
	A: 你们家谁的记忆力最好？	B: 我们家我妈妈的记忆力最好。
245 纪录 jìlù		기록. 다큐멘터리. 기록하다
	A: 这次运动会精彩吗？	B: 很精彩，这次运动会,有三人打破五项学校纪录。
	A: 他这次比赛发挥得怎么样？	B: 很好，他又一次刷新了全国的跳高纪录。
	A: 这个大胃王的最高记录是多少？	B: 他目前的最高纪录是一次吃下15碗拉面,厉害吧!

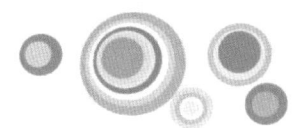

246 纪律 jìlǜ	기율. 규율. 법도 A: 领导干部应该怎样严格要求自己？ B: 干部要严格遵守纪律,不能泄露国家机密。 A: 班主任出差后，班级纪律怎么样？ B: 班主任出差后,这个班的纪律有些涣散了。
247 纪念 jìniàn	기념하다. 기념물. 기념품 A: 为什么中国人在端午节的时候要吃粽子？ B: 端午节民间有吃粽子、赛龙舟的风俗,传说是为了纪念屈原。 A: 你知道人民英雄纪念碑在哪里吗？ B: 人民英雄纪念碑竖立在天安门广场中央。 A: 毕业的时候学生们会做什么？ B: 一起合影, 把照片留作纪念品。 A: 你喜欢收藏纪念邮票吗？ B: 我喜欢收藏各国的纪念邮票。
248 寂寞 jìmò	외롭다. 쓸쓸하다 A: 你什么时候会感觉寂寞？ B: 爸爸出差,妈妈上夜班,我一个人在家的时候真寂寞。 A: 根据传说，嫦娥飞上天之后，在天宫过得怎么样？ B: 在冰冷的月宫中,只有玉兔陪伴着寂寞的嫦娥。 A: 什么可以帮助司机师傅排解寂寞？ B: 电台节目可以帮助司机师傅排解旅途中的寂寞。 A: 最近买雪糕的人多吗？ B: 天气渐渐冷了,商店里的雪糕无人问津,寂寞地躺在柜台里。 A: 那只离群的大雁，最后怎么了？ B: 那只离群的孤雁,终于寂寞地死去了。
249 假如 jiǎrú	가령. 만약. 만일 A: 假如明天下雨，运动会还会举行吗？ B: 假如明天下雨, 运动会就延期一天。 A: 假如没有战争，你觉得世界会怎么样？ B: 假如人类没有战争, 世界将多么和平。 A: 假如时光可以倒流，你想做什么？ B: 假如时光可以倒流,我会一声一声地告诉姥姥我有多么爱她。 A: 假如你是诗人，你会做什么？ B: 假如我是诗人,我一定用诗歌赞美伟大的祖国。

250 假装 jiǎzhuāng	가장하다. (짐짓)~체 하다. ~인 체하다	
	A: 小猫是怎样抓住这只老鼠的？ B: 小猫假装睡觉,突然间向偷吃的老鼠猛扑过去了。	
	A: 你和小王不认识吗？ B: 我和小王以前是同学,可前天见到她时,她却假装不认识我。	
	A: 她没看见你吗？ B: 她明明看到我了,却假装没看见,扭头就走了。	
251 价值 jiàzhí	가치	
	A: 这块手表丢掉多可惜啊！ B: 它已经没有修理价值,该报废了。	
	A: 你觉得什么样的文章没有价值？ B: 内容空洞的文章,即使语言再华丽,也没有价值。	
	A: 怎样实现自我价值？ B: 努力学习，在工作中不断实现自我价值。	
252 驾驶 jiàshǐ	운전하다. 조종하다	
	A: 他的驾照为什么被扣留了？ B: 由于违章驾驶,交警扣留了他的驾照。	
	A: 他对于中国的宇航事业有什么贡献？ B: 他是第一个驾驶宇宙飞船上天的中国人。	
	A: 小东幻想着什么？ B: 小东幻想着有一天能亲手驾驶飞机驰骋在蓝天上。	
	A: 你爸爸驾驶汽车几年了？ B: 我爸爸驾驶汽车10多年了。	
253 坚决 jiānjué	단호하다. 결연하다	
	A: 认识到自己的错误之后，要怎么做？ B: 认识到自己的错误,就要坚决改正。	
	A: 打击经济犯罪的态度应该怎么样？ B: 打击经济犯罪态度要坚决,行动要果断。	
	A: 强国可以侵略弱国吗？ B: 我们坚决反对强国对弱国的侵略。	
	A: 我们对于男尊女卑的观念应该怎么样？ B: 我们应该坚决反对男尊女卑的思想。	
	A: 你为什么不继续和他商量？ B: 他说得很坚决,听起来没有一丝商量的余地了。	
254 坚强	굳세다. 꿋꿋하다	

	jiānqiáng	A: 在艰苦的环境中，我们应该怎么做？ B: 我们要在艰苦的环境中磨炼自己的意志，变得更坚强。
		A: 在困难面前我们应该持有什么态度？ B: 在困难面前要勇敢坚强,不能唉声叹气的。
		A: 你听说过张海迪吗？ B: 我听说过，张海迪是一个意志坚强的青年。
255 艰巨 jiānjù	어렵고 힘들다. 막중하다	
	A: 在沙漠上植树，难度大吗？ B: 在沙漠上植树,是一项非常艰巨的工作。	
	A: 我们这次的任务容易完成吗？ B: 这次的任务十分艰巨,大家要做好充分的思想准备。	
256 艰苦 jiānkǔ	간고하다. 여렵고 고달프다. 고생스럽다	
	A: 我们要继承怎样的优良传统？ B: 我们要继承和发扬艰苦奋斗的优良传统。	
	A: 老红军张爷爷的生活过得怎么样？ B: 老红军张爷爷一直过着艰苦朴素的生活。	
	A: 你怎样看待艰苦的环境？ B: 艰苦的环境可以磨炼人的意志。	
257 简直 jiǎnzhí	그야말로. 너무나.	
	A: 家乡的变化大吗？ B: 家乡变化真大,我简直认不出来了。	
	A: 李明做了什么让你这样生气？ B: 李明所干的事简直是愚不可及。	
	A: 你觉得不劳而获可能吗？ B: 不劳而获想发财,简直是白日做梦!	
	A: 你认为你能找到那串丢失的钥匙和项链吗？ B: 要找到那串丢失的项链,简直是海底捞针。	
	A: 你觉得如果发生了核战争，后果会怎么样？ B: 假如发生了核战争,后果简直是不堪设想。	
258 建立 jiànlì	창설하다. 수립하다. 세우다	
	A: 同学们的友谊是如何建立的？ B: 同学们在长期的学习和生活中,建立了纯真的友谊。	

	A: 改革开放以来，我国建立了什么？ B: 改革开放以来,我国建立了许多工厂。 A: 患难之中我们建立了什么？ B: 患难之中我们建立了亲密无间的友谊。 A: 考察员来到了南极，建立了什么？ B: 考察队员来到终年积雪的南极,建立了考察站。 A: 哪一年韩国与中国正式建交？ B: 1992年韩国与中国正式建立了外交关系。
259 建设 jiànshè	건설하다. 세우다. 창립하다 A: 你有什么梦想？ B: 我的梦想是从小学好本领,长大了建设国家。 A: 我们要建立一个什么样的中国？ B: 我们要把中国建设成为一个富强文明的国家。 A: 为了国家建设我们应该怎么做？ B: 我们要调动一切力量为国家建设服务。 A: 为了把国家建设好，你甘愿牺牲吗？ B: 为了把国家建设好,我们宁可吃苦受累。
260 建议 jiànyì	제안하다. 건의하다 A: 同学们围绕什么话题提出了很多建议？ B: 同学们围绕着课外活动问题提出了很多建议。 A: 你觉得爸爸厉害吗？ B: 爸爸很厉害，昨天爸爸的工厂还采纳了爸爸的合理建议。 A: 对于这项工作，你有什么建议吗？ B: 我建议把这项工作分成三部分，交给三个小组去做。
261 建筑 jiànzhù	건축물 A: 这幢建筑物全都完工了吗？ B: 没有，这幢建筑物的主体已经完工了。 A: 你知道哪些举世闻名的建筑？ B: 中国的长城,埃及的金字塔,都是举世闻名的古代建筑。 A: 建筑工地上，工人们干的怎么样？ B: 建筑工地上,工人们干得热火朝天的。 A: 你了解混凝土吗？ B: 混凝土是用水泥、砂、石子和水按一定比例混合制成的建筑材料。 A: 为什么哈尔滨的很多建筑物都是俄罗斯式的建筑物？ B: 哈尔滨离俄罗斯很近,

		所以以前的很多建筑都是俄罗斯风格的。
262 讲究 jiǎngjiū		주요시하다. 소중히 여기다. 주의할 만한 것 A: 学习要讲究什么？　B: 学习要讲究方法,不要盲目蛮干。 A: 你觉得父母对孩子说话要讲究诚信吗？　B: 父母对孩子要说话算数,讲究信用。 A: 老师在批评学生的时候应该注意什么？　B: 老师批评学生要实事求是,讲究分寸。 A: 你觉得这些大学生怎么样？　B: 这些大学生穿得都很朴实,不讲究打扮。 A: 你知道相声吗？　B: 相声是一种语言艺术,讲究的是"说、学、逗、唱"。
263 浇 jiāo		관개하다. 물을 대다. (액체를) 뿌리다 A: 番茄每天都要浇水吗？　B: 只要有一天没浇水,这些番茄幼苗就会奄奄一息。 A: 妈妈在做什么？　B: 妈妈一边给花浇水,一边和我说话。 A: 爷爷养花养的好吗？　B: 我爷爷与其说是养花,倒不如说是让花自生自灭,因为他从来不给花浇水,也不给花施肥松土。 A: 你知道怎样栽树吗？　B: 先是把树坑挖好,接着把树苗放进去,埋上土,然后是浇水。
264 交换 jiāohuàn		교환하다 A: 商品交换可以促进什么？　B: 商品交换可以互通有无,促进经济发展。 A: 比赛之前两国运动员交换了什么？　B: 赛前两国运动员交换了纪念品。 A: 你用新买的玩具和小杨交换了什么？　B: 我用新买的玩具和小杨交换了一本故事书。 A: 婚礼的哪一时刻让你很感动？　B: 婚礼上,新郎新娘双方交换了钻戒,让我很感动。
265 角度 jiǎodù		(문제를 보는) 시각, 각도 A: 为什么我们的结论不同？B: 你们看问题的角度不同,得到的结果自然不一样。 A: 小明值得称赞吗？　B: 从孝顺父母的角度分析,小明这样做还是值得称赞的。 A: 从历史的角度看,这件事有什么意义？　B: 从历史的角度来看,这件事是有积极意义

	的。 A: 你了解第二次世界大战吗？ B: 第二次世界大战不论从哪一个角度说,都是旷古绝伦的一场大战。 A: 每个人的想法不同，这正常吗? B: 每个人的角度和立场不一样，想法自然也就不同。
266 狡猾 jiǎohuá	교활하다. 간교하다 A: 对待敌人要怎么样？ B: 敌人是狡猾的,我们要提高警惕。 A: 狐假虎威中，狐狸做了什么？ B: 狡猾的狐狸借助老虎的威风吓跑了百兽。 A: 狐狸的狡猾被发现了吗? B: 那只狡猾的狐狸终于原形毕露了。 A: 歹徒最后落入法网了吗？ B: 这些狡猾的歹徒,最后还是落入了法网。 A: 现场没有留下犯罪分子的痕迹吗？ B: 狡猾的犯罪分子没有在现场留下一点痕迹。
267 教练 jiàoliàn	감독. 코치 A: 张教练的眼力好吗？ B: 是的,张教练真有眼力,一眼就看出朱强是跳高的好苗子。 A: 队员们找到自己的位置了吗？ B: 按照教练的意图,队员们很快都找到了自己的位置。 A: 教练为什么很着急？ B: 看见国足队员的差劲表现,教练急得搓手顿脚。 A: 这位武术教练的本领很强吗？ B: 这位武术教练的本领确实很高强。 A: 你们的教练好吗？ B: 我们的教练在训练时很严格,在生活中却对我们非常关心。
268 教训 jiàoxun	교훈하다. 가르치고 타이르다. 꾸짖다. 훈계하다 A: 这次事故让你知道了什么？ B: 交通安全非儿戏,要认真从事故中吸取教训。 A: 那天为什么被爸爸教训了？ B: 那天我自己去游泳,被爸爸狠狠教训了一顿。 A: 为了防止类似事故再发生，我们应该做什么？ B: 要认真总结经验教训,防止类似事故再次发生。 A: 你认为青少年犯罪的教训值得深思吗？ B: 青少年犯罪的沉痛教训,值得每个人深

	思。 A: 你怎么这么生气? B: 我本来是好心提醒他,结果竟然被他教训了一顿。
269 阶段 jiēduàn	단계. 계단 A: 你这一阶段学习的怎么样? B: 我在这一阶段的学习中很努力,成绩有了很大提高。 A: 你最近很忙吗?都忙些什么啊? B: 我进入了紧张的复习阶段,因为即将面临毕业考试了。 A: 奶奶现在康复了吗? B: 在妈妈的辛勤护理下奶奶平安过渡到了康复阶段。 A: 祝贺你终于结束了这一阶段的工作! B: 是啊,结束了这一阶段的工作,我如释重负地松了口气。 A: 你觉得这一阶段的复习重要吗? B: 快要期末了,这一阶段的复习十分重要。
270 结实 jiēshi	굳다. 단단하다. 견고하다 A: 你爷爷身体怎么样? B: 我爷爷七十多岁了,身子骨还挺结实。 A: 妈妈把什么东西绑的那么结实? B: 妈妈把准备捐赠的衣物和书籍捆绑得很结实。 A: 你很喜欢这件牛仔服嘛? B: 这套牛仔服真结实,穿了三年还没穿坏。 A: 你最喜欢哪双鞋?为什么? B: 我最喜欢我现在穿在脚上的这双鞋,因为它很漂亮,也非常结实,我都穿了五年了,还像新的一样。
271 接触 jiēchù	닿다. 접촉하다. 교제하다 A: 你都劝他什么了? B: 我劝他少跟那些不三不四的人接触,完全是出于善意。 A: 你认为领导干部要怎么做才能体察民情? B: 领导干部要多和群众接触,才能体察民情。 A: 你和他的接触多吗? B: 由于工作关系,我和他接触较多。 A: 小红不会玩电脑吗? B: 小红对从没有接触过的电脑一窍不通。 A: 你觉得这个人值得交往吗? B: 他给我的第一印象并不好,但几次接触之后,我发

		现他其实是一个很不错的人。
272 接待 jiēdài		접대하다. 영접하다. 응접하다 A: 你觉得营业员不应该怎么做？应该怎么做？ B: 营业员不能冷冰冰地接待顾客，要主动热情。 A: 我们应该怎么对待来宾？ B: 我们对来宾要热情接待，千万不能怠慢。 A: 你认识图书室的方老师吗？ B: 我很喜欢他，方老师接待读者热情而周到。 A: 下面请领导讲话。 B: 你们的接待工作做得十分出色。 A: 怎么啦？有什么需要帮忙的吗？ B: 下个月我有个朋友要去美国旅游，你能不能帮我接待他一下？
273 接近 jiējìn		접근하다. 가까이하다. 가까워지다. 비슷하다 A: 你最近有多么努力学习？ B: 为了接近年级第一的目标，我集中所有时间进行复习。 A: 你喜欢他吗？ B: 我不喜欢他，因为他总是过于严肃，令人无法接近。 A: 我国的一些科研成果很先进吗？ B: 我国有许多科研成果接近世界先进水平。 A: 她的体操水平怎么样？ B: 别看她年纪轻轻，据说她的体操水平已接近世界一流。 A: 你们队的比赛表现怎么样？ B: 直到比赛接近尾声，我们队都没有什么特别的表现。
274 接着 jiēzhe		이어서. 연이어. 잇다 A: 你们家过年时很热闹吗？ B: 很热闹，一会儿是锣鼓喧天，紧接着就是鞭炮齐鸣，真是热闹。 A: 昨天你都做什么了？ B: 昨天妈妈教我缝东西，她先拿起一根针，接着把线穿进针口，然后线尾打个结。这样就可以缝东西了。 A: 你觉得这座建筑很漂亮是吗？ B: 这座建筑紧接着那座建筑，给人以浑然一体的感觉。 A: 你怎么学习煮饭？ B: 我先盛了一锅米，接着学着妈妈的动作来洗米。

	A: 妈妈你干嘛去？ B: 你们接着学习吧，要不，玩儿也行，我做饭去。
275 节 jié	기념일. 관절. 절약하다. 양 시간 (수업시간을 세는 양사).. A: 奶奶现在也很节约吗？ B: 是的，家里生活条件好了,奶奶还保持着勤俭节约的好习惯。 A: 你知道风力发电有什么优点吗？B: 利用风力发电,既可节约能源,又能保护环境。 A: 现在人们注重节约吗？ B: 人们现在注重节约,提倡低碳的生活方式。 A: 你今天几节课？ B: 今天我一共有六节课，上午四节，下午两节。 A: 小红，这一小节文章描写了什么内容？ B: 这一小节的文章描写了中国的春天。
276 节省 jiéshěng	아끼다. 절약하다. 검소하다 A: 你能说出一句名人名言吗？ B: 鲁迅先生说过:"节省时间,就等于延长人的生命"。 A: 你的作业怎么写的这么快？B: 我集中精力专心写作业，让我节省了不少时间。 A: 这些活，你打算怎么完成？B: 为了节省时间,这些活儿我和他均摊了。 A: 你认为记忆知识有什么好的办法吗？ B: 在理解的基础上记忆知识，会节省很多时间。 A: 从这里去火车站，怎么走比较方便？ B: 从这里去火车站，坐地铁更便宜，而且更节省时间。
277 结构 jiégòu	신경. A: 你觉得这篇文章写的怎么样？ B: 这篇文章结构紧凑,给人一气呵成之感。 A: 为什么要背诵这篇文章？B: 因为这篇文章的结构安排十分合理，句子很优美，而且很实用。 A: 你知道这座大楼采用什么结构吗 B: 这座大楼采用钢筋混凝土结构。 A: 这是什么？ B: 这是整个机器的核心部分，结构很复杂。 A: 这首诗歌很有名吗？为什么？ B: 这首诗歌语言朴素,结构紧凑完整。 A: 老师，这篇论文有什么毛病吗？ B: 这篇论文的结构有问题，你回去再好好儿想想。

278 结合 jiéhé	결합하다, 결부하다 A: 你觉得国家在学习别国经验的同时还要注意什么？ B: 学习外国的经验,要结合本国的国情,不能抄袭别人的做法。 A: 为什么要注意劳逸结合？ B: 要注意劳逸结合,否则就达不到事半功倍的效果。 A: 首尔市真的很迷人。B: 是啊！首尔市是有着600年历史的古都, 传统与时尚完美结合。	
279 结论 jiélùn	결론, 판단 A: 这件事我做错了吗？ B: 在对事情没有一个透彻的了解时,不要轻易下结论。 A: 现在还不能下结论吗？ B: 事情还没有调查清楚,不能急于下结论。 A: 为什么这个结论不成立？ B: 这个结论没有事实根据,不能成立。 A: 我觉得我的结论没有错啊…… B: 你要仔细调查一下再做结论,别那么武断。 A: 想了这么久, 你的结论改变了吗？ B: 我想了很久, 可是结论还是去国外留学, 没有变化。	
280 结账 jiézhàng	계산하다, 결제하다, 결산하다 A: 你结账了吗？ B: 还没有, 因为我还没有买完商品。 A: 你结账的时候告诉我一声, 我买单。 B: 那多不好意思啊, 总是你花钱。 A: 服务员, 结账！ B: 好的, 先生, 您一共消费人民币200元。 A: 我们这里马上就要结束营业了, 您能不能先结一下账？ B: 好的, 一共多少钱？	
281 解放 jiěfàng	해방하다, (속박·억압에서) 해방되다 A: 全国解放以后, 解放军都去了哪里？ B: 全国解放, 许多解放军战士都解甲归田了。 A: 你知道中国解放战争的胜利迎来了什么吗？ B: 解放战争的胜利迎来了中华人民共和国。 A: 这次抗洪抢险, 出动了多少解放军？ B: 解放军出动二十万兵力,投入抗洪抢险。	

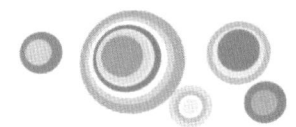

		A: 你在看什么? B: 我在看人民解放军排着整齐的方阵,气势磅礴地走过天安门广场。
		A: 高考结束后，很多学生终于可以放松了。B: 是啊，高考结束后，很多学生觉得从学业的重压下解放了出来。
282	届 jiè	양 회(回). 기(期). 차(次). 번 (예정된 때)이르다 A: 明天学校举办第几届运动会？ B: 明天学校将举行第五届运动会。 A: 你这次获得了什么奖项？B: 我获得了第三届汉语桥冠军。 A: 你明天干什么去？B: 我明天要去参加第53届马拉松比赛。 A: 你参加过哪届奥运会？B: 我还没参加过奥运会。 A: 关于青岛会议你了解多少？ B: 这次青岛会议是第三届，下一届会议预计在广州举行。
283	借口 jièkǒu	구실. 핑계.구실로 삼다. 핑계(를 대다) A: 你为什么经常躲着他？B: 他总爱找借口刁难我。 A: 有的同学怎么找借口骗家长的钱？ B: 有的同学沉迷于网络。总是找出五花八门的借口骗家长的钱上网吧。 A: 我真的有很多事，不能做。B: 你不干就算了,何必找借口! A: 你的同学每次迟到都有借口吗？B: 每次迟到的同学都有借口,尤其是以生病为理由最多。 A: 我只知道这些，其他的不清楚了。B: 你说实话，不要找这个借口，找那个借口！
284	紧 jǐn	팽팽하다. (생활이) 빠듯하다, 어렵다 A: 能不能帮我拧一下这个瓶盖？B: 哎呦，真的很难拧啊，这么紧呢！ A: 最近我手头有点儿紧，你能不能帮帮我，借我点儿钱？B: 那行，那我先借你500，够不够？ A: 我们的时间很紧。快点！不然就来不及了！B: 马上就好！ A: 时间这么紧，我们打车去吧！B: 好的，打车比较快。

285 紧急 jǐnjí	긴급하다. 긴박하다 A: 领导和你说什么了？ B: 领导说这些都是紧急任务，一样也不能延搁。 A: 经过紧急抢救，病人转危为安了吗？ B: 经过紧急抢救,病人从昏迷中清醒过来了。 A: 学校发生了什么事？ B: 情况紧急,校长立即采取了有效措施,防止了意外事故的发生。 A: 在抗洪抢险的紧急情况下，谁挺身而出？ B: 在抗洪抢险的紧急关头,解放军战士挺身而出。 A: 你能告诉我发生了什么吗？ B: 现在情况很紧急，我没时间详细地告诉你。
286 谨慎 jǐnshèn	신중하다. 조심스럽다 A: 你觉得我们应该怎样做人？ B: 我们应该谦虚谨慎,戒骄戒躁,绝不可以盛气凌人,自以为是。 A: 你了解他吗？ B: 他一生谨慎,为人处事很精明。 A: 战场上需要小心谨慎吗？ B: 当然，兵不厌诈,战场上一定要小心谨慎。 A: 这件事交给他做，你觉得妥当吗？ B: 他这人做任何事都小心谨慎,你应该放心。 A: 他是哪种人？ B: 他是那种比较理性的人， 虽然性格外向，但交友却极为谨慎。
287 尽量 jǐnliàng	가능한 한, 최대한 A: 写汉语作文时应该注意什么？ B: 写汉语作文时要尽量避免使用方言词语。 A: 做这节减肥操要注意什么？ B: 做这节减肥操时,双臂尽量向两边伸展。 A: 你觉得工作再忙，也要保证什么？ B: 工作再繁忙,学习时间也要尽量保证。 A: 出门在外应该多带东西还是少带东西？ B: 出门在外要尽量少带东西,以免成为累赘。 A: 你的困难，我会尽量帮你解决的。 B: 那真是太好了，谢谢你！
288 尽力 jìnlì	전력을 다하다. A: 你的妈妈平时怎么教育你的学习？ B: 妈妈经常说考试的好坏不重要,重要的是要尽

		力就行了。 A: 你觉得作为一个职场新人，应该做什么？ B: 作为一个职场新人，应尽力干些力所能及的事。 A: 你会怎么做自己的工作？ B: 我会尽力而为干好本职工作。 A: 你知道张阿姨吗？ B: 我知道，张阿姨尽心尽力赡养公婆,受到邻居的好评。 A: 许诺别人的事，要怎么做？ B: 许诺别人的事情,应该尽力把它办好。
289	经营 jīngyíng	운영하다. 경영하다 A: 你的爸爸经营公司多少年了？ B: 我爸爸苦心经营公司五年了。 A: 你知道我们楼下的那个铺子为什么被查封了吗？ B: 因为违法经营,那个铺子被查封了。 A: 你觉得什么是经营者的追求？ B: 让顾客高兴而来,满意而去,是经营者的追求。 A:这个厂是如何转危为安啊？ B: 这个厂,他苦心经营了两年,才扭转面临倒闭的局面。 A: 你觉得想要经营的好，需要有什么能力？ B: 想要经营的好，需要思想敏锐,善于捕捉市场信息。
290	精力 jīnglì	정력. 정신과 체력. (심신의) 활동력. A: 开学之后，同学们的精力如何？ B: 开学了,同学们以充沛的精力投入了学习。 A:为什么老校长深受师生的喜爱？ B: 老校长把毕生的智慧和精力无私地献给了教育事业。 A: 爷爷的精力怎么样？ B: 爷爷虽然鬓发斑白了,可是精力还很旺盛。 A: 想要学习好，需要充沛的精力吗？ B: 需要,只有保持充沛的精力,才能把学习搞好。 A: 这位英雄值得我们致敬。 B: 这位英雄以贡献自己的毕生精力给祖国而感到荣耀。
291	敬爱 jìngài	경애하다. 공경하고 사랑하다. 존경하다 A: 你知道中国的周恩来总理吗？ B: 我知道，敬爱的周总理每天都会批阅大量的文件,

工作到很晚很晚。

A: 毕业了，你觉得这一路走来，最想感谢的人是谁？ B: 我最想感谢我敬爱的班主任，她教我知识，教我做一个堂堂正正的人。

A: 作为学生，应该怎么做？ B: 作为学生，我们应该努力学习，敬爱师长。

A: 你最敬爱的人是谁？ B: 是我大学的校长，他为学校的发现做出许多贡献。

292 居然 jūrán

뜻밖에. 예상외로. 의외로

A: 你知道吗？他们是朋友？ B: 什么？他们两个人性格不同,却居然成了好朋友。

A: 你知道这个歌星吗？ B: 我知道,他用沙哑的嗓子唱歌,居然被某些人捧为"歌星"。

A: 你怎么这么生气？ B: 我在看电视剧，纪晓岚太放肆了,居然大骂皇帝。

A: 我没有撒谎…… B: 你小小年纪，居然就学会撒谎了，看我怎么收拾你！

293 举 jǔ

들다. 들어 올리다

A: 你能举起一本书过头顶吗？ B: 这还不简单！

A: 你上课会勇敢地举手回答问题吗？ B: 我不太敢，因为我担心自己回答不好。

A: 这位同学举手是因为有什么问题吗？ B: 是的，老师。我想问您一个问题。

A: 同意这次期中考试星期三考的同学，请举手！ B: 哇！大家都举手了？

A: 什么时候总统选举？ B: 下周一总统选举。

294 巨大 jùdà

아주크다

A: 你在海边看到了什么？ B: 我看到巨大的波浪向岸边猛扑过来，又退了回去。非常壮观！

A: 好久没有回家乡，我都快认不出来这是我成长的地方了！ B: 是啊，这几年，家乡发生了巨大的变化。

A: 你知道原子核裂变会产生什么吗？ B: 原子核裂变会释放出巨大的能量。

A: 今年为什么大家的经济形势不好？ B: 因为今年的洪涝灾害给灾民造成了巨大损失。

		A: 这一学说很有名吗？ B: 是啊！这一学说曾在学术界引起了巨大的反响,盛极一时。
295 具备 jùbèi		갖추다. 구비하다: A: 那只很小很小的鸟现在可以飞翔了吗？ B: 经过父母的精心喂养,鸟已经慢慢具备了飞翔的能力。 A: 为什么这项规定还不实施？ B: 由于条件尚不具备,这项规定暂缓实行。 A: 他很厉害吗？ B: 他虽然还很年轻,却具备了敏锐的观察力和冷静的头脑。 A: 你认为真正的人才需要什么能力？ B: 真正的人才不光要具备一定的知识,还要具备创造力和亲和力。
296 具体 jùtǐ		구체적이다. A: 这个计划可以实施了吗？ B: 还不行,因为这个计划的具体细节还需要讨论。 A: 学校应该怎样培养青年教师？ B: 学校采取具体措施,尽快把青年教师培养成骨干教师。 A: 姐姐,你能帮我完成这个作业吗？ B: 我只写了个提纲,至于具体内容全靠你发挥了。 A: 你认为写作时,首先要做到什么？ B: 我认为作文时,首先要做到内容具体,语句通畅。 A: 你觉得绝食减肥怎么样？ B: 减肥不能一味地饿肚子,要根据自己的具体情况制定出具体的饮食和运动方案。
297 据说 jùshuō		다른 사람의 말에 의하면 ~라고 한다. 말에 근거하다 A: 据说,天鹅一生只会选择一个伴侣。 B: 真的吗？ A: 你经常能听见小树林里有声音吧？ B: 是啊,我经常能听到小树林里有人练嗓,据说还是一种健身方法呢。 A: 你知道他退学之后去了哪里？ B: 据说,他离开我们学校后,跟着爸爸到了上海。 A: 你知道中国的建筑物前面为什么经常摆石狮子吗？ B: 在房子门口安置一对石狮子,据说是为了辟邪。 A: 你为什么每天都做眼保健操？ B: 据说做眼保健操可以防治近视,你不妨试试。

298 决心 juéxīn	결심. 결의. 다짐. 결심하다 A: 你觉得在学习汉语的路上应该具备什么? B: 我觉得在学习汉语的路上需要披荆斩棘的决心和勇气。 A: 孩子，你有什么决心? B: 我决心好好学习,上大学,读研究生。 A: 你最近很老实,不再像以前那样调皮不懂事了，值得表扬。 B: 我决心克服打架斗殴的毛病,做个安分守己的青年。 A: 你能遇到困难也会坚持? B: 不论遇到什么困难,也不能动摇我们的决心。 A: 你最近花钱很多哦! B: 是啊，最近总是不自觉地乱花钱，我决心从今天开始出门不带信用卡。
299 角色 juésè	배역. 역. 역할: A: 她做为一个次要角色，怎么这么火? B: 她虽然在戏中只扮演一个次要的角色,但她并没有半点马虎,精彩的表演得到了大家的称赞。 A: 你在游戏里充当什么角色? B: 我在游戏中充当老鹰这个角色。 A: 听说你哥哥是演员，参演了这部电影? B: 是的，不过在这部影片中,他扮演的是一个小角色。 A: 你觉得世界像舞台吗? B: 我觉得世界就是一个舞台,需要我们用心演好我们的角色。 A: 我需要反思什么? B: 在这件事情中，你扮演了一个十分不光彩的角色，你一定要反思反思。
300 绝对 juéduì	절대적인. 무조건적인. 완전히 절대로 A: 你觉得在学校绝对不能怎么样? B: 在学校里,学习和娱乐要分清主次,绝对不能本末倒置。 A: 作为一名士兵，可以不服从命令吗? B: 不可以，作为一名士兵,要绝对服从上级的命令。 A: 我怎么从来没听说过这个新产品? B: 这种技术用在新产品中的做法,在国内绝对是首创!

A: 世界上有绝对静止的东西吗？　B: 世界上绝对静止的东西是没有的。

A: 我求求你，帮帮我吧。　B: 尽管我是你的朋友，但我绝对不会袒护你的错误。

〈 단어 201-250 〉

201-250 单词	拼音	意思
如此	rúcǐ	이렇게
演奏乐器	yǎnzòuyuèqì	악기를 연주하다.
结算方式	jiésuànfāngshì	결제 방식
适用范围	shìyòngfànwéi	적용 범위
规矩	guījǔ	규칙
比喻	bǐyù	비유하다
遵守规则	zūnshǒuguīzé	규칙을 지키다.
秩序	zhìxù	질서
守规矩	shǒuguījǔ	규칙을 지키다
处事谨慎	chǔshìjǐnshèn	일처리가 신중하다.
正所谓	zhèngsuǒwèi	이른바
一辈子	yībèizǐ	한평생
种田	zhòngtián	농사를 짓다
安分守己	ānfènshǒujǐ	성실히 자기의 본분을 지키다
庄稼汉	zhuāngjiàhàn	농사짓는 젊은 남자.
大胆	dàdǎn	대담하다
打破	dǎpò	깨지다.

创作	chuàngzuò	창작하다
体裁	xīntǐcái	체재. 장르
宏大	hóngdà	웅대하다
水利工程	shuǐlìgōngchéng	수리 공사
国庆阅兵	guóqìngyuèbīng	건국 기념일 열병.
气势雄壮	qìshìxióngzhuàng	기세가 웅장하다.
战役	zhànyì	전투
空前	kōngqián	공전의
盛大	shèngdà	성대하다
爆炸	bàozhà	터지다.
失误	shīwù	실수하다.
竟然	jìngrán	놀랍게도
引起	yǐnqǐ	일으키다
不止	bùzhǐ	그치지 않다
顺序	shùnxù	순서
入场	rùchǎng	입장하다
抽签	chōuqiān	제비를 뽑다
惩罚	chéngfá	벌을 주다.
溺爱	nì'ài	지나치게 귀여워하다
穿着	chuānzhuó	입을 열다
益处	yìchù	유익한 점
制止	zhìzhǐ	제지하다.
当众指责	dāngzhòngzhǐzé	대중 앞에서 질책하다.
未免	wèimiǎn	어쩌면

 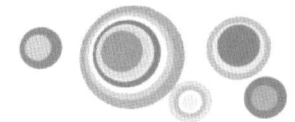

海鲜	hǎixiān	해산물
嘴唇	zuǐchún	입술
肿	zhǒng	붓다
菠萝	bōluó	파인애플
护照	hùzhào	여권
扣留	kòuliú	억류하다
伪造	wěizào	위조하다
查获	cháhuò	수색하여 체포하다
劣质香烟	lièzhìxiāngyān	질이 나쁜 담배
打击	dǎjī	타격을 가하다
走私	zǒusī	밀수하다
提高警惕	tígāojǐngtì	경각심을 높이다.
无孔不入	wúkǒngbúrù	한푼의 수입도 없다
肉制品	ròuzhìpǐn	육제품.
啤酒	píjiǔ	맥주
据说	jùshuō	말하는 바에 의하면 …라 한다.
导致	dǎozhì	야기하다
痛风	tòngfēng	통풍
捕捞	bǔlāo	어획하다
虾	xiā	새우
螃蟹	pángxiè	게
领导	lǐngdǎo	이끌다.
重视	zhòngshì	중시하다
掌握	zhǎngwò	파악하다

顶尖	dǐngjiān	최고의
评审团	píngshěntuán	판정단
邀请	yāoqǐng	초청하다. 초대하다.
评估顾问	pínggūgùwèn	평가 고문
出任	chūrèn	담당하다
出台	chūtái	출범하다
随着	suízhe	따라
分工	fēngōng	분업하다
高楼	gāolóu	고층 건물
洋房	yángfáng	양옥
轿车	jiàochē	승용차
百姓	bǎixìng	백성
望洋兴叹	wàngyángxīngtàn	멍하니 바라보며 탄식하다.
香港	xiānggǎng	홍콩
出海	chūhǎi	바다로 나가다
游艇	yóutǐng	유람선
游轮	yóulún	유람선
船舱	chuáncāng	배의 선실
宽敞	kuānchǎng	널찍하다
舒适	shūshì	편안하다
威尼斯酒店	wēinísījiǔdiàn	베네치아 호텔
金碧辉煌	jīnbìhuīhuáng	휘황찬란하다
装修	zhuāngxiū	인테리어
总统套房	zǒngtǒngtàofáng	스위트 룸

天性	tiānxìng	천성
多功能	duōgōngnéng	다기능의
充满	chōngmǎn	충만하다
无限	wúxiàn	끝이 없다.
打量	dǎliàng	훑어보다.
拆开	chāikāi	떼어 내다
闹钟	nàozhōng	자명종
内部结构	nèibùjiégòu	내부 구조
化学实验	huàxuéshíyàn	화학 실험
瞪大	dèngdà	（눈이） 동그래지다
利益	lìyì	이익
携带	xiédài	휴대하다
枪支	qiāngzhī	총기
某些	mǒuxiē	어떤
权益	quányì	권익
依法	yīfǎ	법에 의거하다
妇女儿童	fùnǚértóng	부녀자 아동
安排	ānpái	안배하다
废除	fèichú	폐지되다.
收费制度	shōufèizhìdù	요금 제도
建筑物	jiànzhùwù	건축물
设计	shèjì	디자인
对称	duìchèn	대칭
针对	zhēnduì	겨냥하다

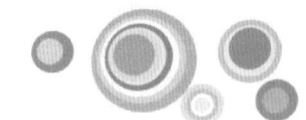

梦想中国语 会话

规章	guīzhāng	규칙
调整	tiáozhěng	조정하다
取消	qǔxiāo	취소하다
签订	qiāndìng	체결하다
认真履行	rènzhēnlǚxíng	성실히 이행하다
进城	jìnchéng	시내에 가다.
手续	shǒuxù	수속
最终	zuìzhōng	결국
协商	xiéshāng	협상하다
租赁	zūlìn	임대하다.
毕业	bìyè	졸업하다.
许多	xǔduō	허다하다
往事	wǎngshì	지난 일. 옛일.
浮现	fúxiàn	떠오르다
脑海	nǎohǎi	머릿속
毕业相	bìyèxiāng	졸업 사진
留念	liúniàn	기념으로 남기다
获奖	huòjiǎng	상을 타다. 수상하다.
戴	dài	끼다
金灿灿	jīncàncàn	금빛 찬란하다
奖牌	jiǎngpái	메달
球迷	qiúmí	축구 팬
拍	pāi	찍다
项目	xiàngmù	프로젝트

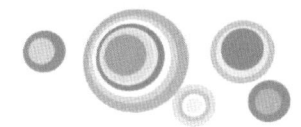

企业家	qǐyèjiā	기업가
教育家	jiàoyùjiā	교육자
办学	bànxué	학교를 세우다
效率	xiàolǜ	효율성
团队分工	tuánduìfēngōng	단체적 분업
抓住	zhuāzhù	잡아라.
恐怖分子	kǒngbùfènzǐ	테러 분자
警方通力	jǐngfāngtōnglì	경찰 측 대리인.
共产党	gòngchǎndǎng	공산당
国民党	guómíndǎng	국민당
失落	shīluò	섭섭하다. 잃어버리다. 분실하다.
前进	qiánjìn	전진하다.
难免	nánmiǎn	면하기 어렵다. 피하기 어렵다. …하게 마련이다.
大惊小怪	dàjīngxiǎoguài	별것 아닌 일에 크게 놀라다.
逞强	chěngqiáng	잘난 척하다. 으스대다.
看待	kàndài	취급하다
光明正大	guāngmíngzhèngdà	광명 정대하다
偷偷摸摸	tōutōumōmō	슬며시 하다
只不过	zhǐbúguò	다만 …에 불과하다.
偷	tōu	훔치다.
撕心裂肺	sīxīnlièfèi	몹시 비통해 하다.
拐弯抹角	guǎiwānmòjiǎo	빙 둘러서 말하다
珍惜	zhēnxī	아끼다.

觅	mì	찾다. 구하다.
肝胆相照	gāndǎnxiāngzhào	간담상조. 서로 속마음을 털어놓고 진심으로 사귀다.
推心置腹	tuīxīnzhìfù	진심으로 사람을 대하다.
知己	zhījǐ	막역한 친구
颐和园	yíhéyuán	이화원
叙述	xùshù	서술하다
前因	qiányīn	전생의 인연. 업보.
劣质材料	lièzhìcáiliào	저질 재료
矛盾	máodùn	갈등. 대립. 배척.
驾车	jiàchē	차를 몰다
危害	wēihài	해를 끼치다
害人害己	hàirénhàijǐ	남에게 해를 끼치다.
不堪设想	bùkānshèxiǎng	상상조차 할 수 없다
忽视	hūshì	홀시 하다
施工	shīgōng	시공하다
抓	zhuā	잡다
教学	jiàoxué	교수
口语表达	kǒuyǔbiǎodá	구어 표현
培养	péiyǎng	키우다.
偏重	piānzhòng	편중하다
现状	xiànzhuàng	현황
人性	rénxìng	인간성
算命先生	suànmìngxiānshēng	점쟁이

胡说八道	húshuōbādào	말도 안 되는 소리를 하다. 입에서 나오는 대로 지껄이다.
严肃	yánsù	엄숙하다
容不得	róngbùdé	용납할 수 없다
调查	diàochá	조사하다.
成天	chéngtiān	밤낮 없이
窄	zhǎi	좁다
狭窄	xiázhǎi	협착하다
穿过	chuānguò	통과하다
尽头	jìntóu	끝
通常	tōngcháng	통상적인
保温	bǎowēn	보온하다
暖壶	nuǎnhú	보온병
挑选	tiāoxuǎn	고르다. 선발하다.
古典	gǔdiǎn	고전하다
龙井	lóngjǐng	룽징
制作工艺	zhìzuògōngyì	공예를 제작하다.
千差万别	qiānchàwànbié	천차 만별이다.
重担	zhòngdàn	무거운 짐
挑起来	tiǎoqǐlái	받쳐 놓다.
担此重任	dāncǐzhòngrèn	중임을 맡다
悔恨不已	huǐhènbùyǐ	뼈저리게 뉘우쳐 마지 않다.
一塌糊涂	yītāhútú	엉망진창이다.
聪明一世，糊涂一时	cōngmíngyìshìhútúyìshí	총명이 일생을 풍미하던 사람도,

		때로는 멍청해 진다.
永恒	yǒnghéng	영원히 변하지 않다. 영원하다.
班会	bānhuì	학년·반·조 등의 회의.
开展	kāizhǎn	전개하다
孝敬	xiàojìng	웃어른을 잘 섬기다
激烈	jīliè	격렬하다
革命	gémìng	혁명하다
壮烈	zhuàngliè	장렬하다
牺牲	xīshēng	희생하다.
战士	zhànshì	전사
童年	tóngnián	동년. 어린 시절. 어릴 적
抒发	shūfā	나타내다. 토로하다.
游子	yóuzǐ	유자. 나그네. 방랑자.
祖国	zǔguó	조국.
时光	shíguāng	세월
旱情	hànqíng	가뭄의 상태〔상황·정도〕.
及时雨	jíshíyǔ	때맞춰 내리는 비. 단비.
开通	kāitōng	개통하다
线路	xiànlù	선로
拥挤	yōngjǐ	붐비다. 혼잡하다.
状况	zhuàngkuàng	상황
免疫力	miǎnyìlì	면역력
休闲	xiūxián	레저
有助于	yǒuzhùyú	도움이 되다

 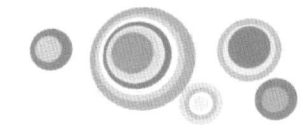

宇宙飞船	yǔzhòufēichuán	우주선
太空	tàikōng	스페이스 셔틀
遨游	áoyóu	유람하다
千奇百怪	qiānqíbǎiguài	괴상하다
童话	tónghuà	동화
奇妙	qímiào	기묘하다
审讯	shěnxùn	심문하다
犯人	fànrén	범인
显得	xiǎndé	드러나다. …인 것 같다. …하게 보이다. …인 것처럼 보이다
答非所问	dáfēisuǒwèn	동문서답하다
神色	shénsè	표정
怀疑	huáiyí	의심하다
可疑	kěyí	의심스럽다
假期	jiàqī	휴가
布满	bùmǎn	가득 차다
抹布	mābù	걸레
新鲜	xīnxiān	신선하다.
悬浮	xuánfú	부유하다
冲刷掉	chōngshuādiào	침식을 잊어 버리다
扬起	yángqǐ	휘날리다
灰心丧气	huīxīnsàngqì	낙담하다. 낙심하다. 의기소침하다.
一而再	yīérzài	재차. 재삼. 연속적으로.
失败	shībài	실패하다.

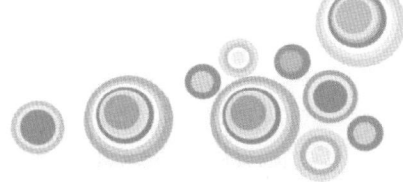

挫折	cuòzhé	좌절하다
佩服	pèifu	탄복하다
操场	cāochǎng	운동장
平静	píngjìng	고요하다
铃	líng	벨
响	xiǎng	울리다
治理	zhìlǐ	다스리다
清澈	qīngchè	맑고 깨끗하다
抢救	qiǎngjiù	(응급 상황에서) 서둘러 구호하다.
发挥	fāhuī	발휘하다
衣袖	yīxiù	옷 소매
云彩	yúncǎi	구름
徐志摩	xúzhìmó	서지마. 중국의 시인. 신시운동의 중심인물.
再别康桥	zàibiékāngqiáo	강교를 다시 이별하다
酒精	jiǔjīng	에틸 알코올
稳定性	wěndìngxing	안정성
挥手告别	huīshǒugàobié	손을 흔들며 작별하다.
很不是滋味	hěnbùshìzīwèi	몹시 서운하다
演讲	yǎnjiǎng	강연하다
不可胜数	bùkěshēngshǔ	이루 다 헤아릴 수 없다
举办	jǔbàn	개최하다.
课余生活	kèyúshēnghuó	과외 생활
思维	sīwéi	사유, 사유하다. 숙고하다
解答	jiědá	해답하다

课堂气氛	kètángqìfēn	교실 분위기.
生动	shēngdòng	생동감 있다. 생동하다
满足	mǎnzú	만족하다.
需要	xūyào	필요하다.
及时	jíshí	제때에
范围	fànwéi	범위
旱情	hànqíng	가뭄 상태
解除	jiěchú	해제하다
开支状况	kāizhīzhuàngkuàng	지출 상황
额外	éwài	별도
竞争	jìngzhēng	경쟁하다.
裹足不前	guǒzúbùqián	우물쭈물 하며 앞으로 나아가지 않다
统一	tǒngyī	통일하다
意见	yìjiàn	의견
挨骂	āimà	욕을 먹다.
住院	zhùyuàn	입원하다.
赶到	gǎndào	서둘러 도착하다
单位	dānwèi	단위
赶回	gǎnhuí	급히 돌아가다
背起	bèiqǐ	짊어지다
争光	zhēngguāng	생색내다
精力	jīnglì	정력
期末	qīmò	기말
雨量	yǔliàng	우량

坚持防汛	jiānchífángxùn	홍수 방비를 늦추어 홍수를 막다.
抗旱并重	kànghànbìngzhòng	가뭄과 싸워 모두 중시하다.
熟练	shúliàn	숙련되다
计算题	jìsuàntí	계산 문제
仔细	zǐxì	꼼꼼하다.
做笔记	zuòbǐjì	필기하다
创造	chuàngzào	창조하다.
真实	zhēnshí	진실하다
抗震救灾	kàngzhènjiùzāi	지진에 맞서서 재난을 구제하다.
模糊	móhu	희미하다
故乡	gùxiāng	고향
印象深刻	yìnxiàngshēnkè	인상 깊다.
记忆犹新	jìyìyóuxīn	기억이 생생해요.
场景	chǎngjǐng	정경
精彩	jīngcǎi	멋지다
跳高	tiàogāo	높이뛰기
大胃王	dàwèiwáng	먹보
目前	mùqián	현재
拉面	lāmiàn	라면
厉害	lìhài	무섭다. 사납다. 무시무시하다.
严格	yángé	엄격하다.
遵守	zūnshǒu	준수하다
泄露	xièlù	누설하다
机密	jīmì	기밀

 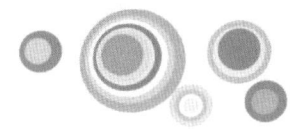

出差	chūchāi	출장
班级	bānjí	학급
涣散	huànsàn	이완시키다
端午节	duānwǔjié	단오절.
粽子	zòngzǐ	쫑쯔. [찹쌀을 대나무 잎사귀나 갈대잎에 싸서 삼각형으로 묶은 후 찐 음식. 단오절에 굴원(屈原)을 기리기 위한 풍습]
民间	mínjiān	민간
赛龙舟	sàilóngzhōu	용머리로 뱃머리를 장식하고 배 경주를 하다.
传说	chuánshuō	전설
屈原	qūyuán	굴원
人民英雄纪念碑	rénmínyīngxióngjìniànbēi	인민영웅기념비.
竖立	shùlì	똑바로 세우다
中央	zhōngyāng	중앙
合影	héyǐng	함께 사진을 찍다
收藏	shōucáng	수집하다
上夜班	shàngyèbān	야근하다.
嫦娥	chángé	항아
天宫	tiāngōng	항아
冰冷	bīnglěng	차디차다
玉兔	yùtù	옥토끼
陪伴	péibàn	동무가 되다. 짝이 되다. 함께 하다.
排解	páijiě	중재하다
电台节目	diàntáijiémù	라디오 프로그램
旅途	lǚtú	여행 도중

雪糕	xuěgāo	아이스크림
无人问津	wúrénwènjīn	관심을 갖는 사람이 아무도 없다.
柜台	guìtái	카운터
离群	líqún	집단[무리]에서 떨어지다·떠나다.
大雁	dàyàn	기러기
举行	jǔxíng	열리다
战争	zhànzhēng	전쟁
倒流	dàoliú	거꾸로 흐르다
姥姥	lǎolao	외할머니
诗人	shīrén	시인
诗歌	shīgē	시가
赞美	zànměi	찬미하다
小猫	xiǎomāo	새끼 고양이
老鼠	lǎoshǔ	쥐
偷吃	tōuchī	훔쳐먹다
猛扑	měngpū	맹렬하게 돌진하다
前天	qiántiān	그제
明明	míngmíng	분명히
扭头	niǔtóu	머리를 돌리다

〈 단어 251-300 〉

251-300 单词	拼音	意思
丢掉	diūdiào	잃다. 잃어버리다. 없애다.
可惜	kěxī	형용사 섭섭하다. 아쉽다. 애석하다. 아깝다. 유감스럽다.
修理	xiūlǐ	수리하다.
报废	bàofèi	폐기 처분하다
空洞	kōngdòng	공허하다
即使	jíshǐ	설령설령
华丽	huálì	화려하다.
驾照	jiàzhào	운전 면허증
违章	wéizhāng	규정을 위반하다
交警	jiāojǐng	교통 경찰
扣留	kòuliú	억류하다
宇航事业	yǔhángshìyè	우주 비행 사업.
贡献	gòngxiàn	공헌하다
宇宙飞船	yǔzhòufēichuán	우주선
幻想	huànxiǎng	환상
亲手	qīnshǒu	손수
驰骋	chíchěng	질주하다
改正	gǎizhèng	시정하다
打击	dǎjī	타격을 가하다

经济犯罪	jīngjìfànzuì	경제 범죄
果断	guǒduàn	과단성이 있다
侵略	qīnluè	침략하다
弱国	ruòguó	약소국가.
男尊女卑	nánzūnnǚbēi	남존여비.
一丝	yìsī	한 가닥의 실
余地	yúdì	여지
磨炼	móliàn	단련하다
意志	yìzhì	의지
持有	chíyǒu	보유하다
勇敢	yǒnggǎn	용감하다.
唉声叹气	āishēngtànq	한숨 쉬며 한탄하다.
沙漠	shāmò	사막
植树	zhíshù	나무를 심다
难度	nándù	난이도
任务	rènwù	임무
充分	chōngfèn	충분하다.
思想准备	sīxiǎngzhǔnbè	마음가짐
继承	ijìchéng	계승하다
发扬	fāyáng	발양하다
奋斗	fèndòu	분투 노력하다
优良传统	yōuliángchuántǒng	우량한 전통
老红军	lǎohóngjūn	늙은 홍 군.
朴素	pǔsù	소박하다

磨炼	móliàn	단련하다
愚不可及	yúbùkějí	어수룩함은 따라갈 수 없다.
不劳而获	bùláoérhuò	스스로 일하지 않고 남의 성과를 점유하다.
发财	fācái	큰돈을 벌다. 부자가 되다.
白日做梦	báirìzuòmèng	백일몽을 꾸다. 대낮에 꿈을 꾸다.
丢失	diūshī	분실되다.
钥匙	yàoshi	키
项链	xiàngliàn	목걸이
海底捞针	hǎidǐlāozhēn	해저에서 바늘을 건지다. 대단히 찾기 힘들다.
核战争	hézhànzhēng	핵 전쟁
友谊	yǒuyì	우의. 우정.
长期	chángqī	장기간
纯真	chúnzhēn	순진하다
患难	huànnàn	환난
亲密无间	qīnmìwújiān	사이가 아주 좋아 전혀 격의가 없다.
考察员	kǎocháyuán	고찰원
南极	nánjí	남극
终年积雪	zhōngniánjīxuě	일년 내내 눈이 쌓여 있다.
考察站	kǎocházhàn	고찰소
正式	zhèngshì	본격화하다
建交	jiànjiāo	수교하다
本领	běnlǐng	능력
调动	diàodòng	이동하다

服务	fúwù	봉사하다.
甘愿	gānyuàn	달갑게 여기다
牺牲	xīshēng	희생하다.
宁可	níngkě	차라리
吃苦受累	chīkǔshòulěi	고생을 하고 괴로움을 당하다.
围绕	wéirào	둘러싸다
课外活动	kèwàihuódòng	과외 활동
采纳	cǎinà	채택하다
合理	hélǐ	합리적이다
幢	chuáng	동. 채.
完工	wángōng	완공하다
主体	zhǔtǐ	주체
举世闻名	jǔshìwénmíng	전세계에 이름이 알려지다.
埃及	āijí	이집트
金字塔	jīnzìtǎ	피라미드
混凝土	hùnníngtǔ	콘크리트
水泥	shuǐní	시멘트
砂	shā	모래
混合	hùnhé	혼합하다
哈尔滨	hāěrbīn	하얼빈 시
俄罗斯式	éluósīshì	러시아식
风格	fēnggé	스타
盲目	mángmù	맹목적으로

蛮干	mángàn	무모하게 하다
诚信	chéng	성실하고 정직하다
算数	xìnsuànshù	한 수를 책임 지다
信用	xìnyòng	비평하다비평하다
批评	pīpíng	비판하다. 지적하다.
实事求是	shíshìqiúshì	실사구시. 사실에 토대로 하여 진리를 탐구하다.
分寸	fēncùn	분별. 분수. 주제.
朴实	pǔshí	소박하다
打扮	dǎbàn	단장하다
相声	xiàngshēng	만담. 재담
逗	dòu	놀리다
茄	jiā	가지
幼苗	yòumiáo	새싹
奄奄一息	yǎnyǎnyìxī	마지막 숨을 모으다.
与其说	yǔqíshuō	말하기보다는
倒不如说	dàobùrúshuō	차라리 말하는 것이 낫다
自生自灭	zìshēngzìmiè	자생 자멸.
施肥松土	shīféisōngtǔ	거름을 주어 흙을 바수다
栽树	zāishù	나무를 심다.
挖坑	wākēng	구덩이를 파다
接着	jiēzhe	이어서
埋	mái	묻다
互通有无	hùtōngyǒuwú	유무 상통하다

促进	cùjìn	촉진하다.
纪念品	jìniànpǐn	기념품
婚礼	hūnlǐ	결혼식
新郎	xīnláng	신랑
新娘	xīnniáng	신부
称赞	chēngzàn	칭찬하다.
积极	jījí	적극적이다.
不论	búlùn	논하지 않다
旷古绝伦	kuànggǔjuélún	공전에 없을 정도로 뛰어나다
警惕	jǐngtì	경계심
狐假虎威	hújiǎhǔwēi	호가호위하다.
狐狸	húlí	여우
借助	jièzhù	힘입다
威风	wēifēng	위풍 당당하다
原形毕露	yuánxíngbìlù	본색이 완전히 드러나다
歹徒	dǎitú	악당
法网	fǎwǎng	법망.
痕迹	hénj	흔적
眼力	ìyǎnlì	시력.
好苗子	hǎomiáozǐ	좋은 싹
意图	yìtú	의도
差劲	chàjin	형편 없다
搓手顿脚	cuōshǒudùnjiǎo	손을 비벼 따뜻하게 하다
武术	wǔshù	무술

 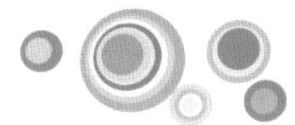

事故	shìgù	사고
儿戏	érxì	아이들 장난
吸取	xīqǔ	흡수하다
狠狠	hěnhěn	매섭게
类似	lèisì	비슷하다.
经验	jīngyàn	경험
犯罪	fànzuì	범죄를 저지르다.
值得	zhídé	가치가 있다
提醒	tíxǐng	주의를 환기시키다
竟然	jìngrán	뜻밖에도. 의외로. 상상 외로
紧张	jǐnzhāng	긴장하다.
即将	jíjiāng	곧. 머지않아. 불원간
面临	miànlín	직면하다
康复	kāngfù	건강을 회복하다
如释重负	rúshìzhòngfù	무거운 짐을 벗은 듯하다
身子骨	shēnzǐgǔ	신체
结实	jiēshí	튼튼하다
绑	bǎng	묶다
捐赠	juānzèng	기부하다.
书籍	shūjí	서적
捆绑	kǔnbǎng	줄로 묶다.
不三不四	bùsānbúsì	너절하다. 단정하지 않다. 올바르지 않다.
善意	shànyì	선의의
体察民情	tǐcháMínqíng	민정을 살피다.

一窍不通	yīqiàobùtōng	쥐뿔도 모르다
冷冰冰	lěngbīngbīng	냉랭하다
来宾	láibīn	내빈
怠慢	dàimàn	태만하다
读者	dúzhě	독자
周到	zhōudào	주도면밀하다
出色	chūsè	뛰어나다
严肃	yánsù	엄숙하다
科研成果	kēyánchéngguǒ	과학 연구 성과.
据说	jùshuō	듣건대
尾声	wěishēng	코다(coda). 결미.
过年	guònián	설을 쇠다. 새해를 맞다.
热闹	rènào	번화하다. 흥성거리다. 떠들썩하다.
锣鼓喧天	luógǔxuāntiān	징 소리와 북 소리가 하늘을 진동시키다.
鞭炮齐鸣	biānpàoqímíng	폭죽이 일제히 울리다
缝	féng	이음매. 이음새. 솔기.
打个结	dǎgèjié	매듭을 짓다
浑然一体	húnrányìtǐ	혼연일체가 되다. 완전히 하나로 어우러지다.
煮饭	zhǔfàn	밥을 삶다
掏	tāo	꺼내다. 끄집어 내다.
勤俭	qínjiǎn	근검하다
风力发电	fēnglìfādiàn	풍력 발전
能源	néngyuán	에너지

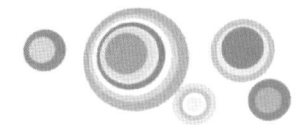

注重	zhùzhòng	중시하다
提倡低碳	tíchàngdītàn	저탄죽이 일제히 울리다.
描写	miáoxiě	묘사하다
名人名言	míngrénmíngyán	명인 명언
延长	yáncháng	연장하다
均摊	jūntān	균등하게 분담하다
紧凑	jǐncòu	조밀하다
一气呵成	yīqìhēchéng	단숨에 일을 해치우다.
背诵	bèisòng	외우다. 암송하다.
机器	jīqì	기계
核心	héxīn	핵심
毛病	máobìng	결함
国情	guóqíng	국정
抄袭	chāoxí	표절하다
劳逸结合	láoyìjiéhé	일과 휴식을 적절히 결합하다
否则	fǒuzé	그렇지 않으면
事半功倍	shìbàngōngbèi	적은 노력으로 많은 성과를 올리다.
迷人	mírén	마음이 끌리다〔쏠리다〕. 마음을 끌다
古都	gǔdū	고도
时尚	shíshàng	트랜드
透彻	tòuchè	투철하다
轻易	qīngyì	호락호락하게
下结论	xiàjiélùn	결론을 내리다.
根据	gēnjù	따르다.

 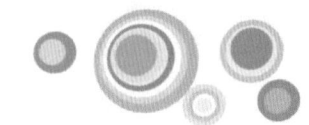

武断	wǔduàn	독단적으로 판단하다
结账	jiézhàng	계산하다
消费	xiāofèi	소비하다.
营业	yíngyè	영업하다
解甲归田	jiějiǎguītián	제대하여 고향에 돌아가다.
胜利	shènglì	승리하다.
迎来	yínglái	맞다
抗洪抢险	kànghóngqiǎngxiǎn	홍수와 싸우며 긴급 구조를 하다.
出动	chūdòng	출동하다
投入	tóurù	투입하다
整齐	zhěngqí	가지런하다
方阵	fāngzhèn	정방 행렬
气势磅礴	qìshìpángbó	기세가 드높다.
放松	fàngsōng	힘을 빼다.
学业	xuéyè	학업
汉语桥	hànyǔqiáo	Chinese Bridge
冠军	guànjūn	우승자
马拉松	mǎlāsōng	마라톤
奥运会	àoyùnhuì	올림픽(경기).
青岛	qīngdǎo	칭다오
预计	yùjì	예측하다
躲着	duǒzhe	비키다
刁难	diāonàn	비난하다
沉迷于	chénmíyú	깊이 빠지다

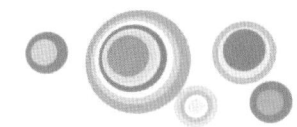

五花八门	wǔhuābāmén	천태만상
尤其	yóuqí	특히
实话	shíhuà	실화
拧	nǐng	비틀다
瓶盖	pínggài	병 마개
手头	shǒutóu	수중. 신변. 몸 가까이.
延搁	yángē	(시일을) 지연하다. 지체하다. 끌다.
转危为安	zhuǎnwēiwéiān	위험한 상황에 처하다.
昏迷	hūnmí	혼수 상태에 빠지다
清醒	qīngxǐng	맑고 깨끗하다
采取	cǎiqǔ	채취하다
有效措施	yǒuxiàocuòshī	유효한 조치
意外事故	yìwàishìgù	우발 사고
挺身而出	tǐngshēnérchū	용감하게 나서다
关头	guāntóu	결정적인 시기. 중요한 시기
详细	xiángxì	상세한
戒骄戒躁	jièjiāojièzào	교만함과 성급함을 경계하다.
绝不	juébù	결코
盛气凌人	shèngqìlíngrén	의기양양하여 남을 깔보다.
自以为是	zìyǐwéishì	혼자 잘났어.
为人处事	wéirénchùshì	사람 됨됨이가 겸허하고 성실하다.
精明	jīngmíng	영리하다. 총명하다.
兵不厌诈	bīngbùyànzhà	전란으로 세상이 어수선하다.
妥当	tuǒdāng	타당하다. 알맞다. 온당하다.

避免	bìmiǎn	피하다. (모)면하다.
方言	fāngyán	방언
词语	cíyǔ	어휘
减肥操	jiǎnféicāo	다이어트 체조
双臂	shuāngbì	양팔
伸展	shēnzhǎn	뻗다
保证	bǎozhèng	장담하다.
繁忙	fánmáng	일이 많고 바쁘다.
以免	yǐmiǎn	…하지 않도록. …않기 위해서.
累赘	léizhuì	(문자가) 번잡하다. (사물이) 쓸데없는
职场新人	zhíchǎngxīnrén	직장 신입 사원
力所能及	lìsuǒnéngjí	힘이 미칠 수 있는 바
本职	běnzhí	본직. 본 직장. 자기의 직책
阿姨	āyí	아주머니. 아줌마. 이모.
赡养	shànyǎng	먹여 살리다.(부모를) 봉양하다.
公婆	gōngpó	시아버지와 시어머니.
好评	hǎopíng	호평
许诺	xǔnuò	허락하다
铺子	pùzi	점포
查封	cháfēng	차압하(여 봉인하)다. 조사한 후 봉인하다.
追求	zhuīqiú	추구하다. 탐구하다.
扭转	niǔzhuǎn	교정하다. 바로잡다. 시정하다.
倒闭	dǎobì	(상점·회사·기업 등이) 도산하다.
局面	júmiàn	국면. 형세. 양상.규모.

 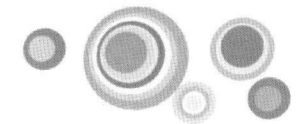

敏锐	mǐnruì	(감각이) 빠르다. 예민하다.
捕捉	bǔzhuō	잡다. 붙잡다. 체포하다.
充沛	chōngpèi	넘쳐흐르다. 충족하다.
深受	shēnshòu	(매우) 깊이 받다. 크게 입다.
毕生	bìshēng	일생. 평생.
智慧	zhìhuì	지혜
无私地	wúsīdì	사심 없이
献给	xiàngěi	바치다
鬓发斑白	bìnfàbānbá	귀밑 머리가 희끗희끗하다.
旺盛	iwàngshèng	왕성하다
致敬	zhìjìng	경의를 표하다
贡献	gòngxiàn	공헌하다
荣耀	róngyào	영광스럽다
周恩来总理	zhōuēnláizǒnglǐ	저우언라이의 총리
批阅	pīyuè	읽고 지시하다
堂堂正正	tángtángzhèngzhèng	떳떳하다
师长	shīzhǎng	사단장.
沙哑	shāyǎ	목이 잠기다
嗓子	sǎngz	목소리. 목청. 목구멍.
捧为	pěngwéi	추어올리다
放肆	fàngsì	버릇없이[제멋대로] 굴다. 방자하다.
大骂	dàmà	욕을 퍼붓다.
撒谎	sāhuǎng	거짓말을 하다. 허튼소리를 하다.
收拾	shōushi	거두다. 정리하다. 정돈하다.

勇敢	yǒnggǎn	용감하다
总统	zǒngtǒng	대통령
选举	xuǎnjǔ	선거하다
波浪	bōlàng	파도. 물결.
岸边猛扑	ànbiānměngpū	강가에 갑자기 뛰어들다
壮观	zhuàngguān	장관이다
认不出来	rènbùchūlái	분간할 수 없다
原子核裂变	yuánzǐhélièbiàn	원자 핵 분열
释放	shìfàng	석방하다.방출하다. 내보내다.
能量	néngliàng	에너지
形势	xíngshì	정세. 형편. 상황.
洪涝灾害	hónglàozāihài	논밭의 침수 재해.
损失	sǔnshī	소모하다. 소비하다. 잃어버리다.
学说	xuéshuō	학설
曾	céng	일찍이
学术界	xuéshùjiè	학술계
反响	fǎnxiǎng	반향
盛极一时	shèngjíyìshí	한때 크게 성행하다. 일시에 대성황을 이루다.
飞翔	fēixiáng	하늘을 빙빙 돌며 날다. 비상하다
喂养	wèiyǎng	양육하다
实施	shíshī	실시하다.
暂缓实行	zànhuǎnshíxíng	잠시 늦추어 시행하다.
敏锐	mǐnruì	빠르다. 예민하다.

梦想中国语 会话

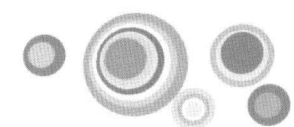

观察力	guānchálì	관찰력
亲和力	qīnhélì	친화력
骨干	gǔgàn	골간
提纲	tígāng	대요.
发挥	fāhuī	발휘하다
语句通畅	yǔjùtōngchàng	문장이 유창하다.
绝食	juéshí	절식하다
一味地	yíwèidì	단순히. 무턱대고. 맹목적으로.
饿肚子	èdùzǐ	단배 주리다
方案	fāngàn	방안
天鹅	tiāné	백조
伴侣	bànlǚ	반려자
练嗓	liànsǎn	목을 길게 빼다
健身	gjiànshēn	단련하다
退学	tuìxué	퇴학하다
摆	bǎi	진열하다
安置	ānzhì	안치하다
一对	yíduì	한쌍
辟邪	pìxié	액막이를 하다.
眼保健操	yǎnbǎojiàncāo	탐욕스럽고 수법이 악랄하다
不妨试试	bùfángshìshì	시도해 보아도 무방하다
具备	jùbèi	갖추다
披荆斩棘	pījīngzhǎnjí	가시덤불을 헤치고 나아가다
读研究生	dúyánjiūshēng	대학원생을 연수하다.

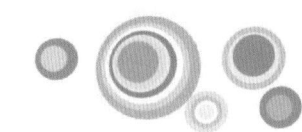

调皮	tiáopí	장난스럽다
不懂事	bùdǒngshì	철이 없다. 사물을 분간하지 못하다.
表扬	biǎoyáng	표창하다
克服	kèfú	극복하다.
打架斗殴	dǎjiàdòuōu	싸움질하고 때리며 싸우다.
安分守己	ānfènshǒujǐ	성실히 자기의 본분을 지키다
坚持	jiānchí	유지하다
动摇	dòngyáo	동요하다
不自觉地	bùzìjuédì	엉겁결에
乱花钱	luànhuāqián	돈을 무분별하게 쓰다.
次要	cìyào	부차적인 것
马虎	mǎhu	소홀하다
充当	chōngdāng	충당하다
老鹰	lǎoyīng	독수리
参演	cānyǎn	공연에 참가하다.
影片	yǐngpiān	영화 필름.
扮演	bànyǎn	연기하다
舞台	wǔtái	무대
用心	yòngxīn	마음을 쓰다.
反思	fǎnsī	되짚어 가다
不光彩	bùguāngcǎi	불명예스럽다
娱乐	yúlè	오락
分清主次	fēnqīngzhǔcì	주객을 분명히 하다
本末倒置	běnmòdàozhì	본말이 전도되다

服从命令	fúcóngmìnglìng	명령에 복종하다
上级	shàngjí	상급. 상부. 상급자.
首创	shǒuchuàng	창시하다
静止	jìngzhǐ	정지하다
袒护	tǎnhù	비호하다.

〈 회화 301-400 〉

301 开发 kāifā	개발하다. 개척하다. A：你去过中国大连吗？ B：我去过一次，那里开发得很好。 A：在开发资源的同时需要注意什么？ B：不能过度开发。 A：你男朋友从事什么工作？ B：他从事软件开发的工作。 A：上次我来的时候，这里有公园吗？ B：没有，这个公园是刚刚开发出来的。 A：你们公司哪个部门是开发新产品的？ B：我们公司的研发部是开发新产品的。
302 砍 kǎn	찍다. 패다. 삭감하다 A：过度砍树会造成什么？ B：过度砍树会造成水土资源的流失。 A：你砍过树吗？ B：我没有砍过树。 A：为什么国家禁止乱砍乱伐？ B：因为乱砍乱伐会破坏环境。 A：他为什么被警察逮捕了？ B：因为他持刀砍人。 A：买东西的时候你会砍价吗？ B：一般情况下我不会砍价。
303 看不起 kànbuqǐ	경시하다. 얕보다. 깔보다 A：你看不起什么样的人？ B：我看不起好吃懒做、啃老的人。 A：他为什么被别人看不起？ B：因为他不好好工作，到处惹麻烦。 A：我觉得我学习很差怎么办？ B：不要看不起自己，再努力一点就好了。 A：买不起名牌包包会被看不起吗？ B：当然不会，我认为善良和智慧远比物质更值钱。
304 看来 kànlái	보아하니 ~하다. 보기에 A：看来学汉语很有意思啊！ B：是呀，只要跟着老师的方法来，学习很有意思。 A：天气预报说今天是晴天啊，可是外面怎么下雨了？ B：什么？看来今天只能挨淋了。

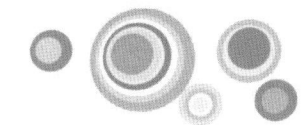

	A：你来尝尝我做的中国菜好吃吗？ B：味道不错嘛！看来有做厨师的潜力啊！ A：看来你的作业写完啦？ B：没错！我在学院就写完了。 A：阳光明媚，今天天气不错啊！ B：看来我们可以去野餐啦！
305 抗议 kàngyì	항의하다. A：外面的人们在干什么？ B：外面的人们在游行，抗议政府做的这个决定。 A：小妹妹为什么噘嘴？ B：她在噘嘴抗议妈妈逼她学习。 A：你觉得通过延长工人的工时来提高生产怎么样？ B：我抗议。 A：政府的这项决定怎么样？ B：受到了很多人的抗议和愤慨。
306 颗 kē	양 [둥글고 작은 알맹이 모양의 물건을 세는 양사] 알. A：你认识天上的哪颗星星？ B：我认识那颗北极星。 A：你喜欢哪个季节的夜？ B：我喜欢夏天的夜，更喜欢在夏天欣赏天上的一颗颗星星。 A：你说的北极星是这颗吗？ B：对，就是北斗七星勺子对着的那颗。 A：你为什么喜欢北极星？ B：因为这颗星星的位置永远不变，引导着我们。
307 可见 kějiàn	~라는 것을 알 수 있다. ~임을 알 수 있다. A：我的男朋友下课后会开车来接我。 B：可见你的男朋友很贴心嘛。 A：我觉得汉语虽然有些难，但是如果两天以上我不练习的话，好像浑身都痒痒。 B：可见你很热爱汉语啊！ A：外面的地是湿的。 B：可见昨晚下雨了。 A：妈妈总是教育我。 B：可见妈妈很爱你！
308 可靠 kěkào	믿을만하다. 믿음직하다 A：你的消息可靠吗？ B：绝对可靠，放心吧。 A：你觉得你是个可靠的人吗？ B：我觉得我是个可靠的人。

	A：这个事情一定要找个可靠的人去做！ B：这件事交给我吧。
	A：你觉得这个公司可靠吗？ B：我上网查了一下，信用挺好的，应该很可靠。
309 可怕 kěpà	두렵다. 무섭다. A：你为什么表情突然变得这么严肃？ B：我听到了一个很可怕的消息。 A：你觉得你的爸爸可怕吗？ B：我的爸爸总是不苟言笑，表情严肃，有点可怕。 A：你觉得失败可怕吗？ B：我认为失败不可怕，可怕的是没有重头再来的勇气。 A：你昨晚睡得怎么样？ B：我做了一个很可怕的梦。
310 克服 kèfú	극복하다. 이겨 내다 A：学汉语的过程中需要克服哪些干扰？ B：需要克服母语的干扰。 A：想要成功需要克服什么？ B：需要克服很多困难。 A：他为什么胜利了？ B：他克服了自身的弱点。 A：怎样才能克服困难？ B：需要很强的意志力和决心。
311 刻苦 kèkǔ	고생을 참아내다. 고생을 견디다, 애를 쓰다. A：他为什么汉语学得那么好？ B：因为他学习很刻苦。 A：运动员的好成绩来自于什么？ B：来自于每天刻苦的练习。 A：你学习汉语为什么这么刻苦？ B：因为我想学好汉语，以后去中国工作。 A：他的成绩为什么下降了？ B：这段时间学习不如上个月刻苦。
312 客观 kèguān	객관적이다. 객관. A：客观规律会轻易改变吗？ B：客观规律不会以人的意志为转移。 A：我们应该如何看待这个问题？ B：我们应该客观地看待这个问题。 A：在客观事实面前，我们要怎么做？ B：在客观事实面前，我们应该尊重事实。 A：你喜欢回答客观题还是主观题？ B：我喜欢回答客观题。

	A：客观地讲，他比你要更努力。B：是的，我承认。
313 恐怖 kǒngbù	공포를 느끼다. 아주 무섭다. 무섭다, 두렵다. 두려워하다 A：你喜欢看恐怖电影吗？ B：我很喜欢看恐怖电影。 A：你经常独自看恐怖电影吗？ B：不是的，我经常和好朋友一起看。 A：世界上存在着恐怖组织吗？ B：目前是存在的。 A：你听到那个罪犯的新闻了吗？ B：我听到了，好像很恐怖。
314 空闲 kòngxián	여가. 한가하다, 여유가 있다. A：空闲时间你会做什么？ B：空闲时间我会看中国电视剧。 A：你每天的空闲时间多吗？ B：自从换了新工作之后，每天的空闲时间变多了。 A：你通常什么时候和家里视频？ B：我通常空闲的时候和家里视频。 A：你喜欢空闲时间吗？ B：因为可以随心所欲做我想做的事，所以我很喜欢。 A：你有什么愿望？ B：我希望我每天的空闲时间再多一点。
315 控制 kòngzhì	통제하다. 제어하다 A：你会控制自己的食量吗？ B：即使我很饿，我也会控制自己的食量。 A：你能控制好放方向盘吗？ B：我试一下。 A：你控制得住自己的脾气吗？ B：说实话这个很难。 A：你喜欢被别人控制吗？ B：我很不喜欢被别人控制。 A：不要控制自己的眼泪，哭出来可能会好一点！ B：呜呜呜...
316 夸 kuā	칭찬하다 A：你怎么这么高兴？ B：汉语老师夸我作业完成得好。 A：你会经常夸别人吗？ B：我会经常夸别人。 A：当你被别人夸奖之后，你会说什么？ B：我会谦虚得说声谢谢。

	A：他夸你什么？　B：他夸我的汉字写得很漂亮。
317 会计 kuàijì	회계. 경리. A：你想做会计吗？B：我想做会计，因为可以和钱打交道。 A：你大学主修什么专业？B：我大学主修的是会计学。 A：你觉得会计难吗？B：我觉得不难。 A：想做一名合格的会计，需要什么品质？ B：需要耐心和细心的品质。
318 来自 láizì	~에서 오다. ~로부터 오다 A：你好，我来自中国。 B：你好，我来自美国。 A：大熊猫来自哪里？ B：大熊猫是来自中国的国宝。 A：你看过韩剧《来自星星的你》吗？ B：我看过，非常喜欢。 A：你觉得男女思维不一样吗？ B：不是有这样的说法嘛："男人来自火星，女人来自金星"。 A：今天天气好冷啊！B：是的，我看天气预报说，来自西伯利亚的冷空气进入了我国。
319 拦 lán	가로막다. 막다. 저지하다 A：记者们进入到法庭内了吗？B：没有，记者们被拦在了法庭外面。 A：我要去中国，你不要拦着我哦！ B：你真的打算去了啊？ A：这些树木有什么用处吗？B：它们可以一定程度上拦截洪水。 A：他的车怎么被拦下了？ B：他的车门没有关严。 A：你怎么迟到了？B：在来学院的路上，我被交警拦下了。
320 烂 làn	썩다. 부패하다. 부식되다 A：你觉得我笑起来好看吗？B：你笑起来很灿烂，很漂亮。 A：你为什么把这些水果都扔掉了？ B：因为这些都烂掉了。

	A：你觉得你学习怎么样？ B：我觉得我学习很烂。 A：今天阳光怎么样？ B：阳光非常灿烂。 A：昨天他喝醉了吗？ B：他喝了很多酒，到最后烂醉如泥。	
321 劳动 láodòng	노동. 노동하다. 일(하다). A：你觉得劳动重要吗？ B：我觉得很重要。 A：你觉得农民伯伯辛苦吗？ B：农民伯伯常年认真劳动，很辛苦。 A：你得过什么荣誉？ B：我获得过"劳动模范"称号。 A：你觉得人工智能可以完全取代人的劳动吗？ B：我觉得以后有可能。	
322 老板 lǎobǎn	사장. 주인. A：你的老板性格怎么样？ B：我的老板很精明，脾气很好。 A：你经常来这家烤肉店吗？ B：是的，这家老板我都认识。 A：这家店的中国菜味道很正宗！ B：是的，因为老板是中国人。 A：你想做老板吗？ B：我想做老板。 A：你觉得做老板辛苦吗？ B：当然，需要管理很多啊。	
323 老实 lǎoshí	성실하다. 정직하다. 진실하다, 솔직하다 A：这只猫怎么这么老实啊？ B：它的腿受伤了。 A：他上课老实吗？ B：很不老实，经常搞小动作。 A：你觉得你是个老实人吗？ B：我觉得我是个老实人。 A：老实点！快说出真相！ B：我什么都不知道。	
324 理论 lǐlùn	이론 A：他为什么获得了诺贝尔奖？ B：他提出了这个理论非常新颖。 A：你喜欢学物理吗？ B：不太喜欢，因为我觉得很多理论都很无聊。	

		A：你觉得理论知识重要吗？B：当然重要，不过我认为和实际能力相比后者更重要。
		A：你这是什么歪理论？ B：虽然不是常规的理论，但我觉得我说的有道理。
325	理由 lǐyóu	이유. 까닭 A：你有没有和老师说你迟到的理由？ B：还没有，我下课去说吧。 A：你这样做的理由是什么？ B：我觉这样更有利于学汉语。 A：你喜欢总找理由的人吗？ B：我不喜欢总找理由的人。 A：你听过《一万个伤心的理由》这首歌吗？B：我听过，是张学友唱的。
326	粒 lì	양. 알. 톨. 알갱이 A：我们为什么要节约粮食？B：因为"谁知盘中餐，粒粒皆辛苦"啊。 A：你怎么了？B：我吃到了一粒沙子。 A：你要木糖醇吗？B：给我来一粒吧！ A：你要什么味的口香糖？B：我想要一粒香蕉味的口香糖。 A：你的碗里剩了点什么？ B：是几粒米。
327	立即 lìjí	곧. 즉시. A：他发现家里被盗之后做了什么？ B：他立即报了警。 A：他的心脏病复发之后，大家立即送他去了哪里？B：立即送去了医院。 A：知道上学要迟到了，你还会磨磨蹭蹭吗？B：我会立即背书包跑去学校。 A：小学生在学校见到老师会做什么？B：会立即向老师敬礼。 A：上课的氛围好吗？B：非常好，老师的话音刚落，同学们就立即举手想要回答问题。
328	立刻 lìkè	즉시. 바로. 당장 A：台上台下怎么立刻热闹起来了？B：因为这位明星上场了。 A：领导分配的任务能拖延执行吗？B：不能，要立刻去执行。

	A：因为时间很紧，要抓紧工作啊！ B：好的，我立刻去办。
	A：你放学回家之后，会先写作业还是先玩耍？ B：回家之后，我会立刻写作业。
329 力量 lìliang	힘. 역량 A：是什么力量让人们结婚？ B：是爱的力量让人们结婚。 A：这项工作你能做好吗？ B：我会尽一切力量做好。 A：我们祖国需要什么样的人才？ B：我们祖国需要贡献全部力量的人。 A：这件事你能解决吗？ B：我依靠自己的力量一定能解决这件事。 A：练习跆拳道有什么好处吗？ B：跆拳道会让自己变得更有力量。
330 利润 lìrùn	이윤. A：卖水果的利润大吗？ B：卖水果的利润很大。 A：你为什么从事建材销售工作？ B：因为我觉得有利润空间。 A：现在做生意难不难？ B：有点不好做，利润太少了。 A：为什么有这么多人犯罪？ B：就是利润空间太大了，不惜冒险。
331 利息 lìxī	이자. 이식. A：你今天去银行干嘛了？ B：我把那个存折里面的本金和利息取了出来。 A：今天还去学汉语吗？ B：是，我要把"利息"这词弄明白。 A：现在存钱合适吗？ B：利息太低，不划算。 A：你为什么喜欢上这家银行存钱？ B：因为这家银行的利息高。 A：你为什么觉得欠他人情？ B：因为他借给我钱从来不要利息。
332 利益 lìyì	이익. 이득. A：你觉得为了个人利益而损害别人利益的做法正确吗？ B：我认为是错误的。 A：你觉得个人利益重要吗？ B：当然很重要。

		A：你觉得集体利益和个人利益哪个更重要？ B：我觉得都非常重要。 A：这篇文章告诉我们什么道理？ B：要坚守良知，不要被利益熏心。 A：为什么大家都说他品格高尚？ B：因为在团队利益面前总是不计较个人得失。
333	连忙 liánmáng	얼른. 재빨리. 서둘러, 급히 A：看到他们要打架，你做了什么？ B：我连忙拉开他们了。 A：你为什么突然往那边跑？ B：那边有个老奶奶晕倒了，我连忙跑过去把她扶起来了。 A：刚才发生了什么？ B：我"哎呦"一声摔倒了！怕别人看见连忙起来了。 A：听到有人敲门之后，你去开门了吗？ B：是的，我连忙跑出去看看是谁。
334	良好 liánghǎo	좋다. 양호하다. 만족스럽다 A：怎样能左右逢源呢？ B：要有良好的人际关系。 A：他汉语怎么说得这么好？ B：因为他有良好的基础，而且他还很努力。 A：你觉得他哪句话说得很对？ B：良好的成绩跟勤奋有关系。 A：在商界打拼，你觉得信誉重要吗？ B：良好的信誉度很重要。 A：你的健康状况怎样？ B：勉强良好，看来需要多多运动啊。
335	了不起 liǎobuqǐ	뛰어나다. 대단하다. 평범하지 않다 A：他这次考试怎么样？ B：他全对了，真了不起。 A：这次比赛怎么样？ B：我们队赢了，真了不起。 A：你看过《了不起的盖茨比》这个电影吗？ B：看过，真的很精彩。 A：你觉得你的家里谁最了不起？ B：我觉得我的爸爸最了不起。 A：你觉得了不起的人有什么特质？ B：了不起的人有常人无法替代的价值！
336	临时 línshí	임시의 일시적인 때에 이르러, 때가 되어서, 임시로 A：昨天聚会你怎么先走了？ B：因为我临时有事，所以就先走了。

		A：你觉得临时工的工资水平怎么样？？B：一般情况下不是非常高吧！
		A：你怎么才到啊？B：火车临时晚点了，所以才到。
		A：你今天怎么这么忙？ B：因为临时接到了一个任务。
		A：我能用这个会议室吗？ B：不好意思，我们部门临时要开会，所以办公室没办法借给您。
337	灵活 línghuó	민첩하다. 날새다. 유통성이 있다
		A：你为什么喜欢这个魔术师？ B：他那灵活的双手，让我很着迷。
		A：你觉得临时工有什么优势？ B：工作时间很灵活。
		A：学习数学什么很重要？ B：灵活运用很重要。
		A：你喜欢跳舞吗？ B：我不太喜欢，因为我认为我的身体不太灵活。
338	领导 lǐngdǎo	영도자. 지도자. 영도하다.
		A：中国由哪个政党领导？ B：中国由中国共产党领导。
		A：你见过你的领导吗？ B：我是今天新来的实习生，还没有见过领导。
		A：下面请领导讲话！ B：各位，大家上午好。
		A：你觉得毛泽东的领导能力怎么样？B：我觉得他的领导能力很强。
		A：你喜欢领导别人吗？ B：和领导别人相比，我更喜欢被别人领导。
339	流传 liúchuán	유전하다. 전하다. 퍼지다.
		A：《金达莱花》是怎么流传到今天的？ B：大家口口相传。
		A：那个流传的消息你认为是真的吗？B：我觉得不太可能是真的。
		A：你觉得什么叫做经典之作？ B：经过时间打磨，能流传到现在的作品才能算作经典之作。
		A：这个故事从什么时候开始一直流传到现在？B：从很久以前。
340	浏览	대강 둘러보다. 훑어보다

	liúlǎn	A：你浏览网页的速度快吗？ B：我觉得很快，因此我每天会浏览很多网页。 A：看书有几种方法？ B：有很多种，比如浏览、精读等。 A：明天老师要讲的课文你预习了吗？ B：我浏览了一下。 A：你喜欢看故事书吗？ B：我喜欢浏览故事书上的图片。 A：这道题的解题方法是什么？ B：首先要浏览全文，其次认真审题，最后选择选项。
341 露 lù		나타나다. 드러나다. 노출하다. 이슬. A：好像什么东西从你的包里露了出来？ B：啊，是我的纸巾，谢谢！ A：你见过露水吗？ B：我见过，晶莹剔透的露水可美丽了！ A：你喜欢穿露肩的衣服吗？ B：因为既凉快又性感，所以我很喜欢。 A：一般公司要求裙子大概多长？ B：裙子不能太短，尽量不露膝盖。 A：照证件照可以不露耳朵吗？ B：不露耳朵是不可以的。
342 陆续 lùxù		끊임없이. 연이어. 계속해서, 잇달아 A：下课之后，可以看到什么景象？ B：同学们陆陆续续走出教室。 A：电影结束后，大家会怎么样？ B：大家会陆续走出电影院。 A：老师为什么这么生气？ B：已经上课十分钟了，同学们才陆续到了教室。 A：你为什么最喜欢春天？ B：因为春天的时候，各种花儿陆续开放，非常美丽。
343 录取 lùqǔ		채용하다.. A：你收到录取通知书了吗？ B：目前还没有。 A：是什么让她这么高兴？ B：他收到了北京大学的录取通知书。 A：你应聘的结果怎么样？ B：我被这家公司录取了！ A：录取之后，还需要做什么吗？ B：录取之后，还需要做入职体检。 A：收到录取通知，心情怎么样？ B：超级激动，非常感谢大家对我的帮助。

344 轮流 lúnliú	차례로 ~하다. 교대하다. A：你觉得大家怎么打扫卫生比较好？ B：我觉得班级同学轮流打扫比较好。 A：你觉得课堂上轮流回答问题怎么样？ B：我觉得有利有弊。 A：奶奶住院了，谁在医院照顾她？ B：我们家和姑姑家轮流照顾奶奶。
345 逻辑 luójí	논리. A：你觉得在解答数学题时，什么很重要？ B：我觉得逻辑很重要。 A：你觉得他的逻辑怎么样？ B：我觉得他的逻辑非常清晰。 A：你觉得逻辑思维重要吗？ B：我认为逻辑思维非常重要。 A：你为什么很佩服他？ B：因为我觉得他不论什么环境下，逻辑都很清晰，很厉害。 A：你这是什么逻辑？ B：这是一般人想不出来的逻辑。
346 落后 luòhòu	낙후되다. 뒤떨어지다. 뒤처지다. A：谦虚使人进步，下一句是什么？ B：骄傲使人落后。 A：你是个甘于落后的人吗？ B：我是个不甘落后的人。 A：你最近学习怎么样？ B：最近学习有些落后。 A：你觉得怎么样学习才能不落后？ B：经常复习，勤练习。 A：你为什么这么努力学习汉语？ B：我担心自己的学习会落后。
347 满足 mǎnzú	만족하다. 흡족하다 A：什么让你觉得满足？ B：温暖的家让我觉得无比满足。 A：你为什么喜欢旅游？ B：因为在路上看到不同的风景，让我内心非常满足。 A：人应该常常满足吗？ B：人应该常常满足，感恩生活。 A：他为什么跳槽了？ B：他不满足于之前的公司的发展空间。
348 毛病	고장. 결점. 문제

máobìng	A：你觉得自己的毛病多吗？ B：我觉得自己身上的毛病很多。 A：手表怎么不走了呢？B：可能没电池了吧！要不就是出毛病了。 A：怎么才能改掉自己的毛病？ B：时常反省，虚心接受别人的批评。 A：这句话有什么毛病吗？ B：这句话很通顺，没有毛病。 A：我的电脑出毛病了，我应该怎么办？B：你可以打售后电话。	
349 矛盾 máodùn	갈등. 대립. 모순 A：你怎么不和他说话了？B：我们之前有些矛盾。 A：情侣之间出现矛盾正常吗？ B：舌头还能碰到牙齿呢，出现矛盾很正常。 A：你认为他们怎样才能解决这个矛盾？ B：应该相互理解，站在对方的角度去反思。 A：你是个矛盾的人吗？ B：我有时是个矛盾的人。	
350 贸易 màoyì	무역. 교역 A：你学过贸易吗？ B：大学时，我辅修过中韩贸易实务这门课。 A：你觉得中韩贸易往来多吗？ B：我觉得中韩贸易往来很多。 A：你的公司主要是做什么的？ B：我的公司是做国际贸易的。 A：国家之间的贸易往来，什么很重要？B：信任和产品的质量很重要。	
351 煤炭 méitàn	석탄. 매탄 A：中国哪里的煤炭资源很丰富？ B：中国山西大同的煤炭资源很丰富。 A：韩国的煤炭贵吗？B：我觉得挺贵的。 A：哪些地方需要煤炭？ B：一些大工厂需要煤炭。 A：大量使用煤炭会不会污染环境？ B：我觉得会污染环境。 A：煤炭燃烧之后会产生什么气体？B：煤炭燃烧之后会产生二氧化碳。	
352 魅力	매력	

mèilì	A：你觉得怎么样才能让自己更有魅力？ B：保持好奇心和学习能力可以让自己更有魅力。	
	A：你觉得你家里谁最有魅力？ B：我觉得我的妈妈最有魅力。	
	A：你看到她戴的珍珠项链了吗？ B：我看到了，非常漂亮，衬托的她非常有魅力。	
	A：你觉得什么样的老师算是好老师？ B：我觉得既有丰富的知识又有人格魅力的老师是好老师。	
	A：你希望自己是个什么样的人？ B：我希望我是个有魅力的人。	
353 迷路 mílù	길을 잃다.	
	A：你迷路过吗？ B：我毕业旅行的时候迷路过。	
	A：你怎么才来啊？我等你好久了。 B：对不起哦，我刚才迷路了。	
	A：迷路之后你会怎么办？ B：我会给我的亲人或朋友打电话。	
	A：你害怕迷路吗？ B：我很害怕，因为只身一人不知道在哪里，让我很不安。	
	A：你为什么不开车？ B：因为我是路痴，经常迷路，开车很不方便。	
354 密切 mìqiè	밀접하다. 긴밀하다. 가깝다	
	A：你和他的关系很密切吗？ B：是的，我和他的关系很密切。	
	A：你觉得这两件事有什么关系吗？ B：我觉得这两件事有着密切的联系。	
	A：你觉得熬夜和健康的关系密切吗？ B：我觉得关系很密切，经常熬夜对健康不利。	
	A：为什么你猜他们可能谈恋爱了？ B：因为他们最近关系很暧昧，很密切。	
355 秘密 mìmì	비밀. 기밀. 비밀스럽다.	
	A：世界上每个人都有秘密吗？ B：我觉得每个人都有自己的秘密。	
	A：你能告诉我你的秘密吗？ B：我是不会告诉你的。	
	A：你和他说了什么悄悄话？ B：这是秘密！不能说。	
	A：谁知道你的秘密？ B：我最好的朋友知道我的秘密。	

356 面对 miànduì	직면하다. 직접 대면하다. 마주 대하다.	
	A：面对失败，你是怎样重新开始的？	B：刘欢的《从头再来》给了我勇气。
	A：他为什么不敢面对你？	B：因为他最近做了一件对不起我的事。
	A：面对自己的缺点，我们应该怎么样？	B：我们要虚心改正。
	A：面对诱惑，你能抵制住吗？	B：我相信我可以抵制住诱惑。
	A：面对弱者，我们应该怎么做？	B：我们应该给予他们尊重和帮助。
357 面临 miànlín	직면하다.[주로 문제: 곤란·도전 등의 단어와 결합]	
	A：什么让你这么低沉？	B：公司可能面临破产。
	A：毕业季，大家面临着什么？	B：大家面临着各种选择。
	A：这对情侣面临什么问题？	B：他们面临着异地恋的考验。
	A：面临灾难，我们应该怎么做？	B：应该沉着冷静，迅速寻找解决办法。
358 描写 miáoxiě	묘사하다.	
	A：你觉得这个文章描写得怎么样？	B：描写得非常有意境。
	A：描写人物有什么方法？	B：有神态描写、语言描写和动作描写等。
	A：《骆驼祥子》作者描写了一个什么样的主人公？	B：描写了一个非常悲惨的主人公。
	A：你喜欢描写动物还是描写景物？	B：和描写景物相比，我更喜欢描写动物。
359 民主 mínzhǔ	민주. 민주적이다.	
	A：你喜欢民主的社会吗？	B：我很喜欢民主的社会。
	A：你喜欢现在的生活还是古代的生活？	B：和古代的封建生活相比，我更喜欢现在的民主生活。
	A：你觉得今天的民主生活怎么样？	B：我觉得今天的民主生活来之不易。
	A：班长是老师选的吗？	B：不是的，班长是由班里同学民主选举出来的。

		A：韩国是个民主的国家吗？ B：韩国是个民主的国家。
360 明确 míngquè		명확하다. A：他为什么这么年轻就成功了？ B：因为他很早就明确了自己的方向，并为之努力。 A：对于这件事，你有明确的看法吗？ B：给我点时间，让我再想想。 A：请明确地告诉我你的答案。 B：我选择C。 A：你明确你想读哪所大学吗？ B：嗯嗯，我很明确，我想读中国的清华大学。
361 明显 míngxiǎn		뚜렷하다, 선명하다 A：这两张图片有什么明显的区别吗？ B：第一张图片是彩色的，第二张图片是黑白的。 A：你昨天熬夜了吗？黑眼圈这么明显。 B：昨天我加班到很晚，到家已经半夜了。 A：怎么样才能明显地看出这片树叶的内部结构。B：用显微镜看。 A：你知道这道题的答案吗？B：很明显啊，应该选择A。
362 命令 mìnglìng		명령. 명령하다. A：作为士兵，可以不服从上级的命令吗？ B：作为一名士兵,要绝对服从上级的命令。 A：你觉得好的亲子关系应该是什么样子的？ B：应该是交流而不是命令的关系。 A：老师会命令你做什么吗？B：我的汉语老师很温柔，不会命令我做什么。 A：军人的天职是什么？ B：无条件地服从命令是军人的天职。
363 命运 mìngyùn		운명. A：你最喜欢的交响曲是什么？ B：我最喜欢的交响曲是贝多芬的《命运交响曲》。 A：你觉得自己可以改变命运吗？ B：我相信通过自己的努力是可以改变命运的。 A：你觉得什么可以改变命运？ B：我觉得知识可以改变命运。 A：你相信命运吗？ B：当我遇见那个女孩的那一刻，我相信是命运安排。

364 摸 mō	어루만지다. 쓰다듬다. 만지다 A: 小孩子哭了，你会怎么安慰他？ B: 我会抱抱他或者摸摸他的头。 A: 你不是有被子吗？怎么又买了一套？B: 因为我摸这个被子时，觉得特别柔软，刚好两套换着用。 A: 大家不要随便摸这些画哦！ B: 是呀！如果每个人都摸一下的话，很快就会摸坏了。 A: 你对你的选择有信心吗？ B: 我也不清楚，我只是摸着石头过河。
365 模仿 mófǎng	모방하다. 흉내 내다. 모방하다 A: 你觉得模仿能力重要吗？ B: 我觉得模仿能力很重要。 A: 怎么样才能像老师一样有标准的发音？ B: 练习发音时，要多多模仿。 A: 大家为什么大笑？ B: 因为他模仿喜剧演员模仿得非常像。 A: 什么动物会模仿人类说话？ B: 鹦鹉会模仿人类说话。
366 模糊 móhu	모호하다. 애매하게 하다. 뚜렷하지 않다 A: 你见过中国雨后的江南吗？ B: 我见过，雨后世界宛如模糊的烟雾，非常美丽。 A: 你记得那件事吗？ B: 时隔多年，如今的记忆有些模糊了。 A: 我最近看东西总是觉得很模糊。B: 你是不是近视眼了？有空我陪你去医院看一看。 A: 他的回答怎么样？ B: 他的回答很模糊，没有明确的态度。
367 陌生 mòshēng	생소하다. 낯설다 A: 你会轻易给陌生人开门吗？ B: 我不会轻易给陌生人开门。 A: 你认识他吗？ B: 我只是知道他而已，我们没有什么交集，很陌生。 A: 去陌生的地方，你会想念亲人吗？ B: 去陌生的地方，我会很想念我的亲人。 A: 你想去哪里旅游？ B: 我想去一个陌生的地方旅游。 A: 你觉得最熟悉的陌生人是谁？B: 是我的前男/女友。

368 某 mǒu	아무, 어느 아무개, 모 A：我们什么时候会再见面？ B：可能某年的这个时候我们还会见面。 A：你怎么了？脸色这么难看！ B：我某个牙齿特别疼。 A：你有什么愿望？ B：我希望某一天，可以再次遇见她。 A：某人知道你喜欢她吗？ B：应该不知道。
369 目标 mùbiāo	목표 A：你今年的目标是什么？ B：我今年的目标是拿下HSK6级。 A：你觉得目标重要吗？ B：我觉得目标很重要，它可以激励我们不断前行。 A：这节课的目标是什么？ B：这节课的目标是学会这些单词。 A：你喜欢设立目标吗？ B：我喜欢设立目标。 A：你觉得怎么样才能实现自己的目标？ B：需要不断地坚持和努力。
370 目录 mùlù	목록 A：看书你会先看目录吗？ B：我会先看目录的。 A：你觉得看目录有什么作用？ B：看目录可以让我们大致了解文章内容。 A：你会用电脑生成目录吗？ B：小意思，我很擅长生成目录。 A：学士论文需要写目录吗？ B：学士论文需要写目录。
371 哪怕 nǎpà	설령 ~라해도 혹시 A：你每天都坚持跑步吗？ B：哪怕是加班，我也会坚持跑步。 A：你每天都会练习汉语吗？ B：哪怕是节假日，我也会练习汉语。 A：你迟到过吗？ B：我从来没有迟到过，哪怕是刮风下雨，我也会按时到教室。 A：你旷过课吗？ B：我没有，哪怕是感冒，我也会坚持上课。 A：你喜欢他吗？ B：我很喜欢他。哪怕他不喜欢我，我也喜欢他。

梦想中国语 会话

372 难怪 nánguài	어쩐지. 과연. 그러기에 A：听说小红去过中国。B：难怪他那么了解中国。 A：他好像喜欢小红。 B：难怪他每次见到小红，都会脸红！ A：他好像是生病了。 B：难怪他今天脸色那么不好。 A：他的人际交往能力很好！ B：难怪他人缘那么好。 A：他总是很努力学习，经常学到深夜。 B：难怪他总是名列前茅。
373 难看 nánkàn	못생기다. 보기 싫다. 체면이 서지 못하다. 자랑스럽지 못하다. A：这件衣服怎么样？ B：我觉得很难看。 A：你的脸色怎么这么难看？ B：我的肚子特别痛，好像吃东西吃坏了。 A：什么事让他很难看？ B：他考试作弊被同学发现让他很难看。 A：你觉得这两个包包哪个好一点？ B：我觉得左面的很漂亮，右面的很难看。
374 嫩 nèn	부드럽다. 연하다 A：春天来了，树上长出来了什么。 B：树上长出了嫩叶。 A：你最喜欢妈妈做的哪道菜？ B：我最喜欢妈妈做的鸡蛋羹，鲜鲜嫩嫩，非常好吃。 A：你吃过中国的锅包肉吗？ B：我吃过，外酥里嫩，非常美味。 A：我说的都是实话，没有骗你。B：不要和我耍心眼！和我玩，你还嫩了点。 A：你喜欢吃嫩一点的玉米，还是老一点的玉米？ B：我喜欢吃嫩一点的玉米。
375 能干 nénggàn	유능하다. 재능이 있다.. A：他为什么被破格提拔了？B：因为他在工作方面很能干。 A：大家为什么一直推选他当市长？B：因为他很能干。 A：你是个能干的人吗？ B：我觉得我勉强算是个能干的人。 A：你的家里谁最能干？ B：我的爸爸最能干。

	A：公司需要什么样的员工？ B：公司需要踏实能干的员工。
376 能源 néngyuán	에너지원. 에너지. A：地球上的能源是无穷无尽的吗？ B：地球上的能源不是无穷无尽的。 A：我们需要节约能源吗？ B：我们需要节约能源。 A：我们应该怎样节约能源？ B：从一点一滴做起。比如，以步代车。 A：石油是可再生能源吗？ B：石油是不可再生能源。 A：酒精都有什么用途？ B：酒精可以消毒，也可以做新能源。
377 年代 niándài	시대. 연대. A：韩剧《请回答1988》讲的是哪个年代的事？ B：讲的是20世纪80年代的事。 A：我们为什么要珍惜和平？ B：因为和平年代来之不易。 A：你是哪个年代的人？ B：我是21世纪的人。
378 年纪 niánjì	나이. 연령 A：你今年多大年纪啦？ B：我今年二十八岁了。 A：你觉得人生最美的年纪是多大？ B：我觉得二十岁出头是人生最美的年纪。 A：父母的身体怎么样？ B：父母的年纪渐渐变大，身体不如年轻时候了。 A：你多大年纪时去了中国？ B：我十岁左右时就去了中国。
379 念 niàn	읽다. 낭독하다. 그리워하다. 공부하다 A：你觉得怎么样才能把课文背下来？ B：反复念几遍，就可以很快背下来了。 A：你喜欢念书吗？ B：我喜欢念书，因为我可以学习到很多知识。 A：当你去了心心念念的大学时，心情如何？ B：心情非常激动。 A：你在家会念课文吗？ B：会的，我常常会反复念好几遍。 A：念在你叫我姐姐的份上，我把我的学习秘诀都告诉你！ B：真的？谢谢姐姐。

380 宁可 nìngkě	차라리~할지언정 A：你不喜欢学英语吗？ B：是的，我宁可学汉语也不学英语。 A：你考试作弊吗？ B：我考试宁可空着不写，也不会作弊。 A：你会求他帮忙吗？ B：我宁可自己慢慢解决，也不会求他。 A：你快去和他道歉吧！ B：我宁可不和他说话，也不去道歉。 A：你这么饿肚子，就只为去听他的演唱会？ B：我宁可不吃饭，也要去看他的演唱会。
381 浓 nóng	진하다. A：你觉得这个茶怎么样？ B：茶的味道非常浓，很好喝。 A：你喜欢喝浓一点的咖啡还是淡一点的咖啡？ B：我喜欢喝味道浓一点的咖啡。 A：是谁喷了香水？ B：你闻出来啦？味道很浓吗？ A：你知道哪个成语可以用来形容亲情吗？ B："血浓于水"这个词可以形容亲情。 A：你喜欢八月吗？ B：我很喜欢，因为在八月可以闻到浓浓的桂花味儿。
382 农业 nóngyè	농업. A：中国是农业大国吗？ B：中国是农业大国。 A：你知道哪个国家的农业发展得比较好吗？ B：中国的农业发展得比较好。 A：她考上了什么大学？ B：东北农业大学。 A：你觉得农业对一个国家来说重要吗？ B：粮食乃国之根本，所以农业很重要。 A：你有银行卡吗？ B：我也一张中国农业银行的银行卡。
383 偶然 ǒurán	우연히. 뜻밖에 A：你是怎么认识他的？ B：我是在一次汉语演讲中偶然认识他的。 A：你知道歌曲《感恩的心》的第一句怎么唱吗？ B：我来自偶然，像一颗尘土。 A：你觉得你们的相遇是偶然吗？ B：我觉得更像是命中注定。

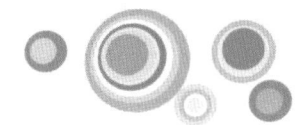

	A：你怎么知道了这个事情的？ B：他和我谈话时，偶然间提起的。
	A：你怎么突然流泪了？ B：看到外面的学生，我偶然想起了我的中学时光。
384 拍 pāi	치다. (사진·영화 등을)찍다 A：你会唱《拍手歌》吗？ B：我不会唱，是要一边拍手一边唱的歌吗？ A：OPPO手机拍照怎么样？ B：拍照技术非常好，还自带美颜功能。 A：她拍的《太阳的后裔》又是特别火。 B：你说的是宋慧乔吧，我很喜欢她。 A：昨天晚上我一直没有睡好，因为蚊子一直嗡嗡叫。 B：你倒是拍死它啊。
385 排队 páiduì	줄을 서다 A：在哪里需要排队？ B：一般在公共场合都需要排队。 A：去医院挂号需要排队吗？ B：因为挂号的人很多，为了维持秩序，人人需要排队。 A：大家为什么给他白眼？ B：因为刚刚上公交车的时候他没有排队。 A：你吃过那家的红枣蛋糕吗？ B：我吃过，他们家的蛋糕特别火，每次都要排好久队才能买到。
386 派 pài	파견하다 A：你是乐天派吗？ B：我觉得我是个乐天派。 A：你们班级内部分派吗？ B：什么啊？大家要和睦相处，分什么派别。 A：你知道中国的武当派吗？ B：我知道，那是中国过去一个很有名气的武功派别。 A：什么是两面派？ B：两面派就是既和一面好，又和对立的那面好。
387 盼望 pànwàng	간절히 바라다 A：你在盼望什么？ B：我在盼望圣诞节的到来。 A：你觉得对一个人来说盼望重要吗？ B：盼望如同生命的光，很重要。 A：你盼望回家吗？ B：自从上了大学，我都半年没有回家了，万分盼望啊！

		A：你知道妈妈每天盼望什么吗？ B：盼望自己的孩子健康成长。
		A：你盼望世界和平吗？ B：我盼望着世界和平，不再有战争和冲突。
388	赔偿 péicháng	배상하다. 변상하다. 물어 주다. A：去图书馆借的书丢了该怎么办？ B：丢了的话需要按照价格赔偿。 A：弄坏了玻璃怎么办啊！ B：赔偿一块玻璃吧。 A：你为什么买车险了？ B：因为一旦出现什么意外，保险公司可以帮忙赔偿一部分费用。 A：对不起，我把你的钢笔弄坏了，我赔偿你一根钢笔吧？ B：一根钢笔而已，不用赔偿啦。
389	培养 péiyǎng	배양하다. 키우다 A：语文教学可以培养学生的什么能力？ B：语文教学可以培养学生的听说读写能力。 A：素质教育在于培养什么？ B：素质教育在于培养学生的各方面能力。 A：妈妈会帮你做很多事吗？ B：不会，妈妈很注意培养我独立生活的能力。 A：毕业了，有什么感想？ B：我很感谢学校和老师对我的培养。 A：你的汉语进步得好快啊！ B：多亏了老师的辛勤培养。
390	佩服 pèifú	탄복하다. 감탄하다 A：你最佩服的人是谁？ B：我最佩服的人是我妈妈，她很善良，又会为人处世。 A：你佩服他的什么？ B：我佩服他做过学生会主席的经历。 A：你最佩服中国的哪个主持人？ B：我最佩服的主持人是董卿。 A：听了报告之后有什么感想？ B：我很佩服他的能力，也明白了这能力的培养需要慢慢磨练。 A：你的作文写得这么好，我真佩服你！ B：你的汉语口语那么棒我也很佩服你呢。
391	配合	협동하다. 협력하다.

pèihé	A：听说你们一起排练话剧呢？怎么样？ B：大家配合得很默契。	
	A：那个牌子上写的是什么？ B："请勿大声喧哗，谢谢配合"。	
	A：如今在工作中，更注重什么？ B：更注重团队的相互配合。	
	A：你觉得班干部们应该怎么工作？ B：既要有分工，又要相互配合！	
392 碰见 pèngjiàn	우연히 만나다.	
	A：你猜我今天碰见谁了？ B：难道碰见你的大学同学了？	
	A：如果你碰见了曾经的老师，你会做什么？ B：我会和她一起吃饭，聊聊天。	
	A：你觉得在异国他乡碰见一个熟人容易吗？ B：简直像大海捞针。	
	A：你的脸色这么差，怎么了？ B：今天碰见了我的前男友。	
	A：你怎么没有钱了？ B：我在路上碰见了一个残疾的乞讨老人，把钱都给他了。	
393 披 pī	덮다. 걸치다. 감싸다	
	A：现在外面冷吗？ B：外面有点冷，如果要出去的话，披件衣服吧。	
	A："披着羊皮的狼"是形容什么的？ B：形容假装善良但实际上狡诈的坏人。	
	A：你今天怎么披着头发？ B：刚刚洗头发了，头发还没有完全干。	
	A：你喜欢披着头发吗？ B：我很喜欢披着头发，感觉很好。	
394 批 pī	양 무리. 떼. 패	
	A：这批产品什么时候能够生产完？ B：这批产品下周一才能生产完。	
	A：一批货物有多少吨？ B：一批货物有60吨呢。	
	A：你认识学生会的人吗？ B：现在是新的一批人了，我不太认识。	
	A：这批水果批发价是多少钱？ B：这批水果最低批发价是18元每斤。	
	A：需要分几批发货？ B：这些东西有点多，需要分两批发货。	
395 批准	닫다. 파산하다	

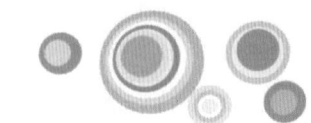

pīzhǔn	A：老师批准你回家了吗？ B：是的。我向老师请假了，他已经批准了。	
	A：在中国，创立公司需要工商局的批准吗？ B：创立公司需要工商局的批准。	
	A：申办奥运会由谁批准？ B：申办奥运会由国际奥委会批准。	
	A：你为什批准他放假？ B：他的话有情有理，我只好批准他的请求。	
396 疲劳 píláo	피곤하다. 고단하다. 지치다 피곤 A：长时间看电脑对眼睛有什么影响？ B：长时间看电脑会使眼睛疲劳。 A：怎么缓解眼疲劳？ B：经常做眼保健操。 A：为什么爸爸最近脸色不太好？ B：因为爸爸工作很累，每天都很疲劳。 A：怎样缓解身体疲劳？ B：到外面呼吸新鲜空气，锻炼一下身体。 A：你知道什么是审美疲劳吗？ B：就是指一个东西即使很美丽，看久了也会觉得习以为常。	
397 匹 pǐ	양 필. [말이나 소를 세는 양사] A：你看过三毛的书吗？ B：我读过她的《我有一匹马》。 A：你买过布吗？ B：我曾经买过一匹布。 A：你骑过马吗？ B：去中国内蒙古旅游时，我骑过一匹白马。 A：为什么有人说他是一匹千里马？ B：因为他能力很强。	
398 片 piàn	양 편(편평하고 얇은 모양의 것에), 조각[조각난 물건을 세는 양사] A：你吃过西瓜味的口香糖吗？ B：我没吃过，我想尝一片。 A：你看！这一片黄澄澄的都是油菜花。 B：这么大一片油菜花，真的好美啊。 A：你手里拿着什么呢？ B：我拿着一片叶子，它像手掌一样，非常好看。 A：你看天空好漂亮！ B：是啊！一片片晚霞像枫叶一样美丽。 A：你喜欢秋天吗？ B：我不喜欢秋天。因为看到秋天一片片落叶掉落下来，我心里很难受。	

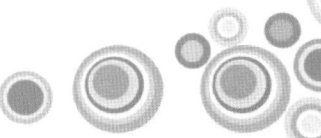

399 片面 piànmiàn	일방적이다. 단편적이다. 편파적이다 A：为什么不能片面地看待问题？ B：万物都有两面性，片面地看问题只会让问题变得绝对化。 A：你觉得她的想法正确吗？ B：我觉得她的想法有些片面。 A："只见树木，不见森林"的做法可取吗？ B：这是片面地看问题，所以不可取。 A：我们在发展的过程中，可以片面追求经济增长吗？ B：不可以，我们应该重视全面的发展。 A：你觉得他的发言怎么样？ B：他只说出来其中一个方面，忽视了另一方面，有些片面。
400 飘 piāo	바람에 나부끼다. 흩날리다, 나부끼다 A：天安门广场上飘着什么旗？ B：天安门广场上飘着五星红旗。 A：你为什么经常披着头发？ B：我喜欢自己的头发飘在空中的感觉。 A：那个飘在空中的东西是什么？ B：那是一只五颜六色的风筝。 A：你第一次喝酒有什么感觉？ B：我感觉身体特别轻，好像要飘起来了。 A：氢气球为什么能飘在天空中？ B：因为氢气很轻。

〈 단어 301-350 〉

301-350 单词	拼音	意思
资源	zīyuán	자원
过度	guòdù	과도하다. 지나치다
软件	ruǎnjiàn	소프트웨어
研发部	yánfābù	연구 개발 부서
流失	liúshī	떠내려가 없어지다. 유실되다
乱砍乱伐	luànkǎnluànfá	함부로 벌목하다. 남벌하다
逮捕	dǎibǔ	체포하다. 잡다
持	chí	쥐다. 잡다. 가지다
好吃懒做	hàochīlǎnzuò	먹는 것만 밝히고 일은 게을리하다. 즐기려고만 하지 일하려고 하지 않는다.
啃老	kěnlǎo	캥거루족늙은 부모에게 얹혀사는 다 큰 성인 자녀
惹麻烦	rěmáfán	말썽을 일으키다
名牌	míngpái	유명 상표. 유명 브랜드
智慧	zhìhuì	지혜
挨淋	áilín	비를 맞다
厨师	chúshī	요리사. 조리사
潜力	qiánlì	잠재 능력. 잠재력. 저력
明媚	míngmèi	(경치가) 명미하다. 맑고 아름답다
野餐	yěcān	야외에서 식사를 하다
游行	yóuxíng	시위하다. 데모하다

梦想中国语 会话

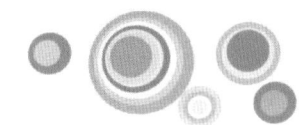

噘嘴	juēzuǐ	(화가 나거나 기분이 나쁠 때) 입을 삐죽 내밀다
逼	bī	강제로 받아 내다. 호되게 독촉하다
愤慨	fènkǎi	분개하다
北极星	běijíxīng	북극성
北斗七星	běidǒuqīxīng	북두칠성
勺子	sháozi	국자
引导	yǐndǎo	안내하다. 인도하다
贴心	tiēxīn	친절하다.
浑身	húnshēn	전신. 온몸
信用	xìnyòng	신용
严肃	yánsù	(표정·기분 등이) 엄숙하다. 근엄하다
不苟言笑	bùgǒuyánxiào	함부로 말하거나 웃지 않다
重头再来	chóngtóuzàilái	처음부터 다시 하다
干扰	gānrǎo	방해
意志力	yìzhìlì	의지력
规律	guīlǜ	규율. 법칙. 규칙
转移	zhuǎnyí	바꾸다. 변경하다
尊重	zūnzhòng	존중하다
组织	zǔzhī	조직
电视剧	diànshìjù	텔레비전 드라마
换	huàn	바꾸다
通常	tōngcháng	평상시. 보통
视频	shìpín	영상통화
随心所欲	suíxīnsuǒyù	자기 뜻대로 하다. 하고 싶은 대로 하다

食量	shíliàng	식사량
饿	è	배고프다
方向盘	fāngxiàngpán	(자동차 등의) 핸들
脾气	píqì	성격. 성질
说实话	shuōshíhuà	진실을 말하다. 참말을 하다
夸奖	kuājiǎng	칭찬하다
谦虚	qiānxū	겸손하다. 겸허하다
打交道	dǎjiāodào	가까이하다. 접하다. 상대하다. 접촉하다.
主修	zhǔxiū	전공하다
专业	zhuānyè	전공
合格	hégé	합격이다. 규격〔표준〕에 맞다.
品质	pǐnzhì	품성. 인품. 자질
耐心	nàixīn	인내심. 인내성
细心	xìxīn	세심하다. 면밀하다
大熊猫	dàxióngmāo	판다
国宝	guóbǎo	국보. 나라의 보배
韩剧	hánjù	한국드라마를 줄인 말
思维	sīwéi	사유
说法	shuōfǎ	표현. 설. 얘기
预报	yùbào	예보
西伯利亚	xībólìyà	시베리아
冷空气	lěngkōngqì	냉기. 냉각 기류
法庭	fǎtíng	법정
内	nèi	안. 안쪽. 속. 내부

用处	yòngchù	용도. 용처. 쓸모
拦截	lánjié	막다
关严	guānyán	꼭 닫다. 제대로 닫다
交警	jiāojǐng	(교통 경찰)의 약칭
灿烂	cànlàn	찬란하다. 눈부시다. 빛나다
扔掉	rēngdiào	버리다
喝醉	hēzuì	(술에) 취하다
烂醉如泥	lànzuìrúní	(취해서) 고주망태가 되다
伯伯	bóbó	아저씨
常年	chángnián	평년. 오랜 기간. 장기간
得过	déguò	얻었다. 획득했다. 받았다
荣誉	róngyù	명예
获得	huòdé	얻다. 취득하다. 획득하다
模范	mófàn	모범
称号	chēnghào	칭호. 호칭
人工智能	réngōngzhìnéng	인공 지능.
取代	qǔdài	대체하다. 대치하다
精明	jīngmíng	영리하다. 총명하다. 재치가 있다
烤肉店	kǎoròudiàn	불고깃집
正宗	zhèngzōng	정통의
管理	guǎnlǐ	(어떤 일을) 맡아서 처리하다. 관리하다
搞小动作	gǎoxiǎodòngzuò	딴 짓을 하다
真相	zhēnxiàng	진상. 실상
诺贝尔奖	nuòbèiěrjiǎng	노벨상

 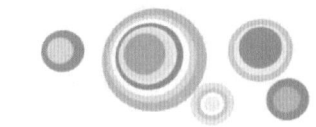

提出	tíchū	제출하다. 제의하다. 신청하다. 제기하다
新颖	xīnyǐng	새롭다. 신선하다. 참신하다
物理	wùlǐ	물리(학)
理论	lǐlùn	이론
无聊	wúliáo	무료하다. 심심하다.
实际能力	shíjìnénglì	실기 능력
后者	hòuzhě	뒤의 것
歪理论	wāilǐlùn	바르지 않는 이론
常规	chángguī	일반적인. 통상적인. 평상적인. 정규적인. 정상적인
张学友	zhāngxuéyǒu	장학우
节约粮食	jiéyuēliángshi	양식을 절약하다
谁知盘中餐，粒粒皆辛苦	shuízhīpánzhōngcān, lìlìjiēxīnkǔ	우리 밥상위의 식사의 알알에 그들의 고생이 서려있을지 누가 알겠는가
沙子	shāzi	모래
木糖醇	mùtángchún	자일리톨 껌
口香糖	kǒuxiāngtáng	껌
香蕉味	xiāngjiāowèi	바나나맛
碗	wǎn	그릇
剩	shèng	남다. 남기다
被盗	bèidào	도난 당하다. 절도를 당하다
报警	bàojǐng	경찰에 신고하다
心脏病	xīnzàngbìng	심장병
复发	fùfā	재발하다. 다시 도지다
磨磨蹭蹭	mómócèngcèng	꾸물대다. 동작이 굼뜬 모양. 꾸물거리다

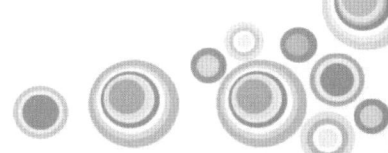

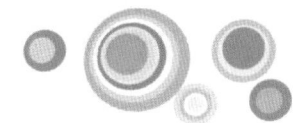

背书包	bēishūbāo	가방을 메다
敬礼	jìnglǐ	경례하다
氛围	fēnwéi	분위기
话音刚落	huàyīngāngluò	말이 떨어지자마자
举手	jǔshǒu	손을 들다. 거수하다
热闹	rènào	떠들썩하다. 시끌벅적하다
明星	míngxīng	스타
上场	shàngchǎng	출장하다. 등장하다
领导	lǐngdǎo	영도자. 지도자. 리더. 보스
分配	fēnpèi	분배하다. 안배하다
拖延	tuōyán	(시간을) 끌다. 지연하다. 연기하다. 늦추다. 연장하다
执行	zhíxíng	집행하다. 수행하다. 실행하다. 실시하다
抓紧	zhuājǐn	서둘러 하다. 급히 하다
玩耍	wánshuǎ	놀다. 장난치다
尽一切	jìnyíqiè	모든 힘을 다하다. 모든 노력을 다 바치다
祖国	zǔguó	조국
贡献	gòngxiàn	공헌하다. 기여하다
全部	quánbù	전부. 전체. 모두
依靠	yīkào	의존하다. 의지하다. 기대다
练习	liànxí	연습하다. 익히다
跆拳道	táiquándào	태권도
建材	jiàncái	건축 재료
销售	xiāoshòu	판매. 매출
空间	kōngjiān	공간

犯罪	fànzuì	죄를 저지르다〔범하다〕
不惜冒险	bùxīmàoxiǎn	모험해도 아깝지 않다
存折	cúnzhé	예금 통장. 저축 통장
本金	běnjīn	원금
取	qǔ	찾다
弄明白	nòngmíngbái	이해하다
划算	huásuàn	채산이 서다
欠他人情	qiàntārénqíng	그에게 신세를 지다
借给	jiègěi	빌려주다
不要	búyào	받지 않다
损害	sǔnhài	손실을 입다. 손상시키다. 손해를 입다. 해치다
集体	jítǐ	집단. 단체
文章	wénzhāng	독립된 한 편의 글. 문장. 글월.
坚守	jiānshǒu	꿋꿋이 지키다
良知	liángzhī	양지. 타고난 지혜. 양심
熏心	xūnxīn	마음을 미혹시키다. 정신이 팔리다
品格高尚	pǐngégāoshàng	품격이 고상하다
团队	tuánduì	단체. 집체. 대오. 팀
计较	jìjiào	따지다. 계산하여 비교하다
个人得失	gèréndéshī	개인의 이해 득실
连忙	liánmáng	얼른. 급히. 재빨리. 바삐. 분주히
拉开	lākāi	떼어 놓다. 갈라 놓다
往	wǎng	…쪽으로. …(을·를) 향해
晕倒	yūndǎo	기절하여 쓰러지다. 졸도하다

扶	fú	일으키다. 부축하다
哎呦	āiyōu	아이고
摔倒	shuāidǎo	쓰러지다. 넘어지다
敲门	qiāomén	노크하다. 문을 두드리다
左右逢源	zuǒyòuféngyuán	일이 모두 순조롭다. 일처리가 원만해서 주위 관계를 매끄럽게 처리하다
人际关系	rénjìguānxì	인간 관계
基础	jīchǔ	기초. 바탕. 밑바탕. 토대. 기반
勤奋	qínfèn	꾸준하다. 부지런하다. 열심히하다
商界	shāngjiè	상업계
打拼	dǎpīn	악착같이 노력하다. 분투하다. 최선을 다하다.
信誉	xìnyù	신용
状况	zhuàngkuàng	상황. 형편. 상태
勉强	miǎnqiǎng	겨우. 가까스로
全对	quánduì	다 맞다
赢	yíng	이기다. 승리하다
《了不起的盖茨比》	liǎobùqǐdegàicíbǐ	〈위대한 개츠비〉
精彩	jīngcǎi	뛰어나다. 훌륭하다. 근사하다. 멋지다
特质	tèzhì	특질. 특유의 성질
常人	chángrén	평범한 사람. 보통 사람. 일반 사람
无法替代	wúfǎtìdài	대신할 수 없다
价值	jiàzhí	가치
聚会	jùhuì	모임
工资	gōngzī	월급. 임금. 노임

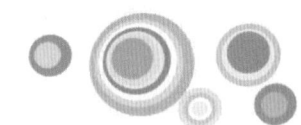

晚点	wǎndiǎn	(차·배·비행기 등이) 규정 시간보다 늦다. 연착[연발]하다
任务	rènwù	임무
会议室	huìyìshì	회의실
部门	bùmén	부. 부문. 부서
魔术师	móshùshī	마술사. 마술에 정통한 사람
着迷	zháomí	반하다. 몰두하다. 사로잡히다
优势	yōushì	우세
数学	shùxué	수학
运用	yùnyòng	운용하다. 활용하다. 응용하다
政党	zhèngdǎng	정당
实习生	shíxíshēng	실습생. 인턴생
下面	xiàmiàn	다음에
各位	gèwèi	여러분
毛泽东	máozédōng	모택동
金达莱花	jīndáláihuā	진달래꽃
口口相传	kǒukǒuxiāngchuán	입으로 전해 내려왔다
经典之作	jīngdiǎnzhīzuò	고전인 작품
打磨	dǎmó	(문장·문학 작품 등을) 매끄럽게 다듬다. 윤색하다
算作	suànzuò	…인 셈이다. …으로 치다. …로 간주하다
网页	wǎngyè	인터넷 홈페이지
精读	jīngdú	정독하다
预习	yùxí	예습하다
图片	túpiàn	사진·그림·탁본 등의 총칭
解题	jiětí	문제를 풀다

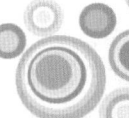

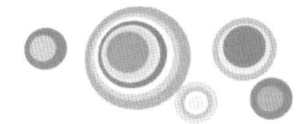

全文	quánwén	전문. 문장 전체
其次	qícì	전문. 문장 전체
审题	shěntí	제목을 자세히 살펴보다. 표제를 잘 파악하다
最后	zuìhòu	최후의. 맨 마지막의
选项	xuǎnxiàng	선택 사항. 제시된 항목. 선택한 항목
露水	lùshuǐ	이슬
晶莹剔透	jīngyíngtītòu	매우 윤기가 나고 투명하다
露肩	lòujiān	오프숄더
凉快	liángkuài	시원하다. 서늘하다
性感	xìnggǎn	섹시하다
裙子	qúnzi	치마. 스커트
尽量	jǐnliàng	가능한 한. 되도록. 될 수 있는 대로
膝盖	xīgài	무릎
照证件照	zhàozhèngjiànzhào	증명사진을 찍다
耳朵	ěrduō	귀
景象	jǐngxiàng	광경. 정경. 상황
开放	kāifàng	만발하다
通知书	tōngzhīshū	통지서
目前	mùqián	지금. 현재
应聘	yìngpìn	초빙에 응하다. 지원하다
入职体检	rùzhítǐjiǎn	입사 신체 검사
超级激动	chāojíjīdòng	엄청 설레다
打扫卫生	dǎsǎowèishēng	청소하다
班级	bānjí	반. 클래스(class). 학급. 학년

课堂	kètáng	수업
有利有弊	yǒulìyǒubì	이로운 점도 있고, 해로운 점도 있다
住院	zhùyuàn	입원하다
照顾	zhàogù	보살피다. 돌보다. 간호하다
姑姑	gūgū	고모
解答	jiědá	해답하다. 질문을 풀다. 의문을 풀다
清晰	qīngxī	뚜렷하다. 분명하다
逻辑思维	luójìsīwéi	논리적 사고. 추상적 사고
佩服	pèifú	탄복하다. 감탄하다. 경탄하다. 심복하다. 감복하다
厉害	lìhài	대단하다. 굉장하다
谦虚	qiānxū	겸손하다. 겸허하다
骄傲	jiāoào	오만하다. 거만하다
甘于	gānyú	기꺼이 …하다. …할 각오가 되어 있다.…을 감수하다
无比	wúbǐ	더 비할 바가 없다
常常	chángcháng	늘. 항상. 자주. 수시로. 언제나. 흔히
感恩	gǎnēn	은혜에 감사하다. 감은하다
跳槽	tiàocáo	다른 부서로 옮기다. 직업을 바꾸다
发展空间	fāzhǎnkōngjiān	발전 공간
手表	shǒubiǎo	손목시계
电池	diànchí	전지
出毛病	chūmáobìng	잘못이 생기다. 고장이 나다
改掉	gǎidiào	고쳐 버리다
时常	shícháng	늘. 자주. 항상
反省	fǎnxǐng	반성하다

虚心接受	xūxīnjiēshòu	겸허하게 받아들이다
批评	pīpíng	비판하다. 비평하다
通顺	tōngshùn	(문장이) 매끄럽다. 조리가 있다. 순탄하다. 순조롭다
售后	shòuhòu	애프터(서비스).
情侣	qínglǚ	애인. 연인. 커플
舌头	shétou	혀
碰到	pèngdào	닿다
牙齿	yáchǐ	이. 치아
理解	lǐjiě	알다. 이해하다.
角度	jiǎodù	각도. 시각
反思	fǎnsī	반성
辅修	fǔxiū	(대학의) 부전공. 제2전공
实务	shíwù	실무
往来	wǎnglái	거래하다. 왕래하다.
国际	guójì	국제
信任	xìnrèn	신뢰. 신임
质量	zhìliàng	질. 품질. 질량

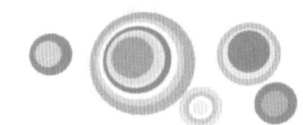

〈 단어 351-400 〉

351-400 单词	拼音	意思
资源	zīyuán	자원
丰富	fēngfù	많다. 풍부하다. 넉넉하다. 풍족하다
山西大同	shānxīdàtóng	산시성다퉁시
大量	dàliàng	대량의. 다량의. 많은 양의. 상당한 양의
污染	wūrǎn	오염시키다
燃烧	ránshāo	연소하다. 타다
气体	qìtǐ	기체
二氧化碳	èryǎnghuàtàn	이산화탄소(CO_2)
保持好奇心	bǎochíhàoqíxīn	호기심을 유지하다
戴	dài	차다
珍珠项链	zhēnzhūxiàngliàn	진주 목걸이
衬托	chèntuō	부각시키다. 돋보이게 하다
人格	réngé	인격. 품격. 인품
毕业旅行	bìyèlǚxíng	졸업 여행
亲人	qīnrén	가족. 직계 친족. 배우자
害怕	hàipà	겁내다. 두려워하다. 무서워하다
只身一人	zhīshēnyìrén	홀로. 혼자서. 단독으로
不安	bùān	불안하다. 편안하지 않다. 안정되지 못하다
路痴	lùchī	길치

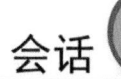
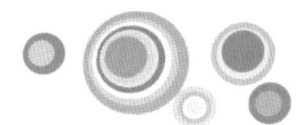

熬夜	áoyè	밤새다. 철야하다
不利	búlì	불리하다. 좋지 않다
猜	cāi	의심하다. 추측하다. 맞추다
暧昧	àimèi	(남녀 관계가) 그렇고 그런 사이다. 애매하다
悄悄话	qiāoqiāohuà	귓속말. 비밀 이야기
失败	shībài	실패
重新	chóngxīn	다시. 재차. 새로
不敢	bùgǎn	감히 …하지 못하다
虚心	xūxīn	겸손하다. 겸허하다. 자만하지 않다. 허심하다
改正	gǎizhèng	(잘못을·착오를) 개정하다. 시정하다
诱惑	yòuhuò	유혹하다
抵制住	dǐzhìzhù	배척하다. 억제하다
弱者	ruòzhě	약자. 나약한 사람
给予	gěiyǔ	주다. 해 주다
尊重	zūnzhòng	존중하다. 중시하다
低沉	dīchén	의기소침하다. 기분이 가라앉다. 사기가 떨어지다
破产	pòchǎn	파산하다. 도산하다. 망하다
毕业季	bìyèjì	졸업 시즌
情侣	qínglǚ	애인. 연인. 커플
异地恋	yìdìliàn	장거리 연애
考验	kǎoyàn	시험하다. 시련을 주다. 검증하다
灾难	zāinàn	재난. 재해
沉着冷静	chénzhuólěngjìng	침착하고 냉정하다
迅速寻找	xùnsùxúnzhǎo	빠르게 구하다

意境	yìjìng	예술적 경지
骆驼祥子	luòtuoxiángzi	낙타상자
主人公	zhǔréngōng	주인공
悲惨	bēicǎn	비참하다. 슬프다. 비통하다
景物	jǐngwù	경물. 풍물. 경치
封建	fēngjiàn	봉건
来之不易	láizhībúyì	아주 어렵게 이루어졌다
由	yóu	…통해서. …에 의해
选举	xuǎnjǔ	선거하다. 선출하다
清华大学	qīnghuádàxué	청화대학
彩色	cǎisè	컬러
黑眼圈	hēiyǎnquān	다크서클
加班	jiābān	야근하다. 연장 근무. 잔업하다
半夜	bànyè	심야. 한밤중. 늦은 밤. 반밤
内部结构	nèibùjiégòu	내적 구조
显微镜	xiǎnwēijìng	현미경
士兵	shìbīng	병사. 사병
服从	fúcóng	따르다. 복종하다. 지키다
上级	shàngjí	상급. 상부. 상급자. 상사
绝对	juéduì	절대적인. 무조건적인
亲子	qīnzǐ	친자. 부모와 자식 간의 혈연 관계
交流	jiāoliú	서로 소통하다. 교류하다
温柔	wēnróu	온유하다. 부드럽고 상냥하다
军人	jūnrén	군인

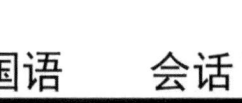

天职	tiānzhí	직분. 천직
无条件地	wútiáojiànde	무조건으로
交响曲	jiāoxiǎngqǔ	교향악
贝多芬	bèiduōfēn	베토벤
遇见	yùjiàn	우연히 만나다. 마주치다. 조우하다
那一刻	nàyíkè	그 순간
安排	ānpái	안배하다
安慰	ānwèi	위로하다. 안위하다
抱抱	bàobào	안아주다
一套	yítào	한 세트
柔软	róuruǎn	유연하다. 부드럽고 연하다
刚好	gānghǎo	딱. 공교롭게. 알맞게
换着用	huànzheyòng	바꿔 쓰다
随便	suíbiàn	마음대로. 자유로이. 함부로
摸着石头过河	mōzhuózheshítouguòhé	돌을 더듬어 가며 강을 건너다 세심한 주의를 기울여 일을 처리하다
标准	biāozhǔn	표준. 기준
发音	fāyīn	발음
喜剧演员	xǐjùyǎnyuán	개그맨. 코미디언
鹦鹉	yīngwǔ	앵가. 앵무(새)
江南	jiāngnán	장난 (창장 이남 지역)
宛如	wǎnrú	마치[흡사] …같다
烟雾	yānwù	연기·안개
时隔	shígé	…만에

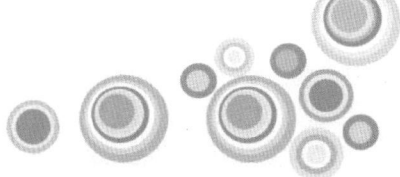

梦想中国语 会话

如今	rújīn	지금. 이제. 오늘날. 현재
记忆	jìyì	기억
近视眼	jìnshìyǎn	근시안
有空	yǒukòng	틈이 나다
陪	péi	모시다. 동반하다
明确	míngquè	명확하다. 확실하다
而已	éryǐ	…뿐이다
交集	jiāojí	왕래하다. 교제하다
想念	xiǎngniàn	그리워하다. 생각하다
熟悉	shúxī	잘 알다. 익숙하다. 생소하지 않다
牙齿	yáchǐ	이. 치아
拿下	náxià	따다
激励	jīlì	격려하다. 북돋워 주다
前行	qiánxíng	앞으로 나아가다
设立	shèlì	설정하다
大致	dàzhì	대충. 대략. 대체
文章	wénzhāng	독립된 한 편의 글. 문장. 글월
生成	shēngchéng	생겨나다. 생성되다. 만들어지다
小意思	xiǎoyìsī	언급할 가치도 없는 작은 일. 사소한 것. 별것 아닌 것
擅长	shàncháng	뛰어나다. 잘하다. 정통하다
学士论文	xuéshìlùnwén	학사 논문
节假日	jiéjiàrì	명절과 휴일
刮风	guāfēng	바람이 불다
按时	ànshí	제때에. 시간에 맞추어

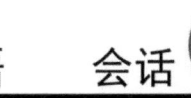
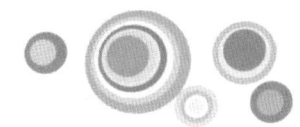

旷课	kuàngkè	결석하다
脸红	liǎnhóng	얼굴이 빨개지다. 부끄러워하다
人际交往	rénjìjiāowǎng	대인 관계. 사교. 인간관계
人缘	rényuán	인연. 인간관계
深夜	shēnyè	심야. 깊은 밤. 한밤
名列前茅	mínglièqiánmáo	성적이 선두에 있다. 석차가 수석이다
考试作弊	kǎoshìzuòbì	시험 중에 컨닝하다
嫩叶	nènyè	부드러운 잎. 어린 잎. 새로 돋아난 잎
鸡蛋羹	jīdàngēng	계란찜
鲜鲜嫩嫩	xiānxiānnènnèn	아주 부드럽다. 매우 연하다
锅包肉	guōbāoròu	꿔바로우. 탕수육
酥	sū	바삭바삭하다
骗	piàn	속이다. 기만하다
耍心眼	shuǎxīnyǎn	용심을 부리다. 꾀피우다
玉米	yùmǐ	옥수수
破格提拔	pògétíbá	파격 발탁. 특진되다
推选	tuīxuǎn	천거[추천]하여 선발[선출]하다
市长	shìzhǎng	시장
勉强	miǎnqiǎng	겨우. 간신히. 가까스로. 억지로
算是	suànshì	…인 셈이다. …으로 치다. …로 간주하다
踏实	tāshi	착실하다. 실하다. 견실하다. 성실하다
无穷无尽	wúqióngwújìn	무궁무진하다. 무진장하다. 한이 없다
节约	jiéyuē	절약하다. 줄이다. 아끼다
一点一滴	yìdiǎnyìdī	한 방울 한 방울. 조금씩

以步代车	yǐbùdàichē	차대신 발로 걷다
可再生	kězàishēng	재생이 가능하다
酒精	jiǔjīng	알코올
用途	yòngtú	용도
消毒	xiāodú	소독하다
珍惜	zhēnxī	진귀하게 여겨 아끼다. 귀중〔소중〕히 여기다
和平	hépíng	평화
出头	chūtóu	넘기다
渐渐	jiànjiàn	점점. 점차
课文	kèwén	(교과서 중의) 본문
背下来	bèixiàlái	외우다
反复	fǎnfù	반복하다
念书	niànshū	책을 읽다. 독서하다. 공부하다
心心念念	xīnxīnniànniàn	한결같이 생각하다. 일념으로 바라다
如何	rúhé	어떠한가. 어떠하냐
激动	jīdòng	흥분하다. 설레다
秘诀	mìjué	비결. 비장의 방법
作弊	zuòbì	컨닝하다
慢慢	mànmàn	느리다. 천천히. 느릿느릿. 차츰
道歉	dàoqiàn	사과하다. 사죄하다
演唱会	yǎnchànghuì	음악회. 콘서트
喷	pēn	뿌리다
闻出来	wénchūlái	냄새를 맡았다
血浓于水	xuènóngyúshuǐ	피는 물보다 진하다.

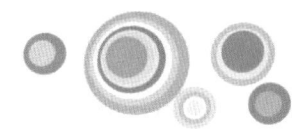

梦想中国语 会话

		혈육의 정은 피할 수 없다
桂花	guìhuā	목서나무의 꽃
东北农业大学	dōngběinóngyèdàxué	동북농업대학
粮食	liángshi	양식. 식량
乃	nǎi	즉 …이다. 바로〔곧〕…이다
感恩	gǎnēn	은혜에 감사한 마음
尘土	chéntǔ	먼지
相遇	xiāngyù	만나다. 마주치다
命中注定	mìngzhōngzhùdìng	운명으로 정해져 있다. 숙명적이다.
提起	tíqǐ	말을 꺼내다. 언급하다
自带	zìdài	자체
美颜功能	měiyángōngnéng	얼굴을 예쁘게 만드는 기능(작용. 효능)
太阳的后裔	tàiyángdehòuyì	태양의 후예
特别火	tèbiéhuǒ	아주 인기 있다
宋慧乔	sònghuìqiáo	송혜교
蚊子	wénzi	모기
嗡嗡叫	wēngwēngjiào	윙윙거리다. 붕붕거리다
倒是	dàoshì	그러게 말이에요/그러게
白眼	báiyǎn	눈을 흘기다. 흰자위를 번득이다. 빈축
红枣蛋糕	hóngzǎodàngāo	대추 케이크
好久	hǎojiǔ	오래다
乐天派	lètiānpài	낙천주의자. 태평스러운 사람.
内部分派	nèibùfēnpài	내부 배정하다
和睦相处	hémùxiāngchǔ	화목하게 함께 지내다

派别	pàibié	파별. 파(派). 유파
武当派	wǔdāngpài	무당파
两面派	liǎngmiànpài	야누스의 얼굴. 표리부동한 사람. 양면적인 수법을 쓰는 사람
对立	duìlì	적대적인
圣诞节	shèngdànjié	성탄절. 크리스마스
如同	rútóng	마치 …와[과] 같다. 흡사하다
万分	wànfēn	대단히. 극히. 매우.
战争	zhànzhēng	전쟁
冲突	chōngtū	충돌. 모순.
按照价格赔偿	ànzhàojiàgépéicháng	가격에 의거해서 배상하다
弄坏	nònghuài	망치다. 망가뜨리다. 못쓰게 하다. 부수다. 고장내다
玻璃	bōli	유리
车险	chēxiǎn	자동차 보험 업종
一旦	yídàn	일단
意外	yìwài	의외의 사고. 뜻하지 않은 사고
保险	bǎoxiǎn	보험
帮忙	bāngmáng	도움을 주다
费用	fèiyòng	비용. 지출
钢笔	gāngbǐ	펜
一根	yìgēn	한 개
教学	jiàoxué	교육
素质	sùzhì	소양. 자질
在于	zàiyú	…에 있다

梦想中国语 会话

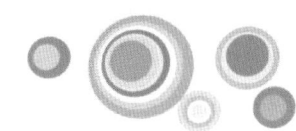

注意	zhùyì	주의하다. 조심하다
独立	dúlì	독립하다. 혼자의 힘으로
感想	gǎnxiǎng	감상. 느낌. 소감
多亏	duōkuī	덕분이다
辛勤	xīnqín	고생스럽다
为人处世	wéirénchǔshì	남과 잘 사귀며 살아가다. 남과 잘 어울리며 처세하다
学生会主席	xuéshēnghuìzhǔxí	학생회 회장
经历	jīnglì	경험. 경력
主持人	zhǔchírén	MC. 진행자. 사회자
董卿	dǒngqīng	동경(중국 유명한 사회자)
报告	bàogào	보고. 보고서. 리포트
磨练	móliàn	단련하다. 연마하다. 갈고 닦다
棒	bàng	좋다. 강하다
排练	páiliàn	무대 연습을 하다. 리허설을 하다
话剧	huàjù	연극
默契	mòqì	마음이 잘 통하다. 호흡이 잘 맞다. 손발이 맞다
牌子	páizi	팻말. 패. 게시판. 공고판
请勿大声喧哗	qǐngwùdàshēngxuānhuá	큰소리로 말하거나 시끄러운 소리를 내지맙시다
注重	zhùzhòng	중시하다. 중점을 두다
团队	tuánduì	단체. 집체. 대오. 팀
班干部	bāngànbù	반 간부
分工	fēngōng	분업하다. 분담하다
难道	nándào	설마 …란 말인가? 설마 …하겠는가?

梦想中国语 会话

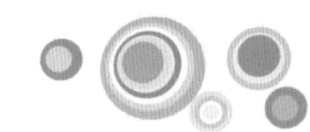

曾经	céngjīng	이전에. 예전에
聊聊天	liáoliáotiān	이야기가 하다. 함께 말하다
异国他乡	yìguótāxiāng	이국타향
熟人	shúrén	잘 아는 사람
简直	jiǎnzhí	완전히. 정말로. 참으로
大海捞针	dàhǎilāozhēn	해저에서 바늘을 건지다
残疾	cánjí	신체적 장애가 있다
乞讨	qǐtǎo	구걸하다
假装善良	jiǎzhuāngshànliáng	착한 척 하다
狡诈	jiǎozhà	간사하다. 교활하다
货物	huòwù	화물.물품. 상품
吨	dūn	(중국식) 톤(ton)
批发价	pīfājià	도매가격
每斤	měijīn	한근. 근 마다
发货	fāhuò	화물을 출하하다. 화물을 발송하다
请假	qǐngjià	휴가를 신청하다. 말미를 얻다
创立	chuànglì	창립하다. 창설하다. 창건하다. 새로 세우다
工商局	gōngshāngjú	상공 행정 관리국. 상공업관리국
国际奥委会	guójìàowěihuì	국제올림픽위원회(IOC)
放假	fàngjià	방학하다. 쉬다
缓解	huǎnjiě	완화되다. 호전되다. 누그러지다. 풀리다. 개선되다
眼保健操	yǎnbǎojiàncāo	(근시를 예방하기 위한) 눈 건강체조. 눈 운동
呼吸	hūxī	호흡하다. 숨을 쉬다
新鲜	xīnxiān	신선하다

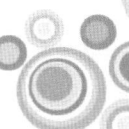

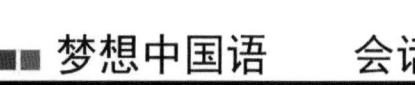
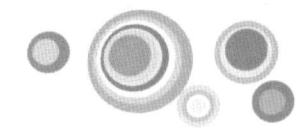

锻炼	duànliàn	(몸을) 단련하다
审美	shěnměi	심미. 아름다움을 감상〔감별〕하고 평가하다
习以为常	xíyǐwéicháng	(자주 하다 보니) 습관이 생활화되다.
三毛	sānmáo	싼마오(중국 작가 이름)
布	bù	천
内蒙古	nèiménggǔ	네이멍구자치구
千里马	qiānlǐmǎ	뛰어난 인재(천리마)
口香糖	kǒuxiāngtáng	껌
尝	cháng	맛보다. 시험삼아 먹어 보다. 시식하다
黄澄澄	huángdengdeng	금빛 찬란하다. 샛노랗다
油菜花	yóucàihuā	유채꽃
手掌	shǒuzhǎng	손바닥
晚霞	wǎnxiá	저녁 노을
枫叶	fēngyè	단풍잎
落叶	luòyè	낙엽
掉落	diàoluò	떨어지다
难受	nánshòu	(마음이) 슬프다. (마음이) 아프다.
看待	kàndài	대하다. 보다. 생각하다
万物	wànwù	만물
两面性	liǎngmiànxìng	양면성. 이중성
绝对化	juéduìhuà	극단적〔절대적〕으로 보다. 절대시하다. 절대화하다
只见树木, 不见森林	zhǐjiànshùmù, bùjiànsēnlín	나무만 보고 숲은 보지 못하다. 부분만 보고 전체를 보지 못하다.
可取	kěqǔ	취할〔받아들일〕만하다. 배울 만하다.바람직하다

追求	zhuīqiú	추구하다
经济增长	jīngjìzēngzhǎng	경제 성장
重视	zhòngshì	중시하다. 중요시하다
发言	fāyán	발언. 발표한 의견
忽视	hūshì	소홀히 하다. 홀시하다. 경시하다. 주의하지 않다
五星红旗	wǔxīnghóngqí	오성홍기. [중화 인민 공화국의 국기]
披着	pīzhe	풀어헤치다
风筝	fēngzheng	연
氢气球	qīngqìqiú	경기구. 수소 기구

〈 회화 401-500 〉

401 频道 pínbdào	채널 A: 你最喜欢看什么频道？ B: 我最喜欢看体育频道，我觉得很有激情。 A: 你看过中文频道吗？ B: 我看过中文频道的中国电视剧。 A: 你喜欢看音乐频道吗？ B: 我喜欢看音乐频道。 A: 妈妈最喜欢看什么频道？ B: 妈妈很关心时势，最喜欢看新闻频道。 A: 现在播的是什么频道？ B: 现在播的是少儿频道，正在演动画片。
402 凭 píng	~에 의거하여: ~을 근거로, ~에 따라 A: 在超市结账后会收到什么凭证？ B: 在超市结账后会收到发票凭证。 A: 你凭借什么当上了经理？ B: 我凭借我的能力当上了经理。 A: 凭借着优秀的成绩可以做什么？ B: 凭借着优秀的成绩可以申请研究生。 A: 凭什么你汉语那么好？ B: 因为我经常和老师练习汉语会话。
403 平静 píngjìng	조용하다: 고요하다: 평온하다, 차분하다 A: 你现在的心情怎么样？ B: 我现在的心情很平静。 A: 你喜欢平静的湖面吗？ B: 我更喜欢有涟漪的湖面。 A: 遇到困难你能保持平静吗？ B: 我会很快平静下来。 A: 你喜欢平静的夜晚吗？ B: 我更喜欢热闹的夜晚。 A: 怎么样才能拥有平静的心呢？ B: 我认为多读书可以让自己拥有平静的心。
404 评价 píngjià	평가하다: 판단하다 A: 你对他的评价怎么样？ B: 我对他的评价很高。 A. 你怎么样评价你的父亲？ B: 我的父亲是一位善良、勤劳的人。

	A：你对自己的评价高吗？B：还可以，我觉得我是个正直的人，但是还是有很多缺点。
A：你听过别人对你的评价吗？B：我听过别人对我的评价。
A：你能评价一下这款手机吗？ B：这款手机是最新款，性价比很高。
405 破产
pòchǎn	파산하다: 도산하다: 부도나다.
A：公司发生什么了？为什么几乎没有员工来？ B：公司破产了。
A：你害怕破产吗？ B：我很害怕，因为需要重头再来。
A：破产之后你还会重新奋斗吗？ B：我会的！因为生命不息，奋斗不止！
A：你觉得破产可怕吗？B：我觉得破产虽然可怕，但更可怕的是失去奋斗的心。
A：你认为怎么样才能不让公司破产？ B：把握好资金链。
406 破坏
pòhuài	파괴하다: 훼손하다
A：你破坏过环境吗？ B：小的时候不小心扔过垃圾，但当自己长大以后我很少破坏环境了。
A：我们不能破坏什么环境？ B：我们不能破坏大自然的环境。
A：生态破坏了可以很快恢复吗？B：生态破坏了将很难恢复。
A：破坏生态系统可能带来什么后果？ B：自然灾害会增多。
407 迫切
pòqiè	절박하다: 다급하다: 절실하다
A：我迫切地希望世界和平。B：我也希望，因为和平真是太宝贵了。
A：保护生态环境成为一个迫切的问题。 B：确实很迫切，太多地区生态环境没有被好好保护。
A：每当放假的时候，你迫切地想做什么？B：我迫切地想见到我的父母。
A：你最近有什么愿望？ B：我迫切地想要回国。
408 朴素
pǔsù	소박하다: 수수하다

		A：父亲是个朴素的人吗？ B：是的，父亲一辈子过着简朴的生活。
		A：你想穿得怎样一点？ B：我想穿得朴素一点。
		A：你认为朴素是个好习惯吗？ B：当然，朴素是一种崇高的品格。
		A：你喜欢朴素的生活吗？ B：我更喜欢奢华的生活。
		A：你最欣赏她什么地方？ B：我最欣赏她朴素的性格。
409	期待 qīdài	기대하다：바라다 A：你期待放假吗？ B：我很期待放假，这样就可以去旅游了。 A：你期待收到什么样的礼物？ B：我期待收到一本书作为礼物。 A：你期待有怎样的机会？ B：我期待有出国留学的机会。 A：你期待变漂亮吗？ B：是的，我希望自己变得更漂亮一点。 A：你期待去哪里旅行？ B：我期待去中国北京旅行。
410	期间 qījiān	기간：시간： A：上大学期间你经常去哪里自习？ B：我经常去图书馆自习。 A：那栋楼为什么不能进去？ B：因为外面的牌子上写着"装修期间，请勿靠近"。 A：放假期间你去哪里旅游了？ B：我去新加坡旅游了。 A：生病期间，你最想做什么？ B：我想赶紧痊愈，以免耽误学习和工作。 A：上课期间，不许做什么？ B：上课期间，不许走神。
411	其余 qíyú	나머지：남은 것：여분 A：我看这一本书，其余的给你怎么样？ B：给我这么多，多不好意思啊。 A：你不用管了，其余的事情我来处理。 B：谢谢，辛苦你了。 A：你没有其余的事情吗？ B：没有，其余的事我已经处理好了，放心吧。 A．其余的人跟我来。 B：好的，我们马上去。

		A：你的作业写完了吗？ B：语文写完了，其余的还没有。
412 奇迹 qíjì		기적. A：听说他的癌症痊愈了。 B：真是奇迹啊！ A：上半场被对手落下很多分，没想到最后竟然赢了！ B：真是奇迹啊！ A：你相信有奇迹吗？ B：我相信，我觉得我能遇见你就是一个奇迹。 A：他数学那么差，竟然得了满分？ B：我不得不说这是个奇迹。 A：你遇见过奇迹吗？ B：还没有，不过我相信有奇迹。
413 启发 qǐfā		깨우침: 영감: 일깨우다: 계발하다: 깨닫게 하다 A：你为什么喜欢读书？ B：因为读书让我深受启发。 A：你听懂我的话了吗？ B：是的，而且我从中受到了很多启发。 A：教育的作用是什么？ B：教育可以启发人的心灵。 A：什么故事让你深受启发？ B：凿壁偷光的故事让我深受启发。 A：每当你受到启发时你会怎样记录下来？ B：我会写在日记本里。
414 企图 qǐtú		꾀하다, 의도하다 A：你喜欢对你有企图的人吗？ B：绝对不喜欢，因为这种人动机不纯。 A：你见过企图偷钱的小偷吗？ B：我没有亲眼见过。 A：说！你的企图是什么？ B：冤枉啊，我哪有什么企图…… A：他为什么进警察局了？ B：因为他企图抢劫被警察抓捕了。 A：你的企图是什么？ B：你误会我了，我没有企图。
415 气氛 qìfēn		분위기 A：这次活动气氛怎么样？ B：非常好，大家玩得很开心。 A：你怎么这样开心？ B：因为我觉得气氛很好。

	A：你喜欢什么样的气氛？ B：我喜欢轻松的气氛。 A：汉语课的气氛怎么样？ B：汉语课的气氛很好。
416 汽油 qìyóu	휘발유：가솔린. A：你去过加油站吗？ B：我加汽油的时候去过加油站。 A：你为什么不开车？ B：因为汽油的价格越来越贵。 A：汽油是可再生资源吗？ B：汽油是不可再生资源。 A：哪个国家汽油多？ B：中东地区汽油比较多。
417 牵 qiān	잡아끌다： A：你牵过女朋友的手吗？ B：我和女朋友交往一年多了，当然牵过。 A：小的时候怎么过马路？ B：小的时候妈妈牵着我的手过马路。 A：你想做什么？ B：我想牵着你的手，陪你一生一世。 A：你经常带宠物玩吗？ B：我经常牵我的小狗遛弯。
418 谦虚 qiānxū	겸손하다：겸허하다： A：骄傲使人落后，谦虚使人怎么样？ B：谦虚使人进步。 A：你喜欢他身上的哪一特点？ B：我喜欢他的谦虚。 A：你是一个谦虚的人吗？ B：我认为我是一个谦虚的人。 A：有成就时要怎么样？ B：即使有成就时，也要保持谦虚。 A：你希望自己成为怎样的人？ B：我希望自己成为一个谦虚的人。
419 前途 qiántú	전도：전망：미래：앞날：비전 A：你对自己的前途感到迷茫吗？ B：我对自己的前途很有信心。 A：你觉得自己在哪方面有发展前途？ B：我觉得我在外语方面很有发展前途。

420 浅 qiǎn		얕다: 좁다 A：你喜欢穿浅色衣服还是深色衣服？ B：我喜欢穿浅色衣服。 A：井底之蛙为什么不知道天有多么大？ B：因为它的目光短浅。 A：这里的河水深吗？ B：我觉得很浅，水大概只到脚脖的地方。 A：你觉得这次考试题难度怎么样？ B：我觉得题出得很浅，我几乎都会。
421 欠 qiàn		빚지다 A：你欠过别人钱吗？ B：没有，我从不欠别人的钱。 A：你的手机怎么打不通了？ B：手机欠费暂停服务了。 A：请您尽快交欠款。 B：好的，我这周五之前会去交的。 A：我欠你一个人情。 B：哪里啊，都是朋友，何必这么客气。 A：从此我们互不亏欠。 B：好！以后你走你的阳关道，我过我的独木桥。
422 强调 qiángdiào		강조하다 A：你记住老师强调的重点了吗？ B：我记住了。 A：老师在强调什么？ B：老师在强调今天的作业。 A：各位，我强调一下，这周放假。 B：太好了！ A：想强调文档内容可以怎么做？ B：可以加粗。
423 强烈 qiángliè		강렬하다: 맹렬하다. A：本次的提案顺利吗？ B：不顺利，遭到了强烈的反对。 A：你父母支持你去欧洲吗？ B：他们强烈反对。 A：你如何争取到这次机会的？ B：我强烈坚持到了最后。 A：年轻人的感情怎么样？ B：年轻人的感情很强烈。 A：这次地震严重吗？ B：嗯，震感很强烈。

424 抢 qiǎng	빼앗다: 약탈하다: A：这个包为什么这么抢手？ B：因为很漂亮。 A：你遇见过抢劫的人吗？ B：我没遇见过。 A：失血过多需要怎么样？ B：需要送到急诊室去抢救。 A：你喜欢抢风头吗？ B：我不喜欢，我更喜欢沉稳一点儿。
425 悄悄 qiāoqiāo	은밀히: 몰래: 조용하게, 은밀하게 A：你在做什么？ B：我在说悄悄话。 A："悄悄地我走了，不带走一片云彩。"出自哪里？ B：出自中国作家徐志摩的笔下。 A：教室里好安静啊！ B：是啊，静悄悄的。 A：现在太晚了，请悄悄地走路！别打扰了别人休息。 B：好的。
426 瞧 qiáo	보다. A：瞧，这个小孩长得多可爱！ B：是啊，真讨人喜欢。 A：你会瞧不起劳动工人吗？ B：我不会瞧不起劳动工人。 A：瞧！这是送给你的礼物！ B：谢谢！ A：瞧一瞧，看一看喽！ B：这个多少钱？ A：你有瞧不起的人？ B：我没有，我觉得每个人都有自己的闪光点。
427 巧妙 qiǎomiào	교묘하다: 기교있다: A：这个建筑设计得怎么样？ B：这个建筑设计得很巧妙。 A：你有巧妙的办法解决这个难题吗？ B：让我想想。 A：你为什么喜欢创意家居？ B：因为我喜欢巧妙的结构。 A：你认为这部电影怎么样？ B：我认为它的情节很巧妙。

428 亲切 qīnqiè	친절하다: 친근하다 A: 中文学院的老师怎么样？ B: 中文学院的老师很亲切善良。 A: 你的朋友经常怎样评价你？ B: 他们经常评价我为人很亲切。 A: 你看到曾经的朋友感觉如何？ B: 我感觉很亲切。 A: 你在哪里收到过亲切的问候？ B: 我在梦想中国语学院收到过亲切的问候。 A: 见到你我觉得很亲切，好像咱们以前在哪儿见过。 B: 我也有种似曾相识的感觉。	
429 亲自 qīnzì	직접: 손수: 친히: 몸소, 스스로 : A: 你经常亲自出差吗？ B: 是的，为了公司的发展，我经常亲自出差。 A: 你会亲自来机场接我吗？ B: 当然，难得再见面，我必须去接你！ A: 这次会议哪位领导出席了？ B: 这次会议董事长亲自出席了。 A: 你需要司机吗？ B: 不用了，我想亲自开车几天。 A: 你认为学生亲自动手实践有意义吗？ B: 我认为有很大的意义。	
430 侵略 qīnlüè	침략하다 A: 中国会侵略其他国家吗？ B: 无论中国如何发展，都不会侵略其他国家。 A: 被侵略占领的地方叫什么？ B: 叫殖民地。 A: 你怎样看待侵略战争？ B: 很不人道，违背了世界和平的宗旨。 A: 你喜欢侵略还是和平？ B: 我当然喜欢和平。 A: 中国曾经被哪个国家侵略过吗？ B: 中国曾经被日本侵略过。	
431 勤劳 qínláo	부지런히 일하다: 부지런하다 A: 你认为谁是勤劳的人？ B: 我认为我的妈妈是勤劳的人。 A: 你是懒惰的人还是勤劳的人？ B: 我是勤劳的人。	

		A：你喜欢勤劳的人吗？B：我喜欢勤劳的人。
		A：聪明的人一定会成功吗？B：聪明的人如果不勤劳，是很难成功的。
432 轻视 qīngshì		경시하다; 무시하다; 소홀하다
		A：古代社会的女性为什么被轻视？B：因为古代社会的"男尊女卑"思想很严重。
		A：任何人都不能轻视什么？ B：任何人都不能轻视自己的健康。
		A：轻视品德的人会怎么样？B：轻视品德的人很难交到朋友。
		A：你怎么突然住院了？B：我轻视了我的病情。
		A：我们应该怎样对待流言？ B：我们应该轻视流言，堂堂正正做自己。
433 清淡 qīngdàn		음식이 기름지지 않고 담백하다; 은은하다
		A：你喜欢吃什么口味的菜？ B：我喜欢吃清淡一点儿的菜。
		A：你认为妈妈做菜好吃吗？ B：我认为好吃，很清淡健康。
		A：你为什么总去食堂吃饭啊？B：因为食堂的饭菜比较清淡。
		A：这家饭店的菜清淡吗？B：不太清淡，有点油腻。
434 情景 qíngjǐng		정경; 광경; 상황
		A：你还记得第一次来梦想中国语学院时的情景吗？B：我一直记得。
		A：你最怀念大学的什么事情？B：我最怀念第一天去大学报到的情景。
		A：你表演过情景剧吗？ B：我没有表演过，不过我看过。
		A：你还记得咱们相遇时的情景吗？B：我记得，那是一个下午。
435 情绪 qíngxù		마음; 기분; 정서
		A：他今天的情绪好像不太好。B：好像是，咱们还是小心点，别惹他了。
		A：你的情绪为什么这么紧张？B：我的钱包找不到了。
		A：你能控制自己的情绪吗？ B：大多时候我能控制自己的情绪。

	A：你认为影响情绪的因素有哪些？B：天气、食物、工作以及他人等等。
436 请求 qǐngqiú	요구: 요청: 요청하다: 부탁하다. A：我有一个小小的请求。B：你尽管说吧，我能做到的都会答应你的。 A：我请求参加这次救援活动！B：你想好后果了吗？ A：请求别人的时候，应该注意什么？ B：应该注意礼貌。 A：老师，我请求您再读一下这个发音。B：好的，请听好。
437 球迷 qiúmí	구기운동팬: 축구팬: A：你是个球迷吗？ B：我是个球迷，喜欢球喜欢得不得了。 A：你爸爸是个球迷吗？ B：我爸爸和我一样，也是球迷。 A：作为一个球迷，你受不了什么？B：我受不了糟糕的比赛。 A：你会熬夜看球吗？B：我总是熬夜看球，因为我是球迷。 A：你能接受男朋友是一个球迷吗？B：我可以接受。
438 趋势 qūshì	추세: 경향 A：这个股票好像有下滑的趋势。B：是的，准备出手吧。 A：你能顺应社会发展的趋势吗？B：我能顺应社会发展的趋势。 A：你怎样选择发展方向？B：我参考社会的发展趋势，选择个人的发展方向。 A：做生意需要注意什么？ B：要顺着市场大趋势而为。
439 权力 quánlì	권력: 권한 A：你喜欢权力吗？ B：我喜欢权力。 A：你会为了权力而牺牲自己吗？B：我不会。 A：皇帝拥有至高无上的什么？B：皇帝拥有至高无上的权力。 A：你凭什么拘捕我？ B：因为我是警察，我有权力拘捕你。

440 权利 quánlì	권리:	
	A：你拥有什么权利吗？	B：我拥有享受国家九年义务教育的权利。
	A：权利和什么是相对应的？	B：权利和义务是相对应的。
	A：我可以发表我的看法吗？	B：当然，你有发言的权利。
	A：你拥有知情的权利吗？	B：当然，每个人都拥有知情的权利。
441 劝 quàn	권하다: 권고하다: 설득하다:	
	A：你是个听劝的人吗？	B：我是个听劝的人。
	A：学习的事情需要别人劝吗？	B：学习是自己的事情，不需要别人劝。
	A：天快下雨了，我劝你还是别去了。	B：没关系的，我带了雨伞。
	A：妈妈劝过你什么事情？	B：妈妈劝过我不要再玩游戏了。
442 缺乏 quēfá	모자라다: 부족하다:	
	A：你和父母缺乏沟通吗？	B：我和父母无话不谈。
	A：人与人之间可以缺乏爱吗？	B：人与人之间不可以缺乏爱。
	A：你是一个缺乏耐心的人吗？	B：我是一个很有耐心的人。
	A：为什么你不敢回答老师的问题？	B：我觉得自己缺乏很多单词。
	A：你在哪方面缺乏信心？	B：我在学习外语方面有一点儿缺乏信心。
443 确定 quèdìng	확정하다.:	
	A：你确定你的选择吗？	B：我确定我的选择，不会改变的。
	A：当你确定下来怎么做时告诉我。	B：好的，当我确定下来时，我会第一时间告诉你。
	A：如果确定信息无误，请按正确键。	B：好的。
	A：我确定明天他一定会来。	B：那我们打赌吧！
	A：我确定这道题选择A。	B：我也确定。

444 确认 quèrèn	확인하다.:	
	A：请确认一下信息。B：好的。	
	A：确认一下这个物品是谁落下来的？ B：好的。	
	A：这条新线索有什么作用？B：通过这条线索，警方可以确认作案人员是男性。	
	A：你和公司确认过这个项目吗？B：我已经和领导确认过了。	
	A：关于这节课学习的内容，还有不明白的地方吗？B：我确认没有了。	
445 绕 rào	맴돌다; 돌다; 돌아서 가다; 휘감다;	
	A：你读过绕口令吗？B：我读过绕口令。	
	A：为什么从这边绕路去学院呢？B：因为另一条路堵车了。	
	A：你什么时候会绕道走？B：发生交通事故时我会绕道走。	
	A：你喜欢被树林环绕的感觉吗？ B：我非常喜欢那种感觉。	
	A：绕过这座山，就可以看见大海了！B：真的吗？	
446 热爱 rèài	뜨겁게 사랑하다; 열렬히 사랑하다;	
	A：你是个热爱生活的人吗？B：我是个热爱生活的人。	
	A：你热爱哪一职业？ B：我热爱教师职业。	
	A：《热爱生命》的作者是谁？B：作家汪国真。	
	A：你觉得什么样的人很可爱？B：我觉得热爱生命的人很可爱。	
	A：你热爱你的祖国吗？B：我很热爱我的祖国。	
447 热烈 rèliè	열렬하다.:	
	A：现场气氛怎么样？B：很热烈。	
	A：让我们以热烈的掌声有请著名作家汪国真。 B：……:	
	A：你为什么喜欢夏天？B：我喜欢夏日热烈的感觉。	

梦想中国语 会话

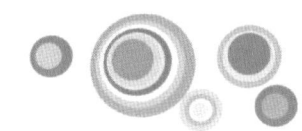

	A：你有什么期望？ B：我热烈的期望可以去中国。 A：现场的掌声热烈吗？ B：现场的掌声很热烈。	
448 热心 rèxīn	열심이다; 열성적이다; 열심히; A：你和她的关系很好吗？ B：是的，因为她是个很热心的人。 A：你热心于公益事业吗？ B：我热心于公益事业。 A：你是一个热心的人吗？ B：我觉得我是一个热心的人。 A：中国语学院的老师热心吗？ B：这里的老师们很热心。 A：你遇到难题了老师会怎么办？ B：老师会很热心地帮助我。	
449 人才 réncái	인재. A：如今的时代需要什么？ B：如今的时代需要人才和合作。 A：你的公司人才多吗？ B：我的公司人才济济。 A：你希望成为什么样的人？ B：我希望成为对社会有用的人才。 A：品德不好的人称得上是人才吗？ B：即使能力再强，品德差的人也不能算作人才。 A：今年什么政策比较火爆？ B：从国外引进人才的政策很火爆。	
450 人事 rénshì	인사; [직원에 대한 임용·평가 등의 행정적인 일].인간사; A：你为什么应聘人事这个岗位？ B：因为我很喜欢处理人际关系。 A：你认为人事的工作辛苦吗？ B：我认为很辛苦。 A：你女朋友是做什么工作的？ B：她是三星集团的人事经理。 A：如果想办理离职，需要哪个部门的配合？ B：需要人事部门的配合。 A：你认识人事部的人吗？ B：我认识，他们参加了我的面试。	
451 人物 rénwù	인물; A：听说这个大人物今天要来仁川！ B：真的吗？我会不会偶然遇见他呢？	

		A：人物描写有哪些方面？B：外貌描写、语言描写和心理描写等。
		A：你善于画什么类型的画？B：我善于画人物画。
		A：电视剧里的这个人物的性格怎么样？B：挺好的，他很有责任感。
452 人员 rényuán	인원:	
	A：公安人员中，男性多还是女性多？B：通常是男性多。	
	A：请问工作人员在哪？B：请稍等，我帮您叫一下。	
	A：这家饭店的服务人员很热情。B：怪不得你总喜欢在这里吃饭。	
	A：你觉得飞行人员怎么样？B：我觉得飞行人员很厉害。	
	A：我想找一下这个项目的负责人员。B：好的，请稍等。	
453 忍不住 rěnbuzhù	견딜 수 없다; 참을 수 없다; :	
	A：你怎么突然笑了？B：这个笑话太有意思了，我忍不住就笑了。	
	A：他怎么知道了事情的真相？B：我看他很可怜，就忍不住告诉他真相了。	
	A：看到美味的饭菜，我忍不住先尝了一下。B：你真是个吃货。	
454 融化 rónghuà	녹다; 융해되다; :	
	A：春天来了！B：是啊，雪都融化了。	
	A：这个冰激凌都融化了，快吃！B：好好吃的冰激凌啊！	
	A：为什么海平面在渐渐上升？B：因为全球气候变暖，冰川在融化。	
	A：你觉得冬天什么时候最冷？B：我觉得冬天雪融化的时候最冷。	
	A：为什么雪融化的时候比较冷？B：因为融化过程需要吸热。	
455 荣幸 róngxìng	매우 영광스럽다	
	A：我很荣幸今天有这个机会为大家朗读我写的作文。B：你写得很棒。	
	A：老师，很荣幸能成为你的学生！B：我也很荣幸成为你们的老师。	

		A：您知道吗？能认识您实在是我的荣幸。B：您过奖了。 A：你喜欢志愿者工作吗？B：我很荣幸能够成为一名志愿者。 A：你参加过这个比赛吗？B：是的，我很荣幸我参加过。
456	荣誉 róngyù	명예. 영예 A：你获得过哪些荣誉？B：我获得过"十佳大学生"称号。 A：你觉得荣誉和金钱哪个更重要？B：我认为都很重要。 A：获得荣誉之后应该保持什么？B：应该保持谦虚。 A：祝贺你获奖了！B：我实在没想到能够获得这项荣誉！太荣幸了！
457	如何 rúhé	어떠하다, 어떻다. A：我如何才能找到你？B：等你到了之后给我打电话。 A：我该如何选择？B：问问自己最想要什么？听从内心的选择。 A：你知道如何煮饭吗？ B：当然，我小时候跟妈妈学过。 A："如何让我遇见你，在我最美丽的时刻"出自哪首诗？B：《求佛》。 A：你如何得知我是在这里上学的？B：我听你朋友说的。
458	如今 rújīn	이제; 현재. A：如今你的汉语水平怎么样？ B：经过了这段时间的学习，进步了很多。 A：如今你还很想念他吗？ B：是的,我依然很想念她。 A：这里以前不是操场吗？B：是啊，不过如今已经变成了公园。 A：如今很怀念最初的朋友。 B：是啊，很想念他们。 A：如今你还在中国工作吗？B：我现在依然在中国工作。

459 软件 ruǎnjiàn	소프트웨어 : A：你用过哪些软件？B：我用过很多软件，比如：微信。 A：现在人能离开手机软件吗？ B：恐怕很难。 A：你学过软件相关的课程吗？B：大学的时候学过一点。 A：你男朋友做什么的？B：他是做软件开发的。 A：你喜欢哪一种软件？B：我喜欢"支付宝"软件，使用起来很方便。
460 弱 ruò	약하다: A：你看过《人性的弱点》这本书吗？B：是的，我看过。 A：你认为自己的哪一方面比较弱？B：我认为我的口语比较弱。 A：你会欺负体弱的人吗？B：我从不欺负人。 A：你怎么这么虚弱？B：我已经两天没有合眼了。
461 洒 sǎ	뿌리다: 살포하다: A：这里怎么这么滑？ B：因为水洒了。 A：你喜欢他的什么？B：我喜欢他的潇洒。 A：你觉得她是个怎样的人？ B：我觉得她是个洒脱的人。 A：这个本子怎么变黑了？B：我新买的墨水洒了。 A：水洒了，该怎么办？ B：别着急，用拖布拖一下就好了。
462 嗓子 sǎngzi	목소리, 목[목구멍을 뜻함]: A：你的嗓子怎么了？B：昨天吃咸了，今天有点发炎了。 A：你喜欢唱歌吗？ B：我喜欢唱歌，并且我想练就一副好嗓子。 A：嗓子疼该怎么办？B：多喝些热水。 A：他的嗓子怎么了？B：因为上火而发炎了。

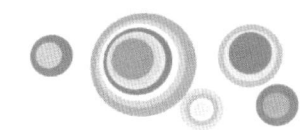

	A：医生，我的嗓子怎么样？ B：有些红肿，不过不用担心。
463 杀 shā	죽이다: 해치다 : A：你杀过生吗？B：我杀过蚊子，这算杀生吗？ A：你见过杀鸡的场面吗？B：我没见过，但一定很恐怖。 A：你看新闻了吗？B：是的，这个杀人犯终于被警察逮捕了！ A：你看过《这个杀手不太冷》的电影吗？ B：我看过，很喜欢。 A：你找到了杀害你朋友的凶手了吗？ B：还没有。
464 傻 shǎ	어리석다: 우둔하다: 둔하다: A：你喜欢《西游记》里的猪八戒吗？B：他傻里傻气的，很可爱。 A：你什么时候会变傻？ B：我遇到喜欢的人时会变傻。 A：你相信傻人有傻福吗？B：我相信，因为他们不会算计人。 A：傻瓜的近义词是什么？B：傻瓜的近义词是笨蛋。
465 晒 shài	햇볕을 쬐다: 햇볕에 말리다: A：你喜欢晒太阳吗？ B：我不喜欢晒太阳，我担心自己被晒黑。 A：外面太阳很刺眼，记得抹防晒霜哦！ B：好的知道了。 A：晒太阳可以补钙吗？ B：可以，晒太阳可以补钙。 A：夏天外出太晒了怎么办？B：你可以打太阳伞。 A：你干嘛去了？B：我去阳台晒衣服去了。
466 删除 shānchú	삭제하다: 지우다: A：这个选项怎么删除啊？ B：按"取消"按钮就可以删除了。 A：电脑里没用的文件你会删除吗？ B：我会定期删除电脑里没用的文件。 A：上次的表格能不能再给我发一遍？ B：啊！对不起，我把它删除了。

		A：怎样提高手机运行速度？ B：经常整理删除手机里不需要的内容。
467 善于 shànyú		~를 잘하다: ~에 능하다: ~에 능숙하다:
		A：你是一个善于沟通的人吗？ B：我认为我是一个善于沟通的人。
		A：你认为对企业来说，什么很重要？ B：善于合作对企业来说很重要。
		A：你善于发现生活的美吗？ B：我善于发现生活的美。
		A：你善于交朋友吗？ B：是的，我有很多朋友。
468 商业 shāngyè		상업:
		A：这里的商业发展得怎么样？ B：近几年这里的商业发展得很好。
		A：你了解这家公司的商业模式吗？ B：不太了解，我可以"百度一下"。
		A：我们下午去商业街吧！ B：好啊，下午四点一起出发吧。
		A：商业的竞争激烈吗？ B：商业的竞争很激烈。
469 上当 shàngdàng		속다: 속이다: 꾐에 빠지다: :
		A：你上过当吗？ B：是的，我上过当。
		A：你笑什么？ B：哈哈，你上当了。
		A：你上当的时候心情会怎么样？ B：我会很不开心，感觉自己很笨。
		A：你会轻易上当吗？ B：我以前上当过，所以现在不会轻易上当了。
470 舍不得 shěbude		헤어지기 섭섭해 하다: 아까워하다, 아쉬워하다:
		A：别送我了，再见！ B：我很舍不得你。
		A：你舍不得扔掉什么？ B：我舍不得扔掉小时候穿过的衣服。
		A：能不能别走了？ B：我也很舍不得你。
		A：毕业的时候为什么很多人都会伤感？ B：因为他们舍不得离开校园。

471 设备 shèbèi	설비: 시설: A: 新设备到货了吗？ B: 昨天刚到的。 A: 这批设备怎么样？ B: 这批设备很先进。 A: 为什么苹果公司很有名？ B: 因为它们的设备很先进。 A: 你为什么要卖掉设备？ B: 我们公司不需要了。
472 设计 shèjì	설계하다: 디자인하다.: A: 你的梦想是什么？ B: 我想做一名设计师。 A: 为什么这款鞋卖得最好？ B: 因为它的设计很符合大众口味。 A: 最贵的这件衣服是由谁设计的？ B: 它是由我们老板亲自设计的。 A: 买衣服的时候你会在意什么？ B: 我会在意衣服的做工，设计。
473 设施 shèshī	시설.: A: 你觉得学校的设施怎么样？ B: 我觉得学校的设施很完善。 A: 城市比农村有什么优点？ B: 城市的基础设施比较完善。 A: 怎样保障老年人的身体健康？ B: 完善医疗设施和健身设施。 A: 你喜欢在怎样的小区里居住？ B: 我喜欢在基础设施完善，环境良好的小区里居住。
474 伸 shēn	펴다: 내밀다 : A: 伸出双手，我有东西送给你。B: 哇！好可爱，谢谢。 A: 他伸舌头的样子好可爱。B: 是啊，这个小家伙太招人喜欢了。 A: 小狗为什么喜欢伸舌头？ B: 小狗伸舌头可以散热。 A: 在办公室工作时间久了，怎样缓解身体疲劳？ B: 可以做一做伸展运动，放松身体。
475 深刻 shēnkè	(인상·느낌이) 깊다. A: 你对他还有印象吗？ B: 我对他的印象很深刻。

	A：我很深刻地告诉你，你不应该这么做。B：对不起。 A：你记得他吗？B：他的微笑给我留下了深刻的印象。 A：爱一个人和喜欢一个人有什么区别？B：爱比喜欢更深刻。 A：什么事给你留下了深刻的教训？B：小时候撒谎被父亲揍。
476 身份 shēnfèn	신분: A：在中国，用来证明身份的证件叫什么？B：叫做身份证。 A：你随身带着身份证吗？B：我随身带着身份证。 A：间谍有什么特点？B：间谍有双重身份。 A：他好气派啊！B：他是个很有身份的人。 A：你的身份是什么？B：他就是一个普通人。
477 神经 Shénjīng	신경. A：你的神经为什么不好？B：因为我经常熬夜，每天喝很多咖啡。 A：你喜欢神经兮兮的人？B：我很不喜欢神经兮兮的人。 A：你什么时候会神经疼？B：我想复杂的问题时会神经疼。 A：神经病和精神病一样吗？B：这两者是不一样的。
478 神秘 shénmì	신비하다: 신비롭다 A：你觉得她是个怎样的人？B：我觉得她是个神秘的人。 A：告诉你一个消息！B：快说吧，看你神神秘秘的！ A：这么神秘，你在干什么？B：我在写一首歌，等我写好了再唱给你听。 A：神秘的人有什么特点？B：让人琢磨不透。
479 升 shēng	오르다: 올라가다: A：你看过升国旗吗？B：我看过升国旗，很激动人心。

	A：你喜欢看日出吗？B：我喜欢看日出。 A：祝你早日升官发财。B：谢谢，愿你也工作顺利。 A：明天天气怎么样？B：明天天气晴朗，不过会继续升温。
480 生产 shēngchǎn	생산하다: A：你的公司是做什么的？B：我的公司是生产设备的。 A：在你们单位，生产部门规模大不大？B：生产部门规模很大。 A：生产一个手机复杂吗？B：很复杂，因为生产手机需要很多工序。 A：你们公司生产过这种零件吗？B：我们公司没有生产过这种零件。
481 生动 shēngdòng	생동감 있다: 생동하다 A：你为什么喜欢刘老师？B：因为她的课堂很生动。 A：你觉得这个故事怎么样？B：我觉得你讲得很生动。 A：你为什么喜欢这篇文章？B：因为作者描写得很生动。 A：今天的舞台剧太精彩了！B：是啊，很生动啊！
482 声调 shēngdiào	성조: 말투, 어조: A：韩语有声调吗？B：韩语没有声调。 A：汉语有声调吗？B：汉语有声调。 A：汉语有几个声调？B：汉语有四个声调。 A：你觉得声调容易学吗？B：我觉得声调比较难学。
483 省略 shěnglüè	생략하다. A：汉语中哪个符号表示省略？B：汉语中"……"省略号表示省略。 A：你这么快就写完作业了？B：我省略了不会做的题。 A：汉语经常省略主语吗？B：一般双方已知主语时或在口语中经常省略主语。

	A：你能造一个省略句吗？B：我喜欢吃水果，比如：苹果、葡萄、香蕉……
484 胜利 shènglì	승리：승리하다.: A：终于胜利了！B：祝贺你！辛苦啦！ A：坚持就是胜利！B：是啊，再坚持一会儿！ A：胜利的滋味怎么样？B：很爽，很激动！ A：胜利者有奖励吗？ B：一般情况下，胜利者是有奖励的。 A：怎么样做才能胜利？ B：不懈地努力。
485 失去 shīqù	잃다：잃어버리다: A：人最怕失去什么？ B：人最怕失去活下去的信念。 A：失去什么你会很难过？B：失去亲人我会很难过。 A：就算失去一切，我也会一直爱你。B：我也是。 A：失去的东西能找回来吗？B：很难再找回来了。
486 失业 shīyè	직업을 잃다.: A：最近经济形势不太好啊！B：是啊，失业的人很多。 A：为什么很多人失业了？B：由于经济不好，公司裁员了。 A：失业率高有什么害处？B：失业率高容易加剧社会矛盾。 A：怎么样才能不失业？B：让自己有无可代替的价值。
487 时代 shídài	시대：시기. A：你看过电影《小时代》吗？ B：我看过这个电影的第一部和第二部。 A：你最怀念什么时候？ B：我最怀念我的学生时代。 A：如今的时代，人们能离开手机生活吗？ B：人们不能离开手机生活。 A：怎么样才能跟上时代的步伐？ B：不断学习、终身学习才能跟上时代的步伐。

488 时刻 shíkè	시각; 시간; 순간, 때;	
	A：你最难忘的时刻是什么时候？ B：我最难忘的时刻是他向我求婚的时候。	
	A：最让你感动的时刻是什么时候？B：有一次我突然生重病，母亲背着我走很远的路去医院的时候。	
	A：请发表成功感言！ B：我觉得现在是我人生最幸福的时刻。	
	A：你会永远铭记哪个时刻？ B：我会永远铭记收到大学录取通知书的那一时刻。	
489 时髦 shímáo	유행이다; 최신식이다; 현대적이다;	
	A：你是个时髦的人吗？ B：我是个时髦的人。	
	A：你为什么经常去这家服装店买衣服？ B：因为这家的衣服很时髦。	
	A：你们家谁最时髦？ B：我们家我妹妹最时髦。	
	A：为什么这些衣服这么便宜？ B：因为它们不时髦了。	
490 时期 shíqī	시기; 특정한 때;	
	A：这段时期你过得怎么样？ B：除了有点想家之外，一切都很好。	
	A：中国改革开放时期什么机会多？ B：改革开放时期创业机会很多。	
	A：现在是非常时期，多加小心。 B：好的，我会多加注意的！	
	A：中国进入了人口老龄化时期了吗？ B：中国已经进入了人口老龄化时期。	
491 时尚 shíshàng	시대적 유행; 시류;	
	A：你经常看时尚杂志吗？ B：我经常看时尚杂志。	
	A：你的衣服真时尚。 B：谢谢，这是上个月出的新款。	
	A：你经常关注时尚界吗？ B：我经常关注时尚界。	
	A：哪里的衣服比较时尚？ B：明洞那里的一些时装店的衣服比较时尚？	
492 实践	실천(하다); 실행(하다);	

237

shíjiàn	A：你认为实践重要吗？ B：我认为实践很重要。	
	A：你参加过社会实践吗？ B：我参加过很多次社会实践。	
	A：检验真理的唯一标准是什么？ B：检验真理的唯一标准是实践。	
	A："实践出真知"是什么意思？ B：通过实践才能得出真正的道理。	
493 实现 shíxiàn	실현하다: 달성하다:	
	A：他什么时候实现了他的理想？ B：他三十岁的时候实现了自己的理想。	
	A：怎样做才能实现梦想？ B：努力拼搏才能实现梦想。	
	A：为什么看见流星要许愿？ B：据说向流星许愿，可以让愿望容易实现。	
	A：你今年过生日时许的愿望实现了吗？ B：我今年过生日时许的愿望实现了。	
494 实行 shíxíng	실행하다:	
	A：中国实行的是总统制吗？ B：不，韩国实行的是总统制。	
	A：中国实行"改革开放"对经济有怎样的影响？ B："改革开放"促进了经济的发展。	
	A：你知道中国实行哪些制度吗？ B：中国实行人民民主专政制度和人大代表制度。	
	A：中国香港实行什么政策？ B：中国香港实行"一国两制"政策。	
495 实验 shíyàn	실험: 실험하다:	
	A：你做过实验吗？ B：我大学时做过生物实验和化学实验。	
	A：你喜欢做什么实验吗？ B：我喜欢做化学实验，因为我觉得很神奇。	
	A：你们学校有实验室吗？ B：我们学校有实验室。	
496 实用 shíyòng	실용적이다:	
	A：你为什么喜欢用这个工具？ B：因为它很实用。	
	A：你觉得汉语会话书怎么样？ B：会话书上的内容都很实用。	
	A：HSK中级单词难不难？ B：HSK中级单词虽然有点儿难，但是在日常生活中很实用。	

497 使劲儿 shǐjìner	힘껏하다: 힘을 쓰다: A：你能使劲儿拧开罐头瓶盖吗？ B：我不能。 A：你有什么愿望？ B：我希望每天没有作业，可以使劲儿地玩。 A：你自己好好使劲儿吧，都快考试了。 B：妈妈，我已经很努力了。 A：你的脸怎么这么红？ B：因为我刚才使劲儿跑来的。
498 始终 shǐzhōng	처음과 끝: 시종: 처음부터 끝까지: A：你好像很累的样子。B：因为这两天我始终没睡好觉。 A：他为什么汉语学得那么好？ B：因为他始终很努力。 A：你觉得母亲辛苦吗？ B：我觉得很辛苦，因为母亲始终为我们操心。 A：你刚才去哪里了？ B：没去哪里啊，我始终没走。
499 是否 shìfǒu	~인지 아닌지: A：是否能成功就靠你自己了！B：是啊！靠我自己啦！ A：你觉得这次是否能及格？ B：我觉得我考得不错，应该可以及格。 A：你是否复习了上节课学习的知识？ B：我复习了上节课学习的知识。 A：你是否可以不依靠别人养活自己？ B：我参加工作以后有能力养活起自己。
500 似的 shìde	~와/과 같다: A：西红柿好可爱啊！B：红红的像小灯笼似的。 A：你喜欢妹妹吗？ B：我很喜欢，尤其是她的小嘴，像樱桃似的。 A：她的眼睛大吗？ B：她的眼睛很大，像核桃似的。 A：你怎么跑得这么快？ B：后面有一只小狗一直在追我，想要吃了我似的。 A：你看这朵云像什么？ B：它像一只绵羊似的。

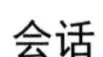  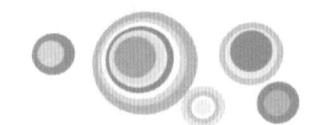

〈 단어 401-450 〉

401-450 单词	拼音	意思
激情	jīqíng	격정. 열정적인 감정
电视剧	diànshìjù	텔레비전 드라마
时势	shíshì	시세. 시대의 추세. 시대의 형국
少儿	shàoér	어린이. 아동. 소년 소녀
动画片	dònghuàpiān	애니메이션. 만화 영화
凭证	píngzhèng	증빙. 증명서
凭借	píngjiè	…에 의지하다. …을 믿다. …를 통하다
经理	jīnglǐ	매니저. 경영 관리 책임자. 지배인
成绩	chéngjì	성적
申请	shēnqǐng	신청하다
研究生	yánjiūshēng	대학원생. 연구생
平静	píngjìng	평온하다. 진정하다. 안정되다
涟漪	liányī	잔잔한 물결〔파문〕
遇到困难	yùdàokùnnán	곤란을 당하다. 곤란을 겪다
保持	bǎochí	유지하다. 지키다
热闹	rènào	떠들썩하다. 번화하다. 흥청거리다
拥有	yōngyǒu	보유하다. 소유하다. 가지다. 지니다
勤劳	qínláo	(고생을 마다 않고)열심히 일하다.부지런히 일하다
正直	zhèngzhí	정직하다
缺点	quēdiǎn	결점. 단점. 부족한 점

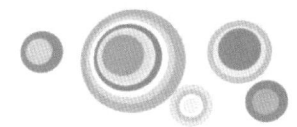

款	kuǎn	모델. 핏. 양식. 스타일. 패턴. 디자인
新款	xīnkuǎn	새로운 모델.새로운 스타일[디자인·모양·양식]
性价比	xìngjiàbǐ	가성비. 기능과 가격이 형성한 비율
几乎	jīhū	거의. 거의 모두
害怕	hàipà	겁내다. 두려워하다. 무서워하다
重头再来	chóngtóuzàilái	처음부터 다시 하다. 새로 다시 하다
奋斗	fèndòu	분투하다. 분투 노력하다
不息	bùxī	멎지 않다. 불식
不止	bùzhǐ	멈추지 않다. 그치지 않다
可怕	kěpà	두렵다. 무섭다. 겁나다
把握	bǎwò	장악하다. 파악하다
资金链	zījīnliàn	자금줄. 자금 순환 체인
不小心	bùxiǎoxīn	실수로/조심하지 않아서
扔	rēng	버리다
大自然	dàzìrán	대자연
恢复	huīfù	회복하다. 회복되다
生态系统	shēngtàixìtǒng	생태계
灾害	zāihài	재해.재난
宝贵	bǎoguì	귀중하다
确实	quèshí	확실히.확실하다.정말로
简朴	jiǎnpǔ	소박하다.간소한다
崇高	chónggāo	숭고하다. 고상하다
奢华	shēhuá	호화스럽다.사치스럽고 화려하다
欣赏	xīnshǎng	좋아하다. 마음에 들다

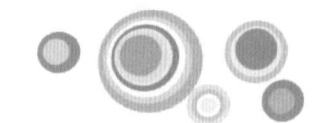

留学	liúxué	유학하다
自习	zìxí	자습하다
牌子	páizi	게시판. 공고판
装修期间, 请勿靠近	zhuāngxiūqījiān, qǐngwùkàojìn	인테리어 중, 가까이 오지 마세요
新加坡	xīnjiāpō	싱가포르
赶紧	gǎnjǐn	얼른. 어서. 재빨리
痊愈	quányù	병이 낫다. 치유되다. 완쾌되다
以免	yǐmiǎn	…하지 않도록. …않기 위해서
耽误	dānwù	지체하다.지체시키다
走神	zǒushén	주의력이 분산되다
管	guǎn	참견하다. 신경을 쓰다
处理	chùlǐ	처리하다. 해결하다
癌症	áizhèng	암의 통칭
痊愈	quányù	병이 낫다. 치유되다. 완쾌되다
上半场	shàngbànchǎng	전반전
落下	làxià	낙후되다. 뒤떨어지다. 사이를 두다
竟然	jìngrán	의외로. 상상 외로
赢	yíng	이기다. 승리하다
不得不	bùdébù	~하지 않으면 안 된다. 어쩔 수 없이. 부득불
深受	shēnshòu	(매우) 깊이 받다. 크게 입다
心灵	xīnlíng	심령. 정신. 마음
凿壁偷光	záobìtōuguāng	벽을 뚫어 이웃의 등불을 끌어 오다
记录	jìlù	기록하다

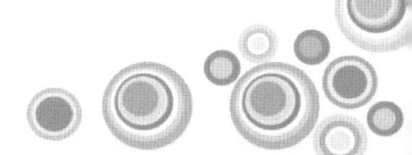

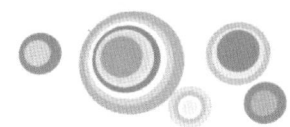

动机不纯	dòngjībùchún	동기가 불순하다
偷钱	tōuqián	돈을 훔치다
冤枉	yuānwàng	억울하다
警察局	jǐngchájú	경찰서
抢劫	qiǎngjié	약탈하다. 강도짓하다. 강탈하다
警察	jǐngchá	경찰
抓捕	zhuābǔ	체포하다. 붙잡다
误会	wùhuì	오해하다
轻松	qīngsōng	홀가분하다. 편하다
加油站	jiāyóuzhàn	주유소
可再生资源	kězàishēngzīyuán	재생 가능한 에너지원. 재생 자원
过马路	guòmǎlù	길을 건너다
一生一世	yìshēngyíshì	일생일세
宠物	chǒngwù	애완 동물, 반려 동물
遛弯	liùwān	산보.산책을 하다
骄傲	jiāoào	자랑스럽다. 스스로 자부심을 느끼다
成就	chéngjiù	성취. 성과. 업적
迷茫	mímáng	아득하다. 막막하다
目光短浅	mùguāngduǎnqiǎn	시야가 좁다. 안목이 좁다
河水	héshuǐ	하수. 강물
脚脖	jiǎobó	발목
打不通	dǎbùtōng	전화가 안 돼(걸려)
欠费	qiànfèi	요금 미납. 요금 부족
暂停	zàntíng	일시 정지하다

梦想中国语 会话

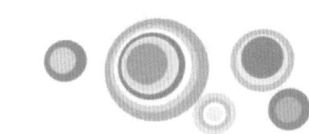

欠款	qiànkuǎn	부채. 빚진 돈. 빚
人情	rénqíng	신세. 은혜
亏欠	kuīqiàn	결손나다. 빚지다
你走你的阳关道，我过我的独木桥	nǐzǒunǐdeyángguāndào wǒguòwǒdedúmùqiáo	너는 너의 양관도로 가고 나는 나의 외나무다리를 걸어간다. 관계를 끊다. 각자의 길로 가다
文档	wéndàng	파일
内容	nèiróng	내용
加粗	jiācū	(글씨체를) 굵게
提案	tíàn	제안
遭到	zāodào	당하다. 겪다. 입다
欧洲	ōuzhōu	유럽/유럽 대륙
争取到	zhēngqǔdào	쟁취하다. 얻어 내다
震感	zhèngǎn	지진의 감도
抢手	qiǎngshǒu	앞다투어 구매하다. 잘 팔리다
抢劫	qiǎngjié	강도짓하다. 약탈하다
失血	shīxiě	과다하게 출혈하다. 피를 많이 흘리다
抢救	qiǎngjiù	서둘러 구호하다. 응급 처치하다
抢风头	qiǎngfēngtóu	세력을 앗다. 남들의 주목을 더 끌다
悄悄话	qiāoqiāohuà	귓속말. 비밀 이야기
云彩	yúncǎi	구름. 꽃구름
出自	chūzì	…로부터 나오다. …로부터 나타나다
徐志摩	xúzhìmó	서지마. 중국의 시인
笔下	bǐxià	글자. 글. 문장
打扰	dǎrǎo	폐를 끼치다. 방해하다

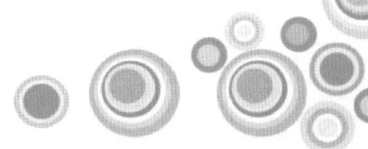

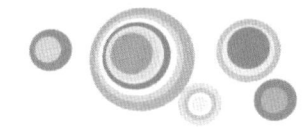

瞧不起	qiáobùqǐ	무시하다. 경멸하다. 깔보다
闪光点	shǎnguāngdiǎn	우수한 점. 장점. 빛나는 면
建筑	jiànzhù	건축물
巧妙	qiǎomiào	교묘하다
创意	chuàngyì	독창적
家居	jiājū	집안 거실. 집 가구
结构	jiégòu	구성. 구조
情节	qíngjié	줄거리
亲切	qīnqiè	친절하다
为人	wéirén	됨됨이. 사람됨. 인품. 인간성. 위인
问候	wènhòu	안부를 묻다. 인사를 드리다
似曾相识	sìcéngxiāngshí	어디선가 본 듯하다. 알 듯 말 듯하다
出差	chūchāi	출장 가다
难得	nándé	얻기 어렵다. 하기 쉽지 않다
领导	lǐngdǎo	영도자. 지도자. 리더. 보스
出席	chūxí	회의에 참가하다
董事长	dǒngshìzhǎng	대표이사. 회장. 이사장
动手	dòngshǒu	하다. 착수하다
实践	shíjiàn	실천하다. 실행하다
意义	yìyì	의의. 의미
占领	zhànlǐng	점령하다
殖民地	zhímíndì	식민지
看待	kàndài	대하다. 취급하다. 보다. 생각하다
人道	réndào	인도적인. 인간성

梦想中国语　会话

违背	wéibèi	위반하다. 어긋나다
宗旨	zōngzhǐ	종지. 주지. 취지. 목적. 의향.
曾经	céngjīng	이전에
懒惰	lǎnduò	게으르다
男尊女卑	nánzūnnǚbēi	남존여비.남자를 존귀하게 여자를 비천하게 여기다
任何人	rènhérén	누군가
品德	pǐndé	인품과 덕성. 품성
病情	bìngqíng	병세
流言	liúyán	유언. 떠도는 말. 근거없는 소문. 터무니없는 소문
堂堂正正	tángtángzhèngzhèng	광명정대하다. 정정당당하다
油腻	yóunì	기름지다. 기름기가 많다. 느끼하다
怀念	huáiniàn	그리워하다
情景剧	qíngjǐngjù	시트콤. 실내에서 촬영한 가벼운 희극
相遇	xiāngyù	만나다. 마주치다
惹	rě	(사람이나 사물의 특징이) 어떤 감정을 일으키다
钱包	qiánbāo	돈지갑
大多	dàduō	대다수. 대부분. 거의 다
控制	kòngzhì	통제하다.제어하다
因素	yīnsù	원인. 요인. 조건. 요소
请求	qǐngqiú	요구. 요청. 부탁
救援	jiùyuán	구원하다. 지원하다
礼貌	lǐmào	예의. 예의범절
不得了	bùdéliǎo	심하다
受不了	shòubùliǎo	견딜 수 없다. 참을 수 없다. 못 봐주다

 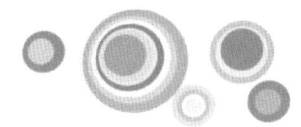

糟糕	zāogāo	형편없이. 엉망이 되다. 망치다
熬夜	áoyè	밤새다. 밤을 새우다. 철야하다
接受	jiēshòu	받아들이다
股票	gǔpiào	주. 주식. (유가) 증권
下滑	xiàhuá	하락. 곤두박질하다
出手	chūshǒu	팔다
顺应	shùnyīng	순응하다. 적응하다
顺着	shùnzhe	…에 따르다. 정세에 따라 움직이다
牺牲	xīshēng	희생하다
皇帝	huángdì	황제
至高无上	zhìgāowúshàng	최고로 높다. 더할 수 없이 높다. 지고 지상이다
拘捕	jūbǔ	체포하다
拥有	yōngyǒu	보유하다. 소유하다. 가지다. 지니다
享受	xiǎngshòu	향유하다. 누리다. 지니다
义务	yìwù	의무. 도의적인 책임
发表	fābiǎo	발표하다
知情	zhīqíng	내막[속사정]을 알다. 상황을 알다
听劝	tīngquàn	(충고·권고를) 듣다. 받아들이다
沟通	gōutōng	서로 통하게 하다. 교류하다
无话不谈	wúhuàbùtán	무슨 말이든지 다하다. 서로 하지 않는 말이 없다
键	jiàn	단추. 버튼
打赌	dǎdǔ	내기를 하다
线索	xiànsuǒ	단서. 실마리
作案人员	zuòànrényuán	범죄를 저지르는 인원

项目	xiàngmù	사항. 항목. 프로젝트
领导	lǐngdǎo	영도자. 지도자. 리더. 보스
绕口令	ràokǒulìng	잰말놀이
绕路	ràolù	우회하다. 길을 돌아가다
堵车	dǔchē	교통이 꽉 막히다. 교통이 체증되다. 차가 막히다.
环绕	huánrào	둘러[에워]싸다. 감돌다. 둘레를 돌다
汪国真	wāngguózhēn	왕궈전 (시인)
可爱	kěài	사랑스럽다. 귀엽다
气氛	qìfēn	분위기
有请	yǒuqǐng	어서 들어오십시오. 나오세요
掌声	zhǎngshēng	박수 소리
公益事业	gōngyìshìyè	공익사업
如今	rújīn	지금. 이제. 오늘날. 현재
合作	hézuò	합작하다. 협력하다. 컬래버레이션. 팀웍
人才济济	réncáijǐjǐ	인재가 넘치다. 유능한 인재가 매우 많다
品德	pǐndé	인품과 덕성. 품성
称得上	chēngdeshàng	…(이)라고 불릴 자격이 있다. …(이)라고 할 만하다
算作	suànzuò	…인 셈이다. …으로 치다. …로 간주하다
政策	zhèngcè	정책
火爆	huǒbào	한창이다. 인기가 폭발적인. 뜨겁다
岗位	gǎngwèi	직장. 부서. 근무처
处理	chǔlǐ	처리하다
人际关系	rénjìguānxì	대인관계. 인간 관계

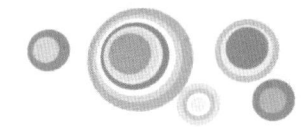

〈 단어 451-500 〉

451-500 单词	拼音	意思
离职	lízhí	사직하다. 직장을 완전히 그만두다
配合	pèihé	협조하다. 협동하다. 협력하다. 공동으로 하다
面试	miànshì	면접 시험
偶然	ǒurán	우연히. 뜻밖에
外貌	wàimào	외모. 용모
语言	yǔyán	말. 언어
善于	shànyú	…를 잘하다. …에 능(숙)하다
类型	lèixíng	장르. 유형
电视剧	diànshìjù	텔레비전 드라마
责任感	zérèngǎn	책임감
公安	gōngān	경찰. 공안
请稍等	qǐngshāoděng	잠깐만 기다려주세요
怪不得	guàibùde	어쩐지. 그러기에.
飞行	fēixíng	비행하다
厉害	lìhài	대단하다. 굉장하다. 대박
项目	xiàngmù	프로젝트. 항목
真相	zhēnxiàng	진상. 실상
尝	cháng	맛보다. 시험삼아 먹어 보다
吃货	chīhuò	먹깨비. 음식을 좋아하고, 미식을 찾아다니는 사람
融化	rónghuà	녹다

冰激凌	bīngjīlíng	아이스크림
气候	qìhòu	기후
冰川	bīngchuān	빙하
过程	guòchéng	과정
吸热	xīrè	흡열하다. 열을 흡수하다
机会	jīhuì	기회. 시기. 찬스
棒	bàng	좋다. 최고. 대박
实在	shízài	정말. 진짜
过奖	guòjiǎng	지나치게 칭찬하십니다. 과찬이십니다
志愿者	zhìyuànzhě	지원자. 봉사자
荣誉	róngyù	명예. 영예
十佳大学生	shíjiādàxuéshēng	우수 대학생, 베스트 텐 대학생
称号	chēnghào	칭호. 호칭
保持	bǎochí	유지하다. 지키다
祝贺	zhùhè	축하하다. 경하하다
获奖	huòjiǎng	상을 타다. 수상하다
听从	tīngcóng	따르다. 복종하다
煮饭	zhǔfàn	밥하다 (쌀 등으로)
时刻	shíkè	시간. 시각. 때. 순간
求佛	qiúfó	구불. 부처님께 비나이다. 부처님께 빌다
得知	dézhī	알게 되다. 알다
想念	xiǎngniàn	그리워하다. 생각하다
依然	yīrán	여전히
怀念	huáiniàn	그리워하다

最初	zuìchū	최초. 처음. 맨 먼저. 맨 처음
依然	yīrán	여전히
微信	wēixìn	위챗(위채트, wecaht, weixin)중국의 무료채팅 어플
恐怕	kǒngpà	아마 …일것이다
课程	kèchéng	수업. 과목
支付宝	zhīfùbǎo	알리페이. 중국 모바일 전자 결제 앱
《人性的弱点》	rénxìngderuòdiǎn	인간 본성의 약점
欺负	qīfù	괴롭히다. 얕보다
虚弱	xūruò	허약하다. 기력이 없다. 약하다. 힘없이
合眼	héyǎn	눈을 감다
滑	huá	미끄럽다
潇洒	xiāosǎ	시원스럽고 대범하다. 소탈하다.
洒脱	sǎtuō	소탈하다. 멋스럽다. 대범하다
墨水	mòshuǐ	먹물. 잉크
着急	zháojí	안달하다. 조급해하다. 초조해하다
拖布	tuōbù	대걸레
拖	tuō	닦다. 걸레질하다
发炎	fāyán	염증이 생기다. 염증을 일으키다
练就	liànjiù	연마해 몸에 익히다. 연마해내다
红肿	hóngzhǒng	발갛게 부어오르다. 빨갛게 붓다
杀生	shāshēng	살생하다
蚊子	wénzi	모기
场面	chǎngmiàn	장면. 정경
恐怖	kǒngbù	무서워하다. 무섭다

杀人犯	shārénfàn	살인범
逮捕	dàibǔ	체포하다. 잡다
猪八戒	zhūbājiè	저팔계
傻里傻气	shǎlǐshǎqì	멍청하다. 어리어리하다. 어벙하다. 맹하다
傻人有傻福	shǎrényǒushǎfú	바보에겐 바보의 복이 있다
算计	suànjì	계산하다
近义词	jìnyìcí	유의어
晒太阳	shàitàiyáng	햇볕을 쬐다. 볕을 쪼이다. 일광욕하다
刺眼	cìyǎn	눈이 부시다
抹防晒霜	mǒfángshàishuāng	선크림을 바르다
补钙	bǔgài	칼슘을 보충하다
太阳伞	tàiyángsǎn	양산
阳台	yángtái	베란다. 발코니
取消	qǔxiāo	취소하다
按钮	ànniǔ	버튼
没用	méiyòng	소용없다
文件	wénjiàn	파일
表格	biǎogé	표
整理	zhěnglǐ	정리하다
沟通	gōutōng	교류하다. 통하다. 소통하다
企业	qǐyè	기업
模式	móshì	(비즈니스) 모델
百度一下	bǎidùyíxià	바이두(중국의 Google)를 이용하다
商业街	shāngyèjiē	상가

 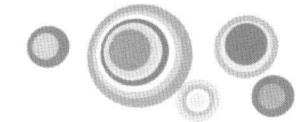

竞争	jìngzhēng	경쟁
激烈	jīliè	치열하다
轻易	qīngyì	호락호락하다. 쉽다
送	sòng	배웅하다
扔掉	rēngdiào	버리다
伤感	shānggǎn	슬퍼하다. 비감
离开	líkāi	떠나다. 벗어나다
校园	xiàoyuán	교정. 캠퍼스
到货	dàohuò	물건[상품]이 도착되다. 입하되다
批	pī	번
先进	xiānjìn	선진의. 진보적인
梦想	mèngxiǎng	꿈. 몽상
设计师	shèjìshī	설계사. 디자이너
款	kuǎn	핏. 양식. 스타일. 패턴. 디자인
符合	fúhé	부합[상합]하다. 맞다. 일치하다
大众口味	dàzhòngkǒuwèi	대중의 취향
在意	zàiyì	마음에 두다. 신경 쓰다
做工	zuògōng	솜씨. 가공 기술
完善	wánshàn	완선하다. 완벽하다. 나무랄 데가 없다
基础设施	jīchǔshèshī	인프라. 기반 시설
医疗	yīliáo	의료
健身	jiànshēn	운동. 피트니스. 헬스
舌头	shétou	혀
招人喜欢	zhāorénxǐhuān	귀여움을 자아내다

 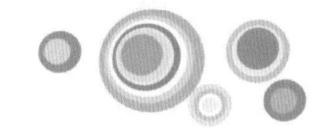

散热	sǎnrè	산열하다. 열을 발산하다
缓解	huǎnjiě	완화되다. 풀리다. 해소되다
疲劳	píláo	피로
放松	fàngsōng	풀다
印象	yìnxiàng	인상
微笑	wēixiào	미소
区别	qūbié	구별. 차이
教训	jiàoxùn	교훈
撒谎	sāhuǎng	거짓말을 하다. 허튼소리를 하다
揍	zòu	때리다
证件	zhèngjiàn	증명서. 증거 서류
间谍	jiàndié	간첩. 스파이
双重	shuāngchóng	이중의
气派	qìpài	풍채. 기품. 기상
熬夜	áoyè	밤새다. 철야하다
神经兮兮	shénjīngxīxī	매우 신경질적이다
精神病	jīngshénbìng	정신병
琢磨不透	zhuómóbútòu	알다가도 모른다
国旗	guóqí	국기
激动人心	jīdòngrénxīn	사람의 마음을 감동시키다. 가슴(이) 벅차다
日出	rìchū	일출
升官发财	shēngguānfācái	승진하고 부자가 되다
顺利	shùnlì	순조롭다. 일이 잘 되어가다
设备	shèbèi	설비. 시설

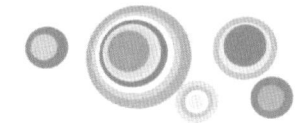

单位	dānwèi	회사
规模	guīmó	규모
工序	gōngxù	제조 공정. 제조 절차〔순서〕
零件	língjiàn	부속품
描写	miáoxiě	묘사하다
舞台剧	wǔtáijù	무대극
符号	fúhào	부호. 기호. 표기
主语	zhǔyǔ	주어
已知	yǐzhī	이미 알다
造	zào	만들다
葡萄	pútao	포도
香蕉	xiāngjiāo	바나나
祝贺	zhùhè	축하하다. 경하하다
坚持	jiānchí	견지하다. 굳건히 보지하다.
爽	shuǎng	상쾌하다
激动	jīdòng	격하게 움직이다. 감격하다. 감동하다. 흥분하다
奖励	jiǎnglì	상. 상금. 상품
不懈	búxiè	게으르지 않다. 꾸준하다
活下去	huóxiàqù	살아 나가다. 버텨 나가다
信念	xìnniàn	신념. 믿음
就算	jiùsuàn	설령〔설사〕 …하더라도
一切	yíqiè	일체. 전부. 모든
形势	xíngshì	정세. 형편. 상황
害处	hàichù	해. 손해. 결점. 나쁜〔해로운〕 점. 폐해

加剧	jiājù	격화되다. 악화되다. 심해지다
矛盾	máodùn	갈등. 모순
无可代替	wúkědàitì	대체할 수 없다
部	bù	부. 편
跟上	gēnshàng	뒤를 쫓다. 뒤따르다. 따라붙다. 따라잡다
步伐	bùfá	속도. 흐름. 보조
终身	zhōngshēn	일생. 평생. 종신
求婚	qiúhūn	구혼하다. 프로포즈
生重病	shēngzhòngbìng	중병에 걸리다
感言	gǎnyán	소감. 감상을 나타내는 말
铭记	míngjì	명기하다. 깊이 새기다
哪个	nǎgè	어느
时刻	shíkè	시간. 시각. 때. 순간
录取通知书	lùqǔtōngzhīshū	입학 통지서
时髦	shímáo	유행이다.최신식이다.현대적이다.스타일리시합니다
服装店	fúzhuāngdiàn	의류상점
想家	xiǎngjiā	집 생각을 하다. 집을 그리워하다
改革开放	gǎigékāifàng	개혁 개방
创业	chuàngyè	창업하다
老龄化	lǎolínghuà	노령화하다
杂志	zázhì	잡지
新款	xīnkuǎn	신상. 새로운 스타일〔디자인·모양·양식·모델〕
关注	guānzhù	관심을 가지(고 중시하)다
时装店	shízhuāngdiàn	부티크. 패션 매장

检验真理	jiǎnyànzhēnlǐ	진리를 검증하다
唯一标准	wéiyībiāozhǔn	유일한 기준
理想	lǐxiǎng	이상
拼搏	pīnbó	전력을 다해 분투하다
流星	liúxīng	유성. 별똥
许愿	xǔyuàn	소원을 빌다
总统制	zǒngtǒngzhì	대통령제
制度	zhìdù	제도
人民	rénmín	인민. 국민
民主专政	mínzhǔzhuānzhèng	민주주의 독재
人大代表	réndàdàibiǎo	인민 대표 대회 대표
一国两制	yīguóliǎngzhì	일국양제(하나의 나라에 두 가지 정치 제도)
生物	shēngwù	생물
神奇	shénqí	신기하다. 기묘하다. 신비롭고 기이하다
实验室	shíyànshì	실험실
工具	gōngjù	공구. 작업 도구
会话书	huìhuàshū	회화책
日常生活	rìchángshēnghuó	일상생활
拧开	nǐngkāi	돌려서〔틀어서〕 풀다〔열다〕
罐头	guàntou	통조림. 깡통
瓶盖	pínggài	병마개. 병뚜껑
辛苦	xīnkǔ	고생스럽다. 수고롭다. 고되다
操心	cāoxīn	마음을 쓰다. 신경을 쓰다. 걱정하다. 애를 태우다
及格	jígé	합격하다

养活	yǎnghuó	먹여 살리다
西红柿	xīhóngshì	토마토
灯笼	dēnglóng	등롱. 초롱
尤其	yóuqí	더욱이. 특히
樱桃	yīngtáo	앵두
核桃	hétáo	호두
绵羊	miányáng	면양

〈 회화 501-600 〉

501 事先 shìxiān	사전. 미리. 일이 일어나기 전 A：你俩事先商量过了吗？ B：没有，我俩意见一致，完全属于巧合。 A：我们应该怎么入场？ B：我们应该按照事先安排好的顺序入场。 A：演讲比赛需要事先准备什么？ B：演讲比赛需要事先准备好演讲稿。 A：对于这件事，你不感到惊讶吗？ B：我并不感到惊讶，因为我事先做好了心理准备。
502 收获 shōuhuò	수확하다. 추수하다. A：怎样才能有丰富的收获？ B：努力奋斗才能有丰富的收获。 A：哪个季节是收获的季节？ B：秋天是收获的季节。 A：你今年去夏令营有什么收获吗？ B：我认识了很多朋友，收获了珍贵的友谊。 A：农民用什么收获小麦？ B：农民以前用镰刀，现在用收割机。
503 收据 shōujù	영수증 A：你有保存收据的习惯吗？ B：我一般直接扔掉，不保存。 A：你跟营业员要收据了吗？ B：没有，我忘了。 A：怎样才能退货？ B：拿着收据和物品去店里就可以退货。 A：你的收据带来了吗？ B：没有，我放到大衣口袋里了。
504 手套 shǒutào	장갑, 글러브 A：母亲节你送给了妈妈什么礼物？ B：我送给了妈妈一副手套。 A：手套有什么作用？ B：手套可以保护双手不被冻坏。 A：你冬天习惯戴手套吗？ B：我冬天一般不戴手套。

	A：爸爸要你捎什么给他？ B：爸爸让我回家捎一副手套给他。
505 手续 shǒuxù	수속. 절차 A：出国留学需要的手续多吗？ B：现在自费出国留学手续简便多了。 A：上学前需要办理什么手续？ B：上学前需要办理入学手续。 A：你怎么这么慢？ B：手续太复杂了，很耽误时间。 A：明天就出国你手续都办好了吗？ B：我一个星期前就办好了。
506 受伤 shòushāng	부상(을) 당하다. 상처를 입다 A：你怎么受伤了？ B：我从楼梯上摔了下去。 A：听说你受伤了，伤到哪里了？ B：从楼梯上摔下去伤到了膝盖。 A：你同桌今天怎么没来上课？ B：他昨天打篮球受伤了。 A：受伤是什么感觉？ B：受伤是一种很疼的感觉。
507 输入 shūrù	입력하다 A：怎样在ATM上取钱？ B：插入卡后，输入密码，再输入取钱金额就可以了。 A：这里需要输入什么信息？ B：这里请输入你的姓名。 A：怎样在网络上查找资料？ B：在网页上输入关键字就可以查到你需要的资料。 A：学会输入法有什么好处？ B：可以方便地使用电脑。
508 舒适 shūshì	쾌적하다. 편안하다 A：你的新家怎么样？ B：我的新家既温暖又舒适。 A：你爷爷现在过着怎样的生活？ B：爷爷退休了，在家里过着舒适的生活。 A：你感觉在哪里最舒适自在？ B：当然是在家里。 A：这条短裤怎么样？ B：这条短裤穿着很舒适。

509 熟练 shúliàn	능숙하다 A：怎样才能熟练地掌握一门语言？ B：需要反复练习。 A：他跳舞怎么样？ B：他跳舞的动作非常熟练。 A：他开车怎么这么熟练？ B：因为他当了十年的司机。 A：你会开船吗？ B：我会开船，而且还很熟练。
510 属于 shǔyú	~에 속하다 A：胜利属于谁？ B：胜利属于努力的人。 A：这里什么东西属于你？ B：那台笔记本电脑属于我。 A：这家公司属于谁？ B：这家公司属于我哥哥。 A：这栋房子属于谁？ B：这栋房子属于我爷爷。
511 摔 shuāi	내던지다. 내동댕이 치다 A：你身上怎么这么多泥？ B：我刚才摔了个跟头。 A：怎样才能避免在人生路上少摔跟头？ B：多听父母的话。 A：不在同一个地方摔跟头是什么意思？ B：不能犯同一个错误。 A：这只钢笔怎么坏了？ B：我不小心摔坏了。
512 甩 shuǎi	휘두르다. 내젖다. 뿌리치다. 흔들다 A：你用什么办法甩掉压力和烦恼？ B：我用运动甩掉压力和烦恼。 A：最近怎么不见你的男朋友？ B：我把他甩了。 A：今天晚上洗衣服的话，什么时候能晾干？ B：用洗衣机甩干后再晾，明天就干了。 A：那里怎么那么多人？ B：那家店今天大甩卖，所以人多。
513 双方	쌍방. 양측

shuāngfāng	A：怎样才能签成一份合同？ B：必须要双方都满意才能签成一份合同。 A：他们为什么争执了那么久？ B：双方都为了自己的利益不肯做出一点儿让步。 A：他们俩为什么没有结婚？ B：因为双方父母反对他们结婚。 A：怎样才能经营好一个家？ B：需要夫妻双方的共同努力。
514 税 shuì	세금. 세 A：逃税是什么意思？ B：使用非法手段逃避付税。 A：哪里有免税店？ B：仁川机场有免税店。 A：退税需要带什么证件？ B：退税需要带护照。 A：你一般在哪里退税？ B：我一般在机场退税。
515 说不定 shuōbudìng	아마. 짐작컨대. 대개. ~일지도 모른다 A：你决定要回韩国了吗？ B：还没有，说不定就留在中国了。 A：旁边的店会不会比这里便宜？ B：不一定，说不定比这贵呢。 A：你决定去吃火锅了吗？ B：对，但说不定那里今天不开门。 A：你想去听演唱会吗？ B：我想去，说不定能得到明星的签名呢？
516 说服 shuōfú	설복하다. 설득하다 A：你有信心说服他吗？ B：没有信心，他真的太固执了。 A：校长的报告怎么样？ B：校长的报告很有说服力。 A：你曾说服过爸爸做什么事情？ B：我曾说服爸爸给我买笔记本电脑。 A：说服一个人容易吗？ B：非常不容易。
517 撕 sī	손으로 찢다 A：你怎么哭了？ B：妈妈把我偶像的画报撕掉了。 A：你能撕张纸给我吗？ B：可以。

	A：他为什么撕掉了你的本子？ B：因为我摔坏了他的钢笔，他生气了。 A：这本书最后3页怎么没有了？ B：被我1岁的小外甥撕掉了。
518 丝毫 sīháo	조금도. 추호도. 극히 적은 수량 A：你们打算放弃吗？ B：我们不会放弃，再大的困难也丝毫动摇不了我们的决心。 A：她面对强大的对手害怕了吗？ B：面对强大的对手，她没有丝毫的胆怯。 A：听说他父母反对他娶那个女人？ B：父母的反对丝毫也动摇不了他要娶她的决心。 A：这个工作的要求有多严格？ B：这个工作要求不能出丝毫的差错。
519 思考 sīkǎo	사고하다 A：考试遇到难题该怎么办？ B：一定要冷静思考，千万不要慌。 A：小明在干什么？ B：他在专心思考一道数学题。 A：怎样才能进步？ B：勤于思考，善于反思。 A：怎样读书比较好？ B：边读边思考。
520 思想 sīxiǎng	사상. 의식 A：年轻人的思想有什么特点？ B：年轻人思想开明，勇于接受新事物。 A：这篇文章怎么样？ B：这篇文章内容简单，思想也没有深度。 A：这首诗的中心思想是什么？ B：这首诗抒发了海外游子怀念祖国的思想感情。 A：儿童为什么容易上当受骗？ B：因为儿童思想太单纯。
521 私人 sīrén	민간. 개인 A：你的梦想是什么？ B：我想拥有一架私人飞机。 A：你的公司是私人公司吗？ B：我的公司是一个私人公司。 A：你觉得恋爱中什么很重要？ B：我觉得双方要有一定的私人空间，这很重要。 A：你每周都去健身房吗？ B：是的，我申请了一名私人教练。

522 似乎 sìhū	마치 ~인 것 같다.	
	A：他说的有道理吗？	B：他说的似乎很有道理。
	A：你今天似乎不开心？	B：是的，我今天挺倒霉的。
	A：海上有什么东西吗？	B：海上似乎有几个小岛。
	A：天怎么阴沉沉的？	B：看起来似乎要下雨了。
523 随时 suíshí	수시로. 언제나. 언제든지	
	A：为什么要整理这些资料？	B：为了方便以后随时查看。
	A：有不懂的问题怎么办？	B：不懂的问题可以随时问老师。
	A：温度计有什么作用？	B：它可以随时显示出气温的变化。
	A：你什么时候可以接电话？	B：我随时可以接电话。
524 碎 suì	부서지다. 깨지다. 부수다	
	A：他为什么受到了惩罚？	B：因为他打碎了花瓶还跟妈妈说了谎。
	A：你是故意打碎碟子的吗？	B：我不是故意的。
	A：他为什么跟邻居道歉？	B：他打篮球时，不小心打碎了邻居家的玻璃。
	A：谁把花盆打碎了？	B：小花猫在玩耍时不小心碰掉了。
525 损失 sǔnshī	소모하다. 소비하다. 손해를 보다. 손실. 손해	
	A：他做生意损失了多少？	B：他做生意损失了所有的积蓄。
	A：爱情和事业，他选择了什么？	B：他选择了爱情，虽然损失了金钱但收获了家庭。
	A：是什么导致了公司的损失？	B：在重要的时刻，总经理的犹豫导致了公司的损失。
	A：这次台风来势很猛，哪个地区的损失最严重？	B：沿海地区的损失最严重。

526 缩短 suōduǎn	단축하다. 줄이다 A：怎样才能缩短与同学之间的差距？ B：刻苦勤奋地学习。 A：吸烟有什么害处？ B：吸烟会缩短人的寿命。 A：高铁有什么优点？ B：高铁大大缩短了两地的行程时间。 A：我们怎样才能缩短与发达国家之间的距离？ B：我们要努力发展科学技术。
527 缩小 suōxiǎo	축소하다. 줄이다 A：怎样缩小与父母之间的代沟？ B：多与父母交流可以缩小彼此之间的代沟。 A：什么叫热胀冷缩？ B：绝大多数物体受热时体积膨胀，遇冷时体积缩小。 A：怎样缩小这张图片？ B：你可以问问你同桌，他可能会。 A：这件衣服看起来很小，应该不是你的吧？ B：是我的，洗过之后衣服缩小了。
528 所谓 suǒwèi	소위 ~라는 것은. 이른바 A：那个名医怎么样？ B：那个所谓的"名医"，连起码的医学常识也不懂。 A：宝宝口中说的雪人是什么？ B：对宝宝来说，所谓的雪人就是冰激凌。 A：你知道什么是"胶菜"吗？ B：所谓的"胶菜"其实就是山东大白菜。 A：为什么要听父母的话？ B：因为父母都是为了孩子好，正所谓忠言逆耳。
529 谈判 tánpàn	담판하다. 협상하다 A：他们通过什么方式解决了问题？ B：他们通过谈判的方式解决了问题。 A：上次谈判为什么以失败告终？ B：因为双方都不肯妥协。 A：这次中美贸易谈判会议在哪里召开？ B：在首都北京召开。 A：怎样才能在谈判中取得胜利？ B：知己知彼，先发制人。
530 坦率 tǎnshuài	솔직하다. 담백하다 A：大家为什么都信任她？ B：因为他为人坦率。

	A：老师为什么没有惩罚他？ B：因为他很坦率地承认了自己的错误。 A：他的性格怎么样？ B：他的性格耿直，说话坦率。 A：他给你的第一印象是什么？ B：真诚坦率。
531 烫 tàng	몹시 뜨겁다. 데다 A：你是什么时候烫的头发？ B：我是去年的这个时候烫的头发。 A：你妈妈烫过发吗？ B：我妈妈烫过发。 A：你喜欢烫直发还是卷发？ B：我喜欢烫卷发。 A：烫一次头发需要多久？ B：大概需要一个小时左右。
31 逃避 táobì	도피하다 A：遇到困难该不该逃避？ B：遇到困难只知道逃避是一种软弱的行为。 A：逃避现实是一种什么样的生活态度？ B：逃避现实是一种消极的生活态度。 A：他为什么说谎？ B：为了逃避公安人员的检查。 A：他为什么离开家乡？ B：为了逃避战乱。
533 套 tào	커버, 덮개 A：她有几套房子？ B：她有一套房子。 A：他今天穿了什么？ B：他今天穿了一套西服。 A：大家为什么不相信他？ B：因为他说一套，做一套。 A：妈妈今天买了什么回来？ B：妈妈今天买了一套沙发回来。
534 特殊 tèshū	특수하다. 특별하다 A：他怎么没请假就走了？ B：由于情况特殊，老师允许他先走，回来再补假。 A：小猫有什么特殊的本领？ B：小猫会抓老鼠。 A：你为什么喜欢那只小熊？ B：它对我有特殊的意义。

	A：你喜欢什么样的电影角色？ B：我喜欢特殊的、与众不同的电影角色。
535 特意 tèyì	특별히. 일부러 A：这碗面里肉怎么这么多？ B：老板娘特意多给了一些。 A：这里面是什么？ B：这里面是妈妈特意为我准备的午餐。 A：教室里怎么有水果？ B：这是同学们特意买来聚会用的。 A：他今天怎么特意穿上了西服？ B：因为他要去参加婚礼。
536 特征 tèzhēng	특징 A：长颈鹿的特征是什么？ B：长颈鹿最明显的特征是脖子特别长。 A：大象有什么特征？ B：大象的特征是鼻子特别长。 A：你妈妈有什么外貌特征吗？ B：我妈妈有一头长发和一双大眼睛。 A：怎样描写一个人的外貌？ B：描写人物的外貌，要抓住他的特征。
537 疼爱 téngài	매우 귀여워하다. 애지중지하다 A：你家里谁最疼爱你？ B：我家里人都非常疼爱我。 A：那只小猫怎么样？ B：那只小猫楚楚可怜惹人疼爱。 A：门口那个人是谁？ B：那个人是老奶奶最疼爱的小孙子。 A：妈妈是怎么疼爱你的？ B：妈妈每天为我洗衣做饭，时时刻刻关心着我。
538 提 tí	끌어올리다 A：保险公司可以为顾客提供什么？ B：保险公司可以为顾客提供多种保险服务。 A：大家为什么喜欢去超市？ B：因为超市为人们提供了很多方便。 A：学习上有不懂的问题怎么办？ B：学习上有不懂的问题要随时提出来。 A：是谁提出来要去爬山的？ B：是我，但听说明天有雨，恐怕去不成了。

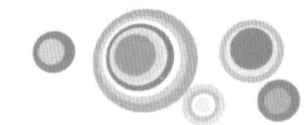

539 提纲 tígāng	요점. 요강.요지 A：怎样可以写好一篇作文？ B：可以先列出提纲，然后再打草稿。 A：明天就要考试了，今晚该怎么复习？ B：你可以拿出复习提纲来再看一遍。 A：你写作文有列提纲的习惯吗？ B：有，我觉得列提纲对写作文帮助很大。 A：提纲挈领是什么意思？ B：比喻抓住要领，简明扼要。
540 提问 tíwèn	질문하다 A：老师提问你时，你是什么感觉？ B：我会很紧张。 A：你都向谁提问过问题？ B：我向老师提问过问题，也向爸爸提问过问题。 A：怎样才能正确地回答老师的提问？ B：上课时认真听课，回答老师的提问就是小菜一碟。
541 题目 tímù	제목. 테마 A：你哪一道题目做错了？ B：我最后一道大题做错了。 A：今天考试的题目难吗？ B：我觉得挺难。 A：这次的作文题目是什么？ B：这次的作文题目是《我的妈妈》。 A：这道题目不会做怎么办？ B：你可以问问同学或老师。
542 体会 tǐhuì	체득하다. A：你对今年的夏令营有什么体会？ B：我体会到了老师的温暖和同学的友谊。 A：你读过那本书后有什么体会？ B：我体会到了人生的酸甜苦辣。 A：对于这次比赛你有什么体会？ B：我们虽然输了比赛，却从中体会到了拼搏的乐趣。 A：今天的座谈会怎么样？ B：同学们都争着谈自己读书的体会。
543 体贴	자상하게 돌보다

tǐtiē	A：为什么说他是一个懂事的孩子？ B：因为他从小就知道体贴父母。 A：你妈妈对爸爸怎么样？ B：爸爸工作忙，妈妈很体贴他。 A：怎样去体贴一个人？ B：要学会站在别人的立场上思考问题。 A：护士小王对病人怎么样？ B：护士小王对病人热情诚恳，体贴入微，病房里没有人不称赞她。	
544 体现 tǐxiàn	구현하다. 체현하다. 나타내다 A：爱要怎样来体现？ B：爱要用行动来体现。 A：这个计划体现出了什么？ B：这个计划体现出了他的深谋远虑。 A：他的小动作体现了什么？ B：体现了他当时紧张的心情。 A：这篇文章怎么体现了作者的感情？ B：通过大量的细节描写体现了作者的感情。	
545 体验 tǐyàn	체험. 체험하다 A：你体验过农村生活吗？ B：我体验过。 A：你体验过蹦极吗？ B：没有，我觉得很可怕。 A：你体验过生活的酸甜苦辣吗？ B：我体验过，没有谁的人生可以一帆风顺。 A：你和父母体验过亲子活动吗？ B：没有，我小时候爸妈很忙，没有时间。	
546 天真 tiānzhēn	천진하다. 순진하다 A：她小时候是一个怎样的姑娘？ B：她小时候是一个天真而烂漫的姑娘。 A：儿童有什么特点？ B：儿童的特点是天真烂漫。 A：她的性格怎么样？ B：她的性格热情奔放、活泼天真。	
547 调皮 tiáopí	장난스럽다. 짓궂다 A：你会用什么单词来形容他？ B：用"调皮鬼"来形容他是再贴切不过了。 A：你小时候调皮吗？ B：我小时候很调皮。	

	A：你的房间怎么这么乱？ B：我的房间被我调皮的弟弟弄得乱七八糟。 A：人们为什么喜欢去动物园看小猴子？ B：因为小猴子调皮的动作会逗得大家哈哈大笑。
548 调整 tiáozhěng	조정하다. 조절하다 A：学校为什么调整了休息时间？ B：为了让同学们能睡个午觉。 A：你用什么办法来调整自己的心情？ B：我会听音乐或者去运动。 A：你们班今天调整座位了吗？ B：是的，我被调到了第一排。 A：听说明天有雨，我们还能去爬山吗？ B：恐怕不能了，我们要调整一下计划了。
549 挑战 tiǎozhàn	도잔. 도전하다 A：他怎么决定去跑马拉松呢？ B：他决定挑战一下自我。 A：面临困难时该怎么办？ B：我们要勇于挑战困难。 A：他们面临什么样的挑战？ B：他们面临大自然带来的挑战。 A：生活是怎样的？ B：生活是多姿多彩的，也是充满挑战的。
550 通常 tōngcháng	보통. 통상. 일반적으로 A：你们通常怎么上课？ B：我们先复习学过的知识，然后再讲新的知识。 A：爷爷通常几点起床？ B：爷爷通常5点起床。 A：周末你通常干什么？ B：我通常在图书馆看书。 A：图书馆通常几点关门？ B：图书馆通常晚上8点关门。
551 通讯 tōngxùn	통신하다. 통신 A：你能把你的通讯方式给我吗？ B：好的，以后随时联系。 A：现在最常用的通讯工具是什么？ B：现在最常用的通讯工具是智能手机。 A：你奶奶家通讯方便吗？ B：不方便，小山村里没有信号。

	A：你的通讯录里有我的联系方式吗？ B：我的通讯录里有你的联系方式。
552 铜 tóng	동. 구리 A：这个佛像是用什么做的？ B：这个佛像是用铜做的。 A：古代的酒杯是什么材料的？ B：古代的酒杯是用青铜做的。 A：他在比赛中得了第几名？ B：他在比赛中得了第三名，获得了铜奖。 A：那位运动员获得过几枚铜牌？ B：他获得过三次金牌，没有获得过铜牌。
553 同时 tóngshí	동시. 같은 시간. 같은 때 A：你们俩谁先站起来的？ B：我们俩几乎同时站起来的。 A：你和妈妈昨天谁先到的家？ B：我和妈妈几乎同时到的家。 A：他同时能打几份工？ B：他同时能打三份工。 A：一个人生活怎么样？ B：一个人生活很自由，但同时也很艰辛。
554 统治 tǒngzhì	통치하다. 다스리다. 통치. A：统治国家的人被称为什么？ B：在中国被称为主席，在韩国被称为总统。 A：人们对统治者有什么期待？ B：人们期待他能让国家变得更好。 A：统治者都有什么野心？ B：他们都想统治世界。 A：你对现在的统治者满意吗？ B：挺满意的。
555 痛苦 tòngkǔ	고통. 아픔. 고통스럽다. 괴롭다 A：他为什么那么痛苦？ B：因为他刚刚失去他的母亲。 A：我们应该怎样面对痛苦？ B：拿出勇气，用坚韧的毅力战胜痛苦。 A：人们痛苦的时候会怎样？ B：大部分人痛苦的时候会流泪。 A：你尝过痛苦的滋味吗？ B：尝过，很不好受。

556 痛快 tòngkuài	통쾌하다. 즐겁다. 통쾌하다 A：你们周末玩得怎么样？ B：我们周末玩得很痛快。 A：夏天什么事会让你觉得很痛快？ B：下一场大雨会让我觉得很痛快。 A：爸爸同意你去夏令营了吗？ B：爸爸很痛快的答应了。 A：你为什么喜欢放暑假？ B：放暑假就可以痛痛快快地玩了。
557 投资 tóuzī	투자하다 A：他同意投资这个项目了吗？ B：经过慎重考虑他同意了。 A：最近为什么开始重新修路？ B：为了营造更好的投资环境来吸引投资商。 A：投资一定可以赚到钱吗？ B：不一定，投资风险大，需要谨慎考虑。 A：你对投资有兴趣吗？ B：我对投资有兴趣。
558 透明 tòumíng	투명하다. A：你能想起什么东西是透明的？ B：玻璃是透明的，水晶也是透明的。 A：透明的水一定是干净的水吗？ B：不一定，里面可能有肉眼看不到的细菌。 A：透明的反义词是什么？ B：浑浊。 A：空气是什么颜色的？ B：空气是透明的。
559 突出 tūchū	두드러지다. 뛰어나다. 돌파하다 A：你哪一科成绩比较突出？ B：我语文成绩比较突出。 A：他最突出的特征是什么？ B：他的大胡子是他最突出的特征。 A：你对他最突出的印象是什么？ B：他把东西都收拾得井井有条。 A：你觉得在作文中用什么方法可以突出人物的特点？ B：通过外貌描写可以突出人物的特点。
560 吐	토하다. 내뱉다

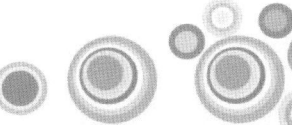

	tù	A：他昨天是不是喝酒了？ B：是的，他昨天喝了很多酒，都喝吐了。 A：小孩子吐得厉害怎么办？ B：抓紧送医院去看看。 A：酒后吐真言什么意思？ B：酒喝多了以后容易讲真心话。 A：今天早上我上吐下泻是什么原因？ B：可能是昨天晚上吃坏肚子了。
561 推辞 tuīcí		거절하다. 사양하다 A：她邀请你去参加她的婚礼了吗？ B：是的，但我那天有事情，就推辞掉了。 A：你会推辞掉别人的求助吗？ B：我不会推辞掉别人的求助。 A：他收下你的礼物了吗？ B：他推辞了一番最后收下了。 A：你一般怎样推辞别人的邀请？ B：我一般会说已经跟别人约好了。
562 推广 tuīguǎng		널리 보급하다. 일반화하다 A：中国现在推广的语言是什么？ B：普通话。 A：为什么要推广广播体操？ B：因为广播体操有利于增强全国人民的体质。 A：推广优良品种有什么好处？ B：有利于提高农作物的产量和品质。 A：怎样推广先进的科学技术？ B：有计划、有步骤地推广。
563 推荐 tuījiàn		추천하다 A：你这次要推荐谁当班长？ B：我要推荐我自己。 A：老师推荐过的书你都看过了吗？ B：我都看过了，都很有意思。 A：今天晚上出去吃，你有什么推荐吗？ B：这里的海鲜挺有名，我推荐你们去尝尝。 A：你们是怎么认识的？ B：我们是通过朋友推荐认识的。
564 退 tuì		물러나다. 물러서다. 후퇴하다 A：如果不满意可以退货吗？ B：可以，拿发票来就可以退货。

		A：在困难面前你会退缩吗？ B：我不会，在困难面前只能前进，不能退缩。
		A：听说他发烧了，现在怎么样了？ B：现在没事了，已经退烧了。
		A：你爷爷还上班吗？ B：我爷爷已经退休了。
565 退步 tuìbù		퇴보하다. 후퇴하다 A：她成绩怎么退步了？ B：她最近迷上了打游戏，学习就退步了。 A：你学习退步了，妈妈会怎样？ B：妈妈会鼓励我继续努力。 A："学如逆水行舟，不进则退"什么意思？ B：学习知识如同逆水行舟,不刻苦勤奋就可能退步。 A：怎样才能让自己的成绩不退步？ B：这需要持之以恒的努力与坚持。
566 退休 tuìxiū		퇴직하다 A：爷爷奶奶退休后靠什么生活？ B：爷爷、奶奶退休后靠养老金生活。 A：爷爷奶奶跟你们一起生活吗？ B：我爷爷退休后回到乡下，和奶奶过着平淡的生活。 A：你妈妈什么时候会退休？ B：我妈妈明年就会退休了。 A：爷爷退休后做什么？ B：爷爷退休后爱上了种花养草，生活还蛮充实。
567 歪 wāi		비뚤다. 비스듬하다 A：你衣服怎么穿歪了？ B：刚才出门太着急了。 A：你会系领带吗？ B：我不会，老是系歪。 A：你会修车吗？ B：我不会，上次是歪打正着，竟然修好了。 A：这里的树怎么东倒西歪的？ B：因为昨天这里刮台风了。
568 弯 wān		굽다. 구부러지다. 구불구불하다. 모퉁이 A：你好，请问邮局怎么走？ B：你沿着这条路一直走，前面红绿灯向左拐个弯就到了。

	A：她笑起来眼睛像什么？ B：像弯弯的月牙。 A：那条小河是什么样子的？ B：那是一天弯弯曲曲的小河。 A：你有钥匙为什么打不开门？ B：我不小心把钥匙掰弯了。
569 完美 wánměi	완미하다. 완벽하다. [예술·계획 등의 단어와 자주 결합] A：你是一个完美主义的人吗？ B：我觉得我是。 A：小明在这次比赛中的表现怎么样？ B：小明在这次比赛中的表现很完美。 A：什么叫完美？ B：完美就是没有缺点。 A：你身边有完美的人吗？ B：俗话说"人无完人"，完美无缺的人是不存在的。
570 完善 wánshàn	완전하다. 완벽하다[사실·제도 등의 단어와 자주 결합]. 완벽하게 하다 A：你想怎么来完善自己？ B：我需要不断努力学习来完善自己。 A：你觉得这个方案怎么样？ B：这个方案存在缺陷，需要进一步完善。 A：这家工厂怎么样？ B：这家工厂设备完善，产品质量很高。 A：这家医院与去年相比有什么变化？ B：医院的医疗设备更加完善了。
571 完整 wánzhěng	완정하다. 온전하다. 완전하다[마땅히 있어야 할 것을 제대로 갖춤] A：你有完整的资料吗？ B：我有，你如果需要，我明天带给你。 A：这本小说你有完整版的吗？ B：我只有这本小说的第一部。 A：大家为什么想让他留下来？ B：大家希望保持团队的完整。 A：这是刚才摔在地上的杯子吗？ B：是的，这个杯子摔在地上居然完整无缺。
572 万一 wànyī	만일. 만약. A：我们出去的时候需要带伞吗？ B：带上吧，万一下雨也不会淋着。 A：去办公室前需要先联系一下老师吗？B：最好先给老师打个电话，万一老师不在办公室呢。

	A：小孩子万一迷路了怎么办？　B：千万不要乱跑，站在原地等爸爸妈妈来找你，或者找警察叔叔帮忙。
	A：万一手机被小偷偷走了怎么办？　B：先不要着急，可以去附近的公安局报案。
573 往返 wǎngfǎn	왕복하다. A：单程机票便宜还是往返机票便宜？　B：一般往返机票便宜。 A：从你家到学校往返需要多久？　B：开车大概需要6个小时。 A：往返的车费一共是多少？　B：往返的车费一共是500元。 A：你经常往返北京和上海吗？　B：是的，我出差经常往返两地。
574 危害 wēihài	해를 끼치다. 해치다, 손상을 입히다. 손상. A：空气污染有什么危害？　B：空气污染会危害人们的身体健康。 A：吸烟有什么危害？　B：吸烟不仅危害自身健康，还会对身边的人造成危害。 A：长期使用劣质牙膏有什么危害？　B：劣质牙膏会严重危害口腔健康。 A：地震有什么危害？　B：地震给人们的生命财产造成了巨大的危害。
575 微笑 wēixiào	미소를 짓다. 미소 A：他是一个怎样的人？　B：他是一个脸上永远挂着微笑的人。 A：他是怎样面对困难的？　B：他用微笑面对困难，坚韧不拔地继续学习。 A：人们什么时候才会微笑？　B：人们高兴的时候才会微笑。 A：微笑的力量有多大？　B：微笑可以使人心情变好，战胜恐惧。
576 威胁 wēixié	위협하다. 협박하다. 위협 A：他用什么威胁你？　B：他用我的生命威胁我。 A：水污染有什么危害？　B：水污染严重威胁着人们的身体健康。 A：森林减少会对动物造成什么影响？

	B：森林不断地减少，会威胁到动物们的生存空间。 A：应该怎样面对敌人的威胁？ B：应该意志坚定，决不被敌人吓倒。
577 违反 wéifǎn	위반하다. 위배하다 A：他为什么受到了批评？ B：因为他多次违反课堂纪律。 A：如果严重违反了交通规则会怎样？ B：会被吊销驾驶证。 A：如果违法合同会怎样？ B：如果违反了合同，合同就会失效。 A：违反法律的人会怎样？ B：违反法律的人会受到法律的制裁。
578 维护 wéihù	유지하고 보호하다. 지키다, 보호하다 A：交警叔叔在街上干什么？ B：交警叔叔在街上维护交通秩序。 A：我们要怎样维护自己的权益？ B：我们要学会以法律的手段维护自己的权益。 A：经常维护机器有什么好处？ B：机器不容易损坏。 A：这里为什么禁止骑自行车带人？ B：为了维护交通安全。
579 围绕 wéirào	주위를 돌다. 둘러싸다 A：大家今天讨论的主题是什么？ B：大家今天围绕"追星"问题展开了讨论。 A：地球、太阳、月球是怎样运动的？ B：地球围绕着太阳转，月球围绕着地球转。 A：同学们都提出了什么建议？ B：同学们围绕着课外活动问题提出了很多建议。 A：在盛大的节日里，人们会做什么？ B：人们会围绕着篝火，唱歌跳舞！
580 唯一 wéiyī	유일하다 A：张大伯怎么每天都闷闷不乐？ B：因为他唯一的儿子去参军了。 A：你妹妹怎么样？ B：我妹妹聪明伶俐，唯一缺点就是淘气。 A：他进入决赛了吗？ B：他作为唯一一名中国歌手进入了决赛。 A：你有几个亲人？ B：我唯一的亲人就是我奶奶。

581 伟大 wěidà	위대하다 A：中国长城是一件怎样的工程？ B：中国长城是闻名于世的伟大工程。 A：你知道爱迪生是谁吗？ B：我知道他是 世界上最伟大的发明家。 A：你觉得母亲是伟大的吗？ B：我觉得天下的母亲都很伟大。 A：你会用什么赞美你的祖国？ B：假如我是诗人，我一定用诗歌赞美伟大的祖国。
582 委托 wěituō	위탁하다. 의뢰하다 A：他把事情委托给谁了？ B：他把事情委托给我了。 A：他刚才委托你什么了？ B：他委脱我给他妈妈捎个口信。 A：怎样跟别人打官司？ B：你可以委托律师代理。 A：他委托给你的事都办好了吗？ B：全部办好了。
583 胃 wèi	위. A：你感冒的时候胃口怎么样？ B：我感冒的时候没有胃口。 A：你的胃还疼吗？ B：已经不疼了，谢谢。 A：今天晚饭吃得很辣，你的胃没事吗？ B：没事儿，一点儿感觉都没有。 A：如果胃疼的话，应该吃什么药？ B：不要自己瞎吃药，应该去医院看看。
584 未必 wèibì	반드시 ~한 것은 아니다 A：我又一次失败了怎么办？ B：失败未必就是坏事，有时它会成为我们走向成功的基石。 A：广告上写的都是真的么吗？ B：广告上写的未必都是真实的。 A：明天大家一起去爬山吗？ B：明天的活动他未必会去。 A：看这天好像要下雨？ B：也未必，也许一会儿就晴天了。
585 未来	미래, 장래

	wèilái	A：你想象过你的未来吗？ B：想象过，特别美好。 A：你未来打算在哪里工作？ B：我未来打算在韩国工作。 A：你对自己的未来有什么期待？ B：我希望将来有房有车。 A：你未来想从事什么行业？ B：我想在韩国当老师。
586 温暖 wēnnuǎn	따뜻하다. 온난하다. 온화하다	A：你什么时候会感到温暖？ B：我看到爷爷慈祥的目光时会感到温暖。 A：昆明是一个怎样的城市？ B：昆明一年四季温暖如春，是名副其实的春城。 A：你喜欢温暖的季节还是寒冷的季节？ B：我喜欢温暖的季节。 A：受到别人的帮助后，心里会怎样？ B：心里会很温暖。
587 温柔 wēnróu	온유하다. 따뜻하고 부드럽다.	A：那位老师是什么样的性格？ B：她是一位性格温柔的女教师。 A：他有一位怎样的妻子？ B：他有一位温柔的妻子。 A：这首曲子怎么样？ B：这首曲子很温柔，具有催眠作用。 A：你喜欢温柔的女子还是霸道的女子？ B：我喜欢温柔的女子。
588 文件 wénjiàn	공문. 서류. 문서	A：今天上午开会用的文件你放哪里了？ B：我放老师办公桌上了。 A：这个文件夹里都有什么？ B：这里面有我们一家人的照片。 A：这些是需要打印的文件吗？ B：只有前三个需要打印。 A：谁给你的这些文件？ B：我的同事。
589 文明 wénmíng	문명. 문화	A：小刚是一个怎样的孩子？ B：小刚是一个讲文明懂礼貌的好孩子。 A：学校今年开展了什么活动？ B：学校今年开展了鼓励大家讲文明的活动。

	A：在公共场合要注意什么？　B：在公共场合要注意文明礼貌。 A：不文明不礼貌的行为会怎样？　B：不文明不礼貌的行为会被别人耻笑。
590 文学 wénxué	문학 A：他平时喜欢干什么？　B：他平时喜欢读文学作品。 A：你读过什么文学作品？　B：我读了很多中外名著。 A：你喜欢文学吗？　B：我很喜欢，我觉得文学能净化心灵。 A：你们家还有谁喜欢文学？　B：我爷爷也喜欢文学。
591 稳定 wěndìng	안정되다. 변동이 없다. A：你的成绩稳定吗？　B：我的成绩不太稳定。 A：你毕业之后想找一份什么样的工作？　B：我想找一份稳定的工作。 A：大家为什么都想考公务员？　B：因为公务员工作很稳定。 A：他为什么情绪很不稳定？　B：他刚才得知母亲住院了。
592 问候 wènhòu	안부를 묻다. 문안드리다 A：早上你会与别人怎么问候？　B：早上好。 A：你为什么笑得这么开心？　B：因为刚才收到了朋友的问候。 A：参加工作后，你经常回家问候父母吗？　B：不经常，工作太忙了，没有时间。 A：在这个地方什么让你感动？　B：在这个陌生的地方，一个亲切的问候也会使我感动万分。
593 无奈 wúnài	하는 수 없다. 어쩔 수 없다, 방법이 없다 A：听说他腿骨折了？　B：无奈之下只能取消了明天去爬山的计划。 A：他同意你的要求了吗？　B：他想了好久,万般无奈,只得同意了我的要求。 A：他当时为什么离开家乡？　B：当时战争频繁，他被逼无奈只能离开家乡。

	A：他做出了一个怎样的选择？ B：出于无奈，他做出了一个很危险的选择。
594 无数 wúshù	수를 헤아리기 어렵다. 셀 수 없이 많다 A：天上有多少颗星星？ B：天上有无数颗星星。 A：战争牺牲了多少战士？ B：战争牺牲了无数战士。 A：你们的实验成功了吗？ B：经过无数次失败，我们的实验终于取得了成功。 A：人的一生中有多少苦难？ B：人的一生中有无数的艰难困苦。
595 吸收 xīshōu	섭취하다. 흡수하다, 빨아들이다 A：多晒太阳有什么好处？ B：多晒太阳可以促进身体对钙的吸收。 A：植物怎样吸收养分？ B：植物从土壤里吸收养分，根会把吸收的养分输送到枝叶上去。 A：他去图书馆干什么？ B：他一进图书馆，就如饥似渴地吸收看到的知识。 A：课上要认真听讲，课后应该怎么做？ B：课后要认真消化吸收课堂上老师讲的内容。
596 系统 xìtǒng	계통. 시스템, 체계 A：怎么突然停电了？ B：小区的供电系统坏了。 A：我们为什么要保护大自然？ B：因为不断破坏生态系统，会给人类带来灾难。 A：考试前你系统地复习过了吗？ B：上课时老师带着我们系统地复习过了。 A：你的计算机系统好用吗？ B：挺好用的。
597 细节 xìjié	자세한 사정. 세부 사항. 세세한 부분 A：你还记得那件事的经过吗？ B：我清晰地记得那件事的每一个细节。 A：下午开会讨论什么？ B：下午讨论一下这个计划的具体细节。 A：她的性格怎么样？ B：她天生性格大大咧咧，所以不太注意生活细节。

	A：细节有多重要？　B：细节可以决定成败。
598 瞎 xiā	눈이 멀다. 실명하다. 제멋대로. 함부로 A：这件事真像他说的那样吗？　B：不是的，他在瞎说。 A：他眼睛是怎么瞎的？　B：他冲进大火里去救人，被烟熏瞎了。 A：今天的考试我会不会是最后一名？　B：别瞎猜了，明天就出结果了。 A：一夜成名是有可能的吗？　B：别瞎想了，从今天开始努力工作最重要。
599 吓 xià	놀라다. 놀라게 하다 A：你昨天听见外面下雨了吗？　B：听见了，下得可大了，我都被雷声吓醒了。 A：你晚上敢一个人去上厕所吗？　B：我不敢，晚上厕所太吓人了。 A：那个小女孩怎么哭了？　B：他办了个鬼脸就把小姑娘给吓哭了。 A：你经历过的最吓人的事是什么？　B：我被困在了电梯里，我当时都吓哭了。
600 下载 xiàzǎi	다운로드하다 A：你是在电影院看过这部电影吗？　B：我是从网上下载的。 A：你手机上所有歌曲都是下载的吗？　B：几乎全部都是下载的。 A：从网上下载电影是免费的吗？　B：有的是免费的，有的不是免费的。 A：你用手机下载过什么？　B：我下载过相机和游戏。

〈 단어 501-550 〉

501-550 单词	拼音	意思
商量	shāngliang	상의하다. 의논하다. 협의하다.
一致	yízhì	일치하다. 함께. 같이.
属于巧合	shǔyúqiǎohé	우연히 일치하다.
安排	ānpái	안배하다. 일을 처리하다. 준비하다.
顺序	shùnxù	순서. 차례. 순번.
演讲比赛	yǎnjiǎngbǐsài	강연 대회
演讲稿	yǎnjiǎnggǎo	연설문
惊讶	jīngyà	놀라다
心理准备	xīnlǐzhǔnbèi	심리적 준비
丰富	fēngfù	많다. 풍부하다. 넉넉하다.
奋斗	fèndòu	분투 노력하다
夏令营	xiàlìngyíng	여름 캠프
珍贵	zhēnguì	소중하다.
友谊	yǒuyì	우의. 우정.
镰刀	liándāo	낫
收割机	shōugējī	수확기. 바인더
保存	bǎocún	저장하다.
直接扔掉	zhíjiērēngdiào	직접 버리다
营业员	yíngyèyuán	영업 사원
退货	tuìhuò	반품
大衣口袋	dàyīkǒudài	오버 코트

副作用	fùzuòyòng	부작용.
冻	dòng	얼다. 응고되다. 굳다.
戴	dài	끼다
捎	shāo	인편에 전하다
留学	liúxué	유학하다
自费	zìfèi	자비
简便	jiǎnbiàn	간편하다
耽误	dānwù	일을 그르치다. 시기를 놓치다
摔	shuāi	넘어지다
膝盖	xīgài	무릎
同桌	tóngzhuō	동석하다
取钱	qǔqián	돈을 찾다
插	chā	꽂다
密码	mìmǎ	암호. 비밀 번호.
金额	jīné	금액
网络	wǎngluò	네트워크
查找资料	cházhǎozīliào	자료를 찾다
网页	wǎngyè	웹 페이지
关键字	guānjiànzì	키워드
既温暖又舒适	jìwēnnuǎnyòushūshì	따뜻하고도 편안하다.
自在	zìzài	자유롭다
短裤	duǎnkù	반바지
掌握	zhǎngwò	파악하다
反复	fǎnfù	반복하다.

开船	kāichuán	출범하다
属于	shǔyú	…에 속하다. …의 소유이다.
栋	dòng	집.동. 채
泥	ní	진흙
跟头	gēntóu	공중제비. 재주넘기.
钢笔	gāngbǐ	만년필
烦恼	fánnǎo	번뇌하다. 걱정하다. 마음을 졸이다.
晾干	liànggān	말리다
大甩卖	dàshuǎimài	대 바겐
签成	qiānchéng	서명하다. 사인하다
合同	hétong	계약
满意	mǎnyì	마음에 들다
不肯	bùkěn	원하지 않다
让步	ràngbù	양보
结婚	jiéhūn	결혼하다.
反对	fǎnduì	반대하다.
经营	jīngyíng	경영하다
夫妻	fūqī	부부
手段	shǒuduàn	수단
逃避	táobì	도피하다
付税	fùshuì	payment of duty
免税店	miǎnshuìdiàn	면세점
退税	tuìshuì	관세 환급
证件	zhèngjiàn	증명서

决定	juédìng	결정하다.
旁边	pángbiān	옆
火锅	huǒguō	신선로
演唱会	yǎnchànghuì	콘서트
固执	gùzhí	고집스럽다
校长	xiàozhǎng	교장
曾	céng	일찍이. 이미. 벌써. 이전에.
偶像	ǒuxiàng	우상.미신 등의 대상물.
撕掉	sīdiào	찢어버리다.찢어발기다.
外甥	xiǎowàishēng	생질.명사 누나 또는 여동생의 아들.
放弃	fàngqì	버리다. 포기하다.
丝毫	sīháo	조금도. 추호도. 털끝만치도.
动摇不了	dòngyáobùle	흔들릴 수 없다
面对	miànduì	마주 보다. 마주 대하다.
害怕	hàipà	겁내다. 두려워하다.
胆怯	dǎnqiè	두려워하다
娶	qǔ	아내를 얻다
严格	yángé	엄격하다.
差错	chācuò	오류
遇到	yùdào	만나다
冷静	lěngjìng	냉정하다
慌	huāng	당황하다
专心	zhuānxīn	전심 전력하다
数学题	shùxuétí	수학 문제

勤于思考，善于反思	qínyúsīkǎoshànyúfǎnsī	부지런히 사고하고 사색에 능하다.
边	biān	변
年轻人	niánqīngrén	젊은이
开明	kāimíng	깨어 있다
勇于接受	yǒngyújiēshòu	용감하게 받아들이다.
深度	shēndù	깊이
抒发	shūfā	토로하다
游子	yóuzǐ	나그네
怀念祖国	huáiniànzǔguó	조국을 그리워하다
上当受骗	shàngdàngshòupiàn	속임수에 빠지다.
单纯	dānchún	단순하다. 오로지. 단순히.
架	jià	받치다
空间	kōngjiān	공간. 공간.
教练	jiàoliàn	감독. 코치(coach). 교련하다.
倒霉	dǎoméi	재수 없다. 운수 사납다.
小岛	xiǎodǎo	작은 섬
阴沉沉	yīnchénchén	흐리다
资料	zīliào	자료
查看	chákàn	찾아 보다
温度计	wēndùjì	온도계
显示	xiǎnshì	현시하다. 뚜렷하게 나타내 보이다.
惩罚	chéngfá	벌을 주다.
花瓶	huāpíng	꽃병
故意	gùyì	고의로. 일부러. 고의.

碟子	diézǐ	접시
道歉	dàoqiàn	사과하다. 사죄하다.
玻璃	bōlí	유리
花盆	huāpén	화분
小花猫	xiǎohuāmāo	얼룩 고양이
玩耍	wánshuǎ	놀다
碰	pèng	부딪치다. 충돌하다.
积蓄	jīxù	축적하다
损失	sǔnshī	소모하다. 소비하다. 잃어버리다.
家庭	jiātíng	가정.같은 환경에 처한 공동체.
导致	dǎozhì	야기하다
犹豫	yóuyù	머뭇거리다. 주저하다. 망설이다.
台风	táifēng	태풍
来势	láishì	밀려오는 기세
猛	měng	맹렬하다
差距	chājù	격차. 차이. 차. 갭(gap).
刻苦勤奋	kèkǔqínfèn	각고의 노력을 기울이다.
害处	hàichù	해. 손해. 결점.
寿命	shòumìng	수명
行程	xíngchéng	여정
发达	fādá	발달하다
距离	jùlí	거리
科学技术	kēxuéjìshù	과학 기술
代沟	dàigōu	세대차

彼此	bǐcǐ	피차. 상호. 서로.
热胀冷缩	rèzhànglěngsuō	더우면 팽창하고 추우면 수축한다.
绝大多数	juédàduōshù	절대 다수
体积膨胀	tǐjīpéngzhàng	체적 팽창
图片	túpiàn	그림
同桌	tóngzhuō	동석하다
名医	míngyī	명의
起码	qǐmǎ	적어도
常识	chángshí	상식. 일반 지식.
冰激凌	bīngjīlíng	아이스크림
菜	cài	채소. 야채
忠言逆耳	zhōngyánnìěr	충언은 귀에 거슬린다.
以失败告终	yǐshībàigàozhōng	실패로 끝나다
妥协	tuǒxié	타협하다
贸易谈判	màoyìtánpàn	무역 담판
召开	zhàokāi	개최하다
胜利	shènglì	승리하다.
知己知彼, 先发制人	zhījǐzhībǐxiānfāzhìrén	자기편을 알고 상대편을 공격하면, 먼저 상대방을 제압한다.
信任	xìnrèn	신임하다
惩罚	chéngfá	벌을 주다.
承认	chéngrèn	승인하다. 인정하다.
错误	cuòwù	착오. 잘못.
耿直	gěngzhí	강직하다
印象	yìnxiàng	인상

真诚	zhēnchéng	진실하다
直发	zhífā	생머리
卷发	juǎnfà	곱슬 머리
软	ruǎn	부드럽다. 연하다.
弱	ruò	약하다
消极	xiāojí	소극적이다
公安人员	gōngānrényuán	공안 요원
检查	jiǎnchá	검사하다. 점검하다.
家乡	jiāxiāng	고향
战乱	zhànluàn	전란.
西服	xīfú	양복
说一套，做一套	shuōyītàozuòyītào	한세트로 말하다
沙发	shāfā	소파
请假	qǐngjià	휴가를 신청하다
情况	qíngkuàng	경우
允许	yǔnxǔ	허락하다.
补假	bǔjiǎ	보충 휴가를 가다.
本领	běnlǐng	기량. 능력. 수완.
抓老鼠	zhuālǎoshǔ	쥐를 잡다
熊	xióng	곰
特殊	tèshū	특수하다
角色	juésè	역할
与众不同	yǔzhòngbùtóng	남다르다
肉	ròu	고기

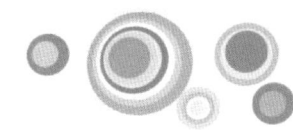

梦想中国语 会话

老板娘	lǎobǎnniáng	안주인
里面	lǐmiàn	안. 안쪽. 속. 내부. 가운데.
午餐	wǔcān	점심식사
聚会	jùhuì	모임. 회합. 집회
西服	xīfú	양복
婚礼	hūnlǐ	결혼식
长颈鹿	chángjǐnglù	기린
脖子	bózǐ	목
大	dà	크다
象	xiàng	코끼리
鼻子	bízǐ	코
外貌	wàimào	외모
特征	tèzhēng	특징
楚楚可怜	chǔchǔkělián	여자의 가냘프고 아름다운 몸매를 이르는 말.
惹人	rěrén	남을 화나게 하다. 남의 심기를 건드리다.
时时刻刻	shíshíkèkè	시시각각
保险	bǎoxiǎn	보험
顾客	gùkè	고객
恐怕	kǒngpà	아마도
列出	lièchū	늘어놓다
打草稿	dǎcǎogǎo	초고를 쓰다
提纲挈领	tígāngqièlǐng	그물 벼리를 잡고 옷깃을 거머쥐다. 문제의 요점을 간명하게 제시하다.
抓住要领	zhuāzhùyàolǐng	요령을 포착하다
简明扼要	jiǎnmíngèyào	(말이나 문장 등이) 간단명료한.

紧张	jǐnzhāng	긴장해 있다. 불안하다. 바쁘다. 급박하다.
正确	zhèngquè	정확하다. 올바르다.
认真	rènzhēn	진지하다
小菜一碟	xiǎocàiyìdié	아주 쉬운 일. 식은죽먹기.
夏令营	xiàlìngyíng	여름 캠프
温暖	wēnnuǎn	따듯하다.
友谊	yǒuyì	우의
酸甜苦辣	suāntiánkǔlà	풍상 고초
拼搏	pīnbó	전력을 다해 싸우다
乐趣	lèqù	즐거움. 기쁨. 재미.
座谈会	zuòtánhuì	좌담회
懂事	dǒngshì	철이 들다.
立场	lìchǎng	입장
热情诚恳	rèqíngchéngkěn	정성이 간절하다
入微	rùwēi	알뜰하다
称赞	chēngzàn	칭찬하다. 찬양하다.
深谋远虑	shēnmóuyuǎnlǜ	주도면밀하게 계획하고 원대하게 생각하다.
细节描写	xìjiémiáoxiě	세부 묘사
蹦极	bèngj	번지 점프.
可怕	íkěpà	두렵다. 무섭다. 겁나다.
一帆风顺	yīfānfēngshùn	순풍에 돛을 올리다. 일이 순조롭게 진행되다.
亲子活动	qīnzǐhuódòng	친자 활동
烂漫	lànmàn	(빛깔이) 산뜻하고 아름답다. 화려하다.
热情奔放	rèqíngbēnfàng	열정이 넘치고 분방하다. 발음듣기

梦想中国语 会话

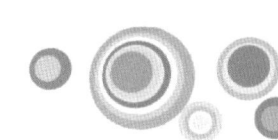

活泼天真	huópōtiānzhēn	천진하고 활발하다
形容	xíngróng	형용하다. 묘사하다. 용모.
调皮鬼	tiáopíguǐ	개구쟁이. 장난 꾸러기
乱七八糟	luànqībāzāo	아수라장이다
小猴子	xiǎohóuzǐ	새끼 원숭이
逗	dòu	놀리다
睡个午觉	shuìgèwǔjué	낮잠을 자다
座位	zuòwèi	좌석
排	pái	배열하다
决定	juédìng	결정하다
马拉松	mǎlāsōng	마라톤
面临	miànlín	직면하다
勇于	yǒngyú	용감하다
多姿多彩	duōzīduōcǎi	(자태·색채 등이) 갖가지로 다양하다.
充满	chōngmǎn	충만하다
图书馆	túshūguǎn	도서관

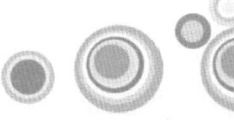

〈 단어 551-600 〉

551-600 单词	拼音	意思
随时联系	suíshíliánxì	수시로 연락하다
工具	gōngjù	도구
智能	zhìnéng	지능
山村	shāncūn	산촌
信号	xìnhào	신호
通讯录	tōngxùnlù	주소록
佛像	fóxiàng	불상
材料	cáiliào	재료
铜牌	tóngpái	동제 표지판〔팻말〕. 명사 동메달.
打几份工	dǎjǐfèngōng	아르바이트를 하다
自由	zìyóu	자유롭다.
艰辛	jiānxīn	고생스럽다
主席	zhǔxí	주석
总统	zǒngtǒng	대통령
期待	qīdài	기대하다. 기다리다
野心	yěxīn	야심
坚韧	jiānrèn	단단하고 질기다
毅力	yìlì	완강한 의지
尝	cháng	맛 보다
滋味	zīwèi	좋은 맛. 향미. 속마음. 기분. 심정. 느낌.

不好受	bùhǎoshòu	민망하다
放暑假	fàngshǔjià	여름 방학을 하다
项目	xiàngmù	프로젝트
慎重考虑	shènzhòngkǎolǜ	신중히 고려하다.
修路	xiūlù	도로를 건설하다
营造	yíngzào	조성하다
吸引	xīyǐn	끌어들이다.
投资商	tóuzīshāng	투자자
风险	fēngxiǎn	위험
玻璃	bōlí	유리
水晶	shuǐjīng	수정. 크리스털.
肉眼	ròuyǎn	맨눈
细菌	xìjūn	세균
反义词	fǎnyìcí	반대말. 반의어.
浑浊	húnzhuó	혼탁하다. 흐리다
科	kē	과. [사무 조직의 구분]
大胡子	dàhúzǐ	탑삭 부리
收拾	shōushi	수습하다
井井有条	jǐngjǐngyǒutiáo	조리 정연하다
外貌描写	wàimàomiáoxiě	외모 묘사
抓紧	zhuājǐn	꽉 쥐다. 단단히 잡다.
真言	zhēnyán	진담. 참된 말.
真心话	zhēnxīnhuà	참말. 진실한 말.
上吐下泻	shàngtǔxiàxiè	구토와 설사를 하다.

吃坏肚子	chīhuàidùzǐ	배탈 나다
邀请	yāoqǐng	초청하다. 초대하다
参加	cānjiā	참가하다.
婚礼	hūnlǐ	결혼식
求助	qiúzhù	도움을 청하다
收下	shōuxià	받아 두다
一番	yìfān	한 차례의
约好	yuēhǎo	약속하다.
普通话	pǔtōnghuà	표준어.
广播体操	guǎngbōtǐcāo	라디오 체조
有利于	yǒulìyú	유리하다
增强	zēngqiáng	증강하다
体质	tǐzhì	체질
优良品种	yōuliángpǐnzhǒng	우량 품종
农作物	nóngzuòwù	농작물
产量	chǎnliàng	생산량
品质	pǐnzhì	품질
先进	xiānjìn	선진적인
步骤	bùzhòu	단계
海鲜	hǎixiān	해산물
货	huò	재화
发票	fāpiào	송장
退缩	tuìsuō	뒷걸음치다
前进	qiánjìn	전진하다.

梦想中国语 会话

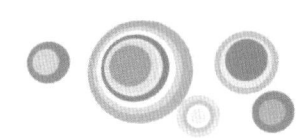

发烧	fāshāo	열이 나다
退烧	tuìshāo	열이 내리다
退休	tuìxiū	퇴직하다.
迷上	míshàng	반하다
打游戏	dǎyóuxì	게임을 하다
鼓励	gǔlì	격려하다. (용기를) 북돋우다.
继续	jìxùw	계속하다. 끊임없이 하다.
学如逆水行舟，不进则退	xuérúnìshuǐxíngzhōu, bùjìnzétuì	물을 거슬러 배를 몰다.어려운 지경에 처하더라도, 반드시 노력하여 헤쳐 나가야 한다.
持之以恒	chízhīyǐhéng	오랫동안 견지하다
坚持	jiānchí	유지하다
养老金	yǎnglǎojīn	양로 연금
平淡	píngdàn	보통이다. 평범하다.
种花养草	zhònghuāyǎngcǎo	화초 재배 농가
充实	mánchōngshí	충분하다. 풍부하다.
系领带	xìlǐngdài	넥타이를 매다
修车	xiūchē	자동차를 고치다
歪打正着	wāidǎzhèngzháo	무의식중에 제대로 맞추다.뜻밖에 좋은 결과를 얻다. 요행히 성공하다. 우연히 들어맞다.
竟然	jìngrán	뜻밖에도. 의외로. 상상 외로
东倒西歪	dōngdǎoxīwāi	이리저리 비틀거리다. 중심을 잡지 못해 쓰러질 듯하다.
刮台风	guātáifēng	태풍이 불다
邮局	yóujú	우체국
沿着	yánzhe	따라가다

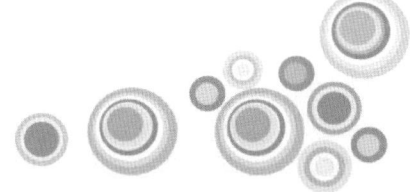

红绿灯	hónglǜdēng	교통 신호등
拐弯	guǎiwān	모퉁이를 돌다
弯月牙	wānyuèyá	구부러진 초승달.
弯弯曲曲	wānwānqūqū	구불구불 감돌다
掰	bāi	비틀어 떼다
完美主义	wánměizhǔyì	완벽주의
存在	cúnzài	존재하다.
方案	fāngàn	방안
缺陷	quēxiàn	결함
进一步	jìnyíbù	진일보하다
工厂	gōngchǎng	공장
设备	shèbèi	장치
质量	zhìliàng	질량
版	bǎn	판
第一部	dìyībù	제1부
保持	bǎochí	유지하다
团队	tuánduì	단체. 집체. 대오.
摔	shuāi	넘어지다
淋着	línzhe	여과하다
最好	zuìhǎo	가장 좋다
迷路	mílù	길을 잃다
乱跑	luànpǎo	싸다니다
原地	yuándì	제자리
警察叔叔	jǐngcháshūshū	경찰관 아저씨

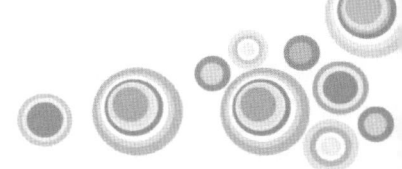

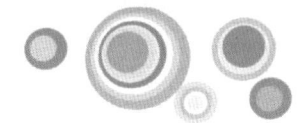

公安局	gōngānjú	공안국.
报案	bàoàn	신고하다
单程机票	dānchéngjīpiào	편도 항공권
车费	chēfèi	차비
污染	wūrǎn	오염시키다.
吸烟	xīyān	흡연하다
造成	zàochéng	만들다
劣质牙膏	lièzhìyágāo	품질이 나쁜 치약
地震	dìzhèn	지진
生命财产	shēngmìngcáichǎn	생명 재산
巨大	jùdà	거대하다
挂着微笑	guàzhewēixiào	미소를 짓다
力量	lìliàng	역량
战胜恐惧	zhànshèngkǒngjù	두려움을 이겨 내다
水污染	shuǐwūrǎn	수질 오염
森林	sēnlín	삼림
空间	kōngjiān	공간
敌人	dírén	적
意志	yìzhì	의지
坚定	jiāndìng	확고하다
决不	juébù	결코
吓倒	xiàdǎo	놀라 자빠지다
批评	pīpíng	비평하다
课堂纪律	kètángjìlǜ	교실 규율

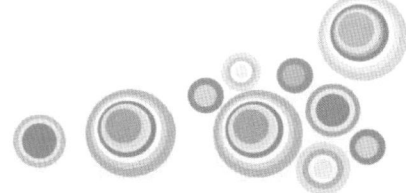

交通规则	jiāotōngguīzé	교통 규칙
吊销驾驶证	diàoxiāojiàshǐzhèng	운전 면허증을 취소하다.
失效	shīxiào	효력을 잃다
制裁	zhìcáix	제재하다.
交警	zhìcáijiāojǐng	교통 경찰
街上	jiēshang	길거리에서
秩序	zhìxù	질서
权益	quányì	권익
手段	shǒuduàn	수단
损坏	sǔnhuài	손상시키다
禁止	jìnzhǐ	금지하다
讨论	tǎolùn	토론하다
主题	zhǔtí	주제
展开	zhǎnkāi	전개하다
地球	dìqiú	지구
太阳	tàiyáng	태양
月球	yuèqiú	달
转	zhuǎn	돌리다
提出	tíchū	제기하다
建议	jiànyì	조언
篝火	gōuhuǒ	화톳불
闷闷不乐	mènmènbùlè	시무룩하다
参军	cānjūn	군에 입대하다.
聪明伶俐	cōngmínglínglì	똑똑하고 영리하다.

淘气	táoqì	장난 치다
决赛	juésài	결승전
歌手	gēshǒu	가수
工程	gōngchéng	공사
闻名于世	wénmíngyúshì	세상에 널리 알려지다.
发明家	fāmíngjiā	발명가
赞美	zànměi	찬미하다
祖国	zǔguó	조국.
诗歌	shīgē	시가
捎个口信	shāogèkǒuxìn	전언을 전하다
打官司	dǎguānsī	소송을 걸다
律师代理	lǜshīdàilǐ	변호사 대리
辣	là	맵다
瞎	xiā	농작물
失败	shībài	실패하다
基石	jīshí	토대. 기초. 근원. 초석.
真实	zhēnshí	진실하다
好像	hǎoxiàng	마치
晴天	qíngtiān	맑은 날
期待	qīdài	기대하다
从事	cóngshì	종사하다
行业	hángyè	업종
慈祥	cíxiáng	자상하다.
目光	mùguāng	시선. 눈길. 눈빛. 눈초리.

 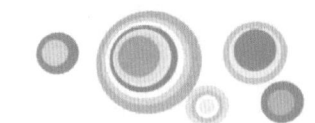

名副其实	míngfùqíshí	명실 상부하다
春城	chūnchéng	봄날의 도시 모습. '昆明(쿤밍)'의 별칭.
寒冷	hánlěng	춥다.
受到	shòudào	견디다
教师	jiàoshī	교사
曲子	qǔzi	곡
催眠	cuīmián	최면을 걸다
霸道	bàdào	포악 무도 하다
文件	wénjiàn	파일
办公桌	bàngōngzhuō	사무용 책상
打印	dǎyìn	프린트
同事	tóngshì	동료
懂礼貌	dǒnglǐmào	예절이 밝다
开展	kāizhǎn	전개하다
鼓励	gǔlì	격려하다.
耻笑	chǐxiào	멸시와 조소
中外名著	zhōngwàimíngzhù	중외 명작.
净化心灵	jìnghuàxīnlíng	마음을 정화하다.
考公务员	kǎogōngwùyuán	공무원 시험하다.
得知	dézhī	알게 되다
住院	zhùyuàn	입원하다.
参加工作	cānjiāgōngzuò	일에 참가하다
骨折	gǔzhé	골절상을 입다.
取消	qǔxiāo	취소하다.

爬山	páshān	산에 오르다.
万般	wànbān	만반의
只得	zhǐdé	어쩔 수 없이
离开家乡	líkāijiāxiāng	본고향을 떠나다
频繁	pínfán	빈번하다
被逼	bèibī	강요당하다
出于	chūyú	(어떤 입장·태도에서) 출발하다. 비롯되다. 나오다.
危险	wēixiǎn	위험하다
战争	zhànzhēng	전쟁
牺牲	xīshēng	희생하다
战士	zhànshì	전사
实验	shíyàn	실험하다.
终于	zhōngyú	드디어
苦难	kǔnàn	고난
艰难困苦	jiānnánkùnkǔ	간난 신고
晒	shài	햇볕을 쬐다. 햇볕에 말리다.
促进	cùjìn	촉진하다.
钙	gài	양분
养分	yǎngfèn	토양.
土壤	tǔrǎng	토양. 흙.
根	gēn	뿌리.
输送	shūsòng	수송하다
枝叶	zhīyè	가지와 잎
如饥似渴	rújīsìkě	주택 단지

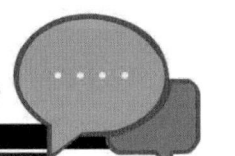
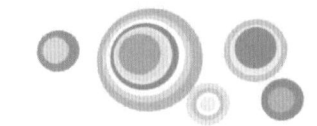

认真	rènzhēn	진지하다
消化	xiāohuà	소화하다
课堂	kètáng	교실
突然	tūrán	갑자기
停电	tíngdiàn	정전되다. 전력 공급이 중단되다. 시스템
小区	xiǎoqū	주택 단지. 주택 지구.
供电	gōngdiàn	전기를 공급하다
保护	bǎohù	보호하다.
不断	búduàn	끊임없이
破坏生态	pòhuàishēngtài	생태를 파괴하다
灾难	zāinàn	재난
系统	xìtǒng	시스템
计算机	jìsuànjī	컴퓨터
经过	jīngguò	경과하다.
清晰	qīngxī	분명하다
具体	jùtǐ	구체적
天生	tiānshēng	타고난. 선천적인. 자연적으로 생긴
大大咧咧	dàdàliēliē	대충대충이다. 건성건성이다.
注意	zhùyì	주의하다.
决定成败	juédìngchéngbài	성패를 결정하다
冲进	chōngjìn	뛰어들다
救	jiù	구하다.
熏	xūn	그을리다. 그을게 하다.
猜	cāi	추측하다. 알아맞히다. 추정하다.

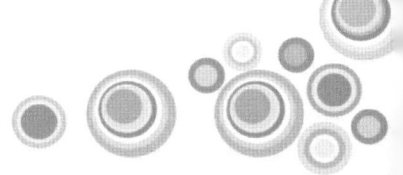

一夜成名	yìyèchéngmíng	그을리다. 그을게 하다.
雷声	léishēng	천둥 소리
醒	xǐng	깨다
上厕所	shàngcèsuǒ	화장실에 가다
办鬼脸	bànguǐliǎn	포위하다
困	kùn	포위하다. 가두어 놓다.
电梯	diàntī	엘리베이터
下载	xiàzài	다운로드
歌曲	gēqǔ	가곡
全部	quánbù	전부
机	jī	비행기,기기

〈 회화 601-700 〉

601 鲜艳 xiānyàn		화려하다. 아름답다. A: 露珠洒落在哪里？ B: 晶莹的露珠洒落在鲜艳的花瓣上。 A: 你怎么知道他是小学生？ B: 鲜艳的红领巾在他的胸前飘动着。 A: 为什么这家卖布的店铺这么受欢迎？ B: 色彩鲜艳的布料吸引了很多客户。 A: 那是什么花？ B: 那是缠绕在支架上的牵牛花，绽放得鲜艳美丽。 A: 你觉得维吾尔族姑娘什么时候最漂亮？ B: 维吾尔族姑娘穿着鲜艳的民族服装翩翩起舞时最漂亮。
602 显得 xiǎnde		~인 것 같다. ~처럼 보이다 A: 你的姐姐经常穿什么衣服？ B: 姐姐经常穿一件米色的外套,显得又朴素又大方。 A: 我记得以前李伯伯很瘦啊。 B: 李伯伯年事已高,已显得老态龙钟了。 A: 你的神情怎么这么激动？ B: 见到久别的亲人,神情显得有些激动。 A: 真是新学期新面貌啊! B: 是啊,同学们穿上崭新的校服,显得很神气。 A: 你穿这件衣服显得特别年轻,在哪儿买的啊？ B: 在乐天百货买的。
603 显然 xiǎnrán		명백하다. 뚜렷하다. 명확하다 A: 这篇作文写得不好吗？ B: 这篇作文矛盾百出,显然是编造出来的。 A: 你觉得父母应该怎样教育孩子？ B: 很显然,父母的身教更胜于言教。 A: 他看上去像是生病了吗？ B: 他精神不振,脸色苍白,显然是有病在身。 A: 有人说，地球是方形的。 B: 这种说法显然是错误的。 A: 你怎么看待他的穿衣打扮？ B: 看他一身名牌,穿金戴银,显然就是在炫耀财富。
604 显示 xiǎnshì		뚜렷하게 나타내 보이다. 드러내 보이다.

	A: 他的举动显示了什么？ B: 他的壮举显示了中国人民不屈不挠的英雄气概。
	A: 这次军事演习显示了什么？ B: 这次军事演习显示了中国人民解放军的强大战斗力。
	A: 电子温度计好在哪里？ B: 电子温度计很灵敏,能随时显示出气温的变化。
	A: 他的中国画描绘得怎么样？ B: 他的描绘简洁而生动,把中国画的韵味显示出来了。
	A: 他的实力是如何显示出来的？ B: 他成功地策划了这次展览会，显示出了不凡的实力。
605 现实 xiànshí	현실 A: 我们订计划可以离开现实吗？ B: 我们订计划、办事情,都不能脱离现实。 A: 她的幻想怎么破灭了？ B: 在残酷的现实面前,她的幻想破灭了。 A: 我多想实现这些理想啊？ B: 让我们共同努力,把美好的理想变为现实。 A: 你觉得在沙漠上种草怎么样啊？ B: 在沙漠上种草的想法是很不现实的。 A: 理想很丰满的下一句是什么？ B: 现实很骨感。
606 现象 xiànxiàng	현상 A: 面对不良现象，我们应该怎么做？ B: 面对不良现象,我们要保持高度。 A: 王老师怎样批评社会的丑恶现象？ B: 王老师一针见血地批评社会的丑恶现象。 A: 学术上，不同派别的争论是正常现象吗？ B: 学术上,不同派别的争论是正常现象。 A: 面对现实中的种种不良现象，我们应该怎么做？ B: 我们不能以隔岸观火的态度去对待现实中的不良现象。 A: 各国发展中会出现什么普遍现象？ B: 贫富差距加大是各国发展中的普遍现象。
607 相处 xiāngchǔ	함께 지내다. 함께 살다 A: 你觉得你是个好相处的人吗？ B: 我觉得我虽然比较腼腆，但还算一个好相处的人。 A: 他的朋友怎么那么多？ B: 嗯嗯, 他是个很会与人相处的人，所以朋友很多。

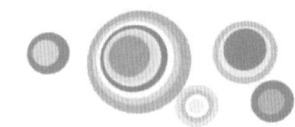

	A: 和别人相处时有什么技巧吗？ B: 我觉得彼此尊重和理解很重要。 A: 你和他相处得怎么样？ B: 我觉得和他相处起来很辛苦，一直都是我在找话题说话。 A: 你觉得怎样才能发挥出自己的能力？ B: 只有善于与他人相处，才能更好地发挥出自己的能力。
608 相当 xiāngdāng	상당히. 무척. 엇비슷하다, 대등하다 A: 妈妈，你看到我这条裙子配套的腰带了吗？ B: 我没有看到啊，如果实在找不着，就找一个相当的腰带戴吧。 A: 咱们转眼一年多没见了啊？你想我了吗？ B: 可不嘛，光阴似箭啊！这么久没见我可是相当地想你啊！ A: 你觉得这次期末考试，你和他谁能考第一？ B: 我也不清楚，他很厉害，我们的实力相当，不知道这次发挥得会怎么样。 A: 你猜这两个运动员谁能获得冠军？ B: 这两个运动员实力相当，所以到底谁能获得冠军目前还很难断言。
609 相关 xiāngguān	계가 있다. 관련되다, 상관되다 A: 你为什么打印了这么多资料？ B: 我最近需要写毕业论文，我找了很多相关的资料打算给自己充充电。 A: 相关的知识点明白了吗？ B: 相关的知识点明白了，谢谢老师。 A: 请提前帮我准备好相关的手续和材料。 B: 好的，我会提前准备好的，您放心吧。 A: 你最近在忙什么？ B: 最近我做了一些相关调查，觉得这个项目还得认真研究一下。 A: 你上汉语课之前，会预习吗？ B: 嗯嗯，我会预习相关的知识点。
610 相似 hxiāngsì	닮다. 서로 비슷하다 A: 我的这个笔坏掉了，你有颜色相似的笔吗？ B: 等一下，我看一看哦。 A: 你觉得这两个三角形是相似三角形吗？ B: 我觉得是相似三角形，因为三角形的相似条件它们都满足。

	A: 再一次回到大学校园，你有什么感触？ B: 看到一张张相似的脸，就想起了当年的自己！
A: 我觉得这两件衣服很相似，你买一件就好了。 B: 你说的有道理，我可以把钱花在其他方面。
A: 双胞胎之间什么很相似？ B: 一般情况下，双胞胎无论是外貌和性格都非常相似。
611 想念
xiǎngniàn	그리워하다. 생각하다
A: 你多久回国一次啊？ B: 我大概半年才能回国一次。
A: 在国外你最想念的人是谁？ B: 我最想念的人是我的父母。
A: 如果你想念你的朋友，你会用什么方式联系他？ B: 如果我很想念他，我会去找他，要不然就打电话。
A: 想念一个人是什么滋味呢？ B: 当你有很爱的人却无法见面时，你就明白了！
A: 你觉得海外华侨会不会想念亲人？ B: 当然，长年居住在海外的华侨非常想念祖国和亲人。
612 想象
xiǎngxiàng	상상하다. 상상
A: 你看到那个男孩向女孩求婚了吗？真的好感动。 B: 虽然没看到，不过听你这么说，我能想象到那种浪漫和爱的力量。
A: 你觉得知识重要还是想象重要？ B: 如果一定比较的话，我觉得想象比知识更重要。
A: 你觉得你的未来会是什么样子的？ B: 我还没有想象过。
A: 你是个喜欢想象的人吗？ B: 是的，每当我没什么事的时候，都喜欢想象。
A: 公司在招聘员工时有什么要求？ B: 学校成绩固然重要，但公司更希望员工具有丰富的想象力和独特的创造力。
613 享受
xiǎngshòu	향유하다. 즐기다. 누리다, 만족을 얻다
A: 你喜欢听轻音乐吗？ B: 是的，我很享受那种音符的碰撞，很优美。
A: 你喜欢去咖啡厅吗？ B: 我喜欢。不仅因为我喜欢喝咖啡，而且我很享受咖啡厅优

雅的环境。

A: 你是怎么样享受生活的？ B: 我平时努力工作，闲下来的时候会看看书，做做运动。

A: 你听着音乐，为什么流泪了呢？ B: 因为这首音乐很打动我，享受得忘我了。

A: 如果以后你有钱了，最希望对父母说什么？ B: 您二位辛苦一辈子了，就别再工作了，从现在起尽情享受人生吧！

614 项
xiàng

항목[조목을 나눌 때 쓰임]

A: 你还有几项选择题没有做？ B: 我还有五项选择题没做。

A: 凭借学生证买书有几项优惠？ B: 凭借学生证买书有两项优惠。

A: 你知道入职体检需要检查哪几项吗？ B: 我不太清楚，你可以问一问医生。

A: 根据这项规定，请重新准备材料。 B: 好的。

A: 您好，请问有什么事情？ B: 这是我们与贵方签订的合同，一共是十项，您再确认一下。

615 象征
xiàngzhēng

상징하다. 표시하다

A: 你知道翠柏象征着什么吗？ B: 四季长青的翠柏象征着坚贞的精神。

A: 你读过高尔基的海燕吗？ B: 我读过高尔基的《海燕》，他运用了象征的艺术手法。

A: 中国民间把什么动物当做恩爱夫妻的象征？ B: 中国民间把鸳鸯当作恩爱夫妻的象征。

A: 埃及金字塔是什么的象征？ B: 埃及金字塔是古埃及的象征，有着悠久的历史。

A: 你知道婚礼的一些小常识吗？ B: 举行婚礼的时候，新娘要身着白色衣裙和配饰，因为白色象征着纯洁和坚贞。

616 消费
xiāofèi

소비하다. 쓰다

A: 你支持提前消费吗？ B: 我支持，我认为在适度的情况下，提前消费利大于弊。

A: 北京的消费水平怎么样？ B: 北京的消费水平比其他城市的消费水平高一点。

A: 你知道什么是恩格尔系数吗？ B: 恩格尔系数是指食品消费总额占家庭消费总额

的比重。

A: 服务员，结账！ B: 好的，先生，您总共消费280元人民币。

A: 你经常在哪家网站购物？ B: 那家时装网站物美价廉，我已经在那里消费了几千元。

617 消化 xiāohuà	소화하다	

A: 课后也需要学习吗？ B: 是的，课后需要认真消化吸收课堂上老师讲的内容。

A: 我最近消化不好，我想去看医生。 B: 嗯嗯，去肠胃科看看吧。

A: 人怎么样获得营养？ B: 人每天吃饭，经过消化吸收后获得营养，维持人体正常的生理机能。

A: 你怎么肚子痛了？ B: 我昨天晚上吃了很多东西，大概不好消化吧。

618 消灭
xiāomiè

소멸하다

A: 历史上这场仗打得怎么样？ B: 三连战士以少胜多，消灭了敌人一个营。

A: 现在地球上还有恐龙等古生物吗？ B: 许多古生物,如恐龙、猛犸象等早已在地球上消灭了。

A: 蚊子到处咬我，一直嗡嗡叫，真讨厌！ B: 是啊！这儿的蚊子得消灭掉才行。

A: 为什么称啄木鸟是森林医生？ B: 据统计，啄木鸟能消灭树林中大部分的害虫，它真不愧是"森林的医生"。

619 消失
xiāoshī

소실되다. 없어지다. 사라지다, 자취를 감추다

A: 轮船消失了吗？ B: 是的，轮船慢慢地驶离海港,消失在远方的地平线上。

A: 魔术精彩吗？ B: 很精彩，魔术师的手只是抖动了一下,那条丝就消失得无影无踪了。

A: 你在看什么？ B: 我在看鸟儿越飞越高，终于消失在蓝天里。

A: 你怎么没去找他？ B: 他片刻之间，就消失在人群之中，我找不到他了。

A: 洪水可怕吗？ B: 是的，当大水来临的时候，庄稼和树木瞬间就会在洪水中消失。

620 销售 xiāoshòu	팔다. 판매하다.. A：你觉得你爸爸工作厉害吗？ B：我觉得很厉害，因为上个月爸爸的销售业绩是全公司最好的。 A：你爸爸晋升过吗？ B：爸爸从事销售工作成绩显著,因而被提拔为销售部经理。 A：你知道这家商店经营什么商品吗？ B：这家商店主要销售各种床上用品。 A：你知道李叔叔为什么那么高兴吗？ B：李叔叔今天终于拿到了自己销售生涯中的第一张订单。 A：这款车受欢迎吗？ B：很受欢迎，这款车上市一个星期就销售出了一千台。
621 小吃 xiǎochī	간단한 먹을 거리. 간식거리, 스낵 A：这附近哪有正宗的北京小吃啊？ B：街角那里有一家正宗的北京小吃。 A：你是如何将小吃店经营得这么好的？ B：不断地创新，为顾客提供更好的味觉体验。 A：这个小吃部很特别吗？ B：这个小吃部虽然门面不大，但各种菜却是一应俱全。 A：哪里的小吃比较地道？ B：小吃街的小吃最地道。 A：你现在想吃点什么？ B：现在还不太饿，我们就先吃点儿小吃吧。
622 小伙子 xiǎohuǒzi	젊은 청년. 총각. 젊은이[젊은 남자를 가리킴] A：是谁在说话？ B：是那几个小伙子。 A：这群小伙子干嘛去了？ B：这群小伙子背井离乡地外出打工去了。 A：小伙子，你今年多大了？ B：我今年22岁了。 A：看完这条新闻你有什么感想？ B：这个小伙子舍身救人的故事让我很感动。 A：那个小伙子在干嘛？ B：他站在那里左顾右盼的,好像在等什么人。
623 小气 xiǎoqi	인색하다. 쩨쩨하다 A：你为什么不喜欢和他一起玩？ B：他太小气了,连支钢笔都不肯借给同学！ A：她怎么又哭了？ B：她受了一点小委屈就号啕大哭，真小气！

	A：你觉得你是个小气的人吗？ B：我觉得我不小气，我很仗义。 A：小气的人受大家欢迎吗？ B：小气的人不受大家欢迎。 A：你为什么不理他？ B：他那么有钱，在我困难的时候，也不答应借给我一点儿，真够小气的！
624 效率 xiàolǜ	능률. 효율 A：怎么做才能提高效率？ B：你只有改变工作方式,才能提高效率。 A：应该用什么方法学习，才能提高效率？ B：一张一弛,劳逸结合,才能提高效率。 A：为什么他的业余时间看起来比普通人多？ B：事半功倍的学习效率让他节省了不少时间。 A：团队的效率想要提高，需要大家怎么做？ B：团队内只有分工合作才能提高工作效率。 A：他发明的这项专利怎么样？ B：他的这项专利大大提高了工作效率。
625 孝顺 xiàoshùn	효도하다 A：他是个孝顺的孩子吗？ B：他对父母的话言听计从,是个孝顺的孩子。 A：大家怎么评价她？ B：她对父母很孝顺,大家都说她是个好女儿。 A：从孝顺的角度来看，小明这样做对吗？ B：小明这样做是值得称赞的。 A：你觉得王奶奶现在生活怎么样？ B：王奶奶过了半辈子苦日子,现在儿子们都挺孝顺,她也算是苦尽甘来了。 A：你觉得我们应该孝顺父母吗？ B：孝顺父母,是子女天经地义的责任。
626 歇 xiē	휴식하다. 쉬다. A：你怎么不走了？ B：我实在走不动了，腿疼得厉害，歇一会儿再走，行不行？ A：妈妈，您歇一会，我给您倒杯水喝。B：谢谢宝贝。 A：你的腰怎么了？B：很疼，可能一直没有歇息，有点累了。 A：学习汉语我觉得很有意思，一点也不觉得累。 B：可是你都学习两个小时了，还是

	歇一会吧！	
	A：咱们走了这么久了，好累啊！ B：那咱们找个地方歇歇脚吧。	
627 斜 xié	기울다. 비스듬하다, 비뚤다.: A：这幅画这样挂怎么样？ B：这幅画挂得有点斜，右边应该再高一点儿。 A：你去参观过比萨斜塔吗？ B：我还没有如果，不过我在书里看到过，我觉得很神奇。 A：你看看你写的字歪歪斜斜。 B：是嘛？我觉得挺好的啊！ A：你不怕她在背后诋毁你吗？ B：身正不怕影子斜，我不怕！ A：这个钟有点斜。B：嗯嗯，我挂钟的时候太着急，没注意到。	
628 协调 xiétiáo	조화롭다. 어울리다. 조화롭게 하다. A：我们应该协调好哪些关系？ B：我们应该协调好学习与工作的关系。 A：这次春游怎么样？ B：经过老师的多方协调,这次春游很愉快地结束了。 A：他的眼睛好像在说话。B：他的眼睛里呈现着一种奇特的、不协调的恍惚神情。 A：人类怎样做才能可持续发展？B：协调好人类社会和自然的关系才能可持续发展。。	
629 心理 xīnlǐ	심리. A：经过这些事后，你有什么变化吗？ B：经过这些事后,我的心理产生了微妙的变化。 A：老师针对学生的叛逆应该怎么做？ B：老师应该对学生进行心理教育。 A：错误的教育方法会影响孩子吗？ B：错误的教育方法会使儿童产生反常的心理。 A：他下定决心，去面对这些痛苦的事了吗？ B：他已经做好了心理准备,决定坦然面对即将到来的命运。 A：事情发展得怎么样？ B：事态不容乐观,我们要做好心理准备。	
630 心脏 xīnzàng	심장 A：你考试考得怎么样？ B：一进考场，我就十分紧张，心脏跳动得厉害。	

	A：心脏衰弱的人能做剧烈的运动吗？ B：心脏衰弱的人不能做剧烈的运动。 A：他的心脏不好吗？ B：嗯嗯，他的心脏不好,一着急就疼得厉害。 A：他最近健康状况如何？ B：自从患了心脏病后,他的健康状况越来越不好。 A：城市人更容易生病吗？ B：城市人比农村人更容易患高血压、心脏病和神经衰弱。
631 欣赏 xīnshǎng	감상하다. 마음에 들다. A：同学们在美术馆做什么呢？ B：同学们在欣赏美术作品。 A：他在做什么？ B：他在专心地欣赏音乐。 A：他们在欣赏什么音乐？ B：他们正在欣赏贝多芬的第五交响曲。 A：春游路上的风景美丽吗？ B：是的，我一边唱歌,一边欣赏沿路的风景。 A：看来你也很喜欢欣赏画啊！ B：我不懂美术，也不会欣赏画，只是来看看而已。
632 信息 xìnxī	정보. 소식 A：你经常给朋友们发信息吗？ B：是的，我经常给他们发信息。 A：手机是用来做什么的？ B：手机是我们用来传递信息的工具。 A：他在做什么？ B：他挥舞着小旗上下左右摆动,传达出不同的信息。 A：搞经营需要什么？ B：搞经营必须思想敏锐,善于捕捉市场信息。 A：人类社会是怎么样一步一步发展的？ B：人类社会从农业社会发展到工业社会，现在又进入了信息社会。
633 行动 xíngdòng	행위. 행동. (목적을 위해) 행동하다 A：小松鼠在做什么？ B：小松鼠在树上窜来窜去,行动非常敏捷。 A：命令一下达，大家行动了吗？ B：命令一下达,大家马上行动了起来。 A：每个同学都应该怎么爱护班级荣誉？ B：每个同学都应该以实际行动爱护班级荣誉。 A：学校最近怎么搞校园卫生？ B：全校师生都积极行动起来一起搞好校园卫生。 A：关于理想的实现，你怎么看？ B：每个人都有理想，但如果不行动起来，再好的理

		想也实现不了。
634 行为 xíngwéi		행위. 행동 A：他应该受到谴责吗？ B：他这种损人利己的行为,应该受到良心的谴责。 A：他为什么受到人们的称赞？ B：他乐于助人的行为受到了人们的称赞。 A：你知道哪些行为是违法的行为吗？ B：捏造事实诬陷他人的行为是违法的行为。 A：王阳的一些行为正常吗？ B：王阳的有些行为让人不可思议。 A：你觉得发脾气有意义吗？ B：我觉得没有意义,没有必要让别人的态度左右我们的行为。
635 形成 xíngchéng		형성되다. 이루어지다. 이루다 A："意念"是如何形成的？ B：人们通过分析外界事物及其变化,形成无数的"意念"。 A：讨论出结果了吗？ B：讨论会上,同学们各持己见,整个下午都没形成统一意见。 A：你们班汉语学习风气怎么样？ B：我们班已形成了一股你追我赶的学习风气。 A：国庆节时天安门广场热闹吗？ B：每年国庆节,天安门广场人山人海,非常热闹。
636 形容 xíngróng		형용하다. 묘사하다 A：看着五星红旗升起。心中有什么感受？ B：看着五星红旗升起,激动的心情难以用语言形容。 A：他是个怎么样的男孩？ B：用"调皮鬼"来形容他是再贴切不过。 A：你觉得她美吗？ B：非常美,以至于我找不到适当的词语去形容她的美。 A：你知道形容度量大的成语吗？ B：古人形容度量大,叫"宰相肚里能行船"。 A：母亲的爱是怎么样的爱？ B：母亲对子女的爱是用任何华丽的辞藻都无法形容的。 A：当你知道自己考上了北京大学是怎样的心情？ B：我激动的心情难以用语言来形容。
637 形式 xíngshì		형식. 형태.

	A：国家采取什么样的形式帮助辞藻地区？ B：国家采取补助形式帮助贫困地区。
	A：党员干部应该如何工作？ B：党员干部要务实,不要走形式。
	A：梦想中国语学院采取什么方式培养学生的动手能力？ B：老师采取多种形式培养学生动脑动手的能力。
	A：你知道什么是相声吗？ B：相声是广大群众喜闻乐见的艺术形式。
	A：你们学校每年会举办课外活动吗？ B：每年庆典的时候,学校里都会举行各种形式的活动。
638 形势 xíngshì	형편. 상황. 정세 A：为什么要寻找自己的优势？ B：找到自己的优势才能让自己在竞争激烈的形势下不被淘汰。 A：为什么这里战争很多？ B：这里山高水深,形势险要,自古就是兵家必争之地。 A：这几天怎么了？ B：这几天连降暴雨,河水猛涨,防洪形势十分严峻。 A：最近工厂的生产形式越来越好了吗？ B：由于加强了管理,工厂的生产形势日见好转。 A：你觉得股市和经济形势有什么关系吗？ B：股市是经济形势的晴雨表,但有时股市狂涨并不一定代表经济发展一片大好。
639 形象 xíngxiàng	이미지. 형상 A：你看过《饥饿游戏》吗？ B：我看过,这部电影里塑造了一个女英雄的形象。 A：你为什么喜欢读这部小说？ B：我很喜欢这部小说里老将军的形象。 A：雷锋同志的形象会让你铭记吗？ B：当然,雷锋同志的光辉形象时时闪现在我们的心中。 A：这篇文章描写了什么？ B：这篇散文生动形象地描述了大海涨潮时的情景。 A：你觉得面试中,面试者的形象重要吗？ B：面试的时候,不仅实力很重要,形象也变得越来越重要。

640 形状 xíngzhuàng	형상. 물체의 외관. 모양 A：你知道如何分辨红叶吗？ B：红叶的种类多种多样,可以通过形状将它们分辨出来。 A：这世界上有完全相同的鸡蛋吗？ B：在一千枚鸡蛋中,没有两枚形状完全相同的。 A：雁荡山上的什么引人注目？ B：雁荡山上形状不一、千奇百怪的石头,非常引人注目。 A：你在看什么？ B：我在看那天边的云朵,形状各异,令人浮想联翩。 A：为什么那家面包店很受欢迎？ B：那家店的面包形状各异, 香气四溢, 非常受顾客们欢迎。
641 性质 xìngzhì	성질. 성격 A：你觉得需要清除黑社会性质的犯罪团伙吗？ B：必须彻底肃清一切带有黑社会性质的犯罪团伙。 A：对于不同性质的矛盾,我们该如何处理？ B：我们应该分别处理。 A：这两篇论文相差很多吗？ B：这两篇论文虽然性质相似,但内容相差较大。 A：语法学家怎样进行词语分类的？ B：语法学家根据每一个词语的语法性质,把千千万万的词语分成了不同的种类。
642 幸亏 xìngkuī	다행히. 운 좋게 A：刚才真是太惊险了！B：是啊！一个老人跌倒在路上,幸亏司机手疾眼快才避免了一场车祸。 A：现场的火势被控制住了吗？ B：幸亏消防队员及时赶到现场,火势才得以控制。 A：落水儿童是怎么被救上来的？ B：幸亏解放军战士奋不顾身地跳进河里,才把落水儿童抢救上来了。 A：你今天没有迟到哦！ B：幸亏你早上打电话叫我起床了, 不然我就又得迟到了！
643 幸运 xìngyùn	운이 좋다. 행운이다 A：你知道吗？我今天在来梦想中国语学院的路上,遇到了明星！ B：你真是幸运,竟然

在路上遇见了明星。

A：你刚刚在干什么？ B：我把最后一颗幸运星放进瓶子,小心地盖上木塞。

A：祝你生日快乐！ B：我很幸运,你一直在我身边陪着我。

A：发生的事情实在太惊险了！ B：你能够虎口余生,真是幸运。

A：你找到工作了吗？ B：最近就业率低,不过我还算幸运,一毕业就找到了工作。

---

644 胸 xiōng

가슴. 흉부.

A：你喜欢吃鸡的哪个部位的肉？ B：我喜欢吃鸡胸脯的肉。

A：你的胸还疼吗？ B：已经不疼了。

A：你要做什么检查？ B：我的胸部有些疼,想做一下胸部检查。

A：你觉得他小气吗？ B：不,他的心胸很宽广。

---

645 修改 xiūgǎi

고치다. 수정하다. 바로잡다

A：鲁迅先生怎样写文章？ B：鲁迅先生写文章时总是反复修改,仔细推敲。

A：我的作文修改之后怎么样？ B：你的作文经过修改,语句很通顺。

A：这篇文章怎么样？ B：这篇文章语言思想不贯通,需要再好好修改一下。

A：这篇文章的结构紧凑吗？ B：这篇文章的结构有些松散,需要进行一定的修改。

A：这条商业街为什么有好多打折商品？ B：这条商业街将进行翻修改建,商户们纷纷将商品甩卖一空。

---

646 休闲 xiūxián

한가하게 지내다 한가롭게 보내다.

A：你觉得这块地开发的话会怎么样？ B：这块不毛之地开发后一定能够成为很好的休闲公园。

A：你有什么愿望？ B：我一定要把这儿建成一个休闲度假的好地方。

A：你觉得哪里是休闲的好去处？ B：春天的太白山,山清水秀,鸟语花香,充满着诗情画意,是旅游度假休闲的好去处。

647 虚心 xūxīn	겸손하다. 겸허하다 A：领导需要虚心听取群众的意见吗？ B：领导需要虚心听取群众的意见。 A：你愿意虚心接受大家的意见吗？ B：我愿意虚心接受大家的意见。 A：你认为怎样做才能让自己进步？ B：只有虚心向别人学习和请教，才能使自己不断进步。 A：他是怎么解决难题的？ B：他虚心请教有经验的人，很快就解决了难题。 A：我们应该接受别人的批评吗？ B：我们应该虚心接受别人善意的批评。 A：你觉得做人需要虚心吗？ B：俗话说，"三人之行，必有我师"， 人到任何时候都应该虚心。
648 叙述 xùshù	서술하다. 기술하다. 진술하다 A：要怎么叙述一件事？ B：叙述一件事要把它的前因后果交代清楚。 A：这篇游记叙述了什么？ B：这篇游记叙述了南方各地见闻。 A：他在干什么？ B：他正在简略地叙述事情的经过。 A：这篇文章的叙述顺序怎么样？ B：这篇文章的叙述顺序有些混乱。 A：这部小说叙述了什么？ B：这部小说叙述了80后年轻人的学习、工作和爱情，挺有意思的。
649 宣布 xuānbù	선포하다. 공표하다. 발표하다 A：对于这次集体活动，班主任首先宣布了什么？ B：班主任首先宣布了纪律。 A：答卷之前，监考老师宣布了什么？ B：答卷之前，监考老师宣布了考试纪律。 A：这个声明从什么时候开始生效？ B：这个声明从宣布之日起开始生效。 A：统计完选票，谁宣布了结果？ B：统计完选票,老师宣布了选举结果。 A：下面有请主持人上场！ B：我宣布，本次大会圆满结束！谢谢各位！
650 宣传	선전하다. 홍보하다.

xuānchuán	A：学生会的宣传部门是做什么工作的？ B：对外联系，同时宣传承办的活动。	
	A：学雷锋小组成立了吗？ B：经过宣传,学雷锋小组纷纷成立了。	
	A：志愿者在做什么？ B：志愿者在校门口散发宣传单。	
	A：这次戒烟活动开展得怎么样？ B：由于宣传得不够,这次戒烟活动没有在学生中引起什么反响。	
651 选举 xuǎnjǔ	선거하다. 선출하다.	
	A：你们怎么选举出了最喜欢的老师？ B：我们通过投票方式选举了最喜欢的老师。	
	A：这次班级干部选举你有被选上吗？ B：我被选为班长。	
	A：在中国年满多少周岁的公民有选举权？ B：凡是年满十八周岁的中国公民都具有选举权和被选举权。	
	A：统计完选票老师宣布了什么？ B：统计完选票,老师宣布了选举结果。	
	A：他为什么每天很早就来教室了？ B：最近学生会在换届选举,每天上课之前他们都会来到教室里做选举演说。	
652 学期 xuéqī	학기	
	A：这学期班级有什么变化吗？ B：这学期班级发生了可喜的变化。	
	A：这学期小林的学习怎么样？ B：这学期小林在学习上有明显的进步。	
	A：本学期学校举办了哪些活动？ B：本学期学校举办了许多社会实践活动。	
	A：你觉得时间过得快吗？ B：时间过得真快,一学期又要结束了。	
	A：你下学期课多吗？ B：下学期我有五门课,而且每天都是从上午九点就开始上课。	
653 询问 xúnwèn	알아보다. 물어보다. 질문하다, 묻다	
	A：医生怎样给病人治病？ B：医生详细地询问病情,然后对症下药。	
	A：这段时间生意怎么样？ B：这段时间有人前来询问价钱,但买卖一个也没做成。	
	A：领导是怎样处理这件事情的？ B：为了搞清楚事情的前因后果,领导对员工一一进行了询问。	

	A：王警官知道事情原委了吗？ B：王警官通过耐心地询问,终于使小林一五一十地说出了事情的原委。 A：他一来就询问了什么？ B：他一来就急切地向医生询问了妈妈的病情。
654 寻找 xúnzhǎo	찾다 A：生活中遇到问题怎么办？ B：生活中的问题还得到生活中去寻找答案。 A：地质队员的职责是什么？ B：地质队员跋山涉水,风餐露宿,为祖国寻找矿藏。 A：公安人员在做什么？ B：公安人员正在寻找罪犯犯罪的蛛丝马迹。 A：那个人在干什么？ B：那个人四处张望,像是在寻找什么。 A：大部分在国外被收养的儿童会回祖国吗？ B：他们在长大以后,都会回祖国学习祖国的语言和文化,并寻找亲生父母。
655 训练 xùnliàn	훈련하다 A：运动员在做什么？ B：为了迎接运动会,运动员正在加紧训练。 A：什么让他这么刻苦地训练自己？ B：冠军的荣誉让他那么刻苦地训练自己。 A：军队怎样才能打胜仗？ B：军队平时加强训练,战时才能打胜仗。 A：他这次获胜了吗？ B：由于平时的刻苦训练,这次他大获全胜。 A：你们足球队一般什么时候训练？ B：我们足球队每天早上训练一个小时,下午放学后训练三个小时。
656 迅速 xùnsù	신속하다. 재빠르다. A：近几年我国的旅游业发展如何？ B：近几年我国的旅游业发展迅速。 A：梅花鹿看到老虎会怎么样？ B：梅花鹿会迅速逃跑。 A：病人脱离危险了吗？ B：经过医生和护士们的迅速抢救,病人终于脱离了危险。 A：考试时间充足吗？ B：不是很充足,考试开始后我迅速答题,却差点没答完。
657 延长	연장하다. 늘이다

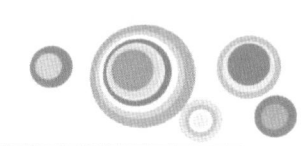

yáncháng	A：你觉得珍惜时间的意义是什么？ B：珍惜时间就等于延长自己的生命。
	A：经理对你说什么了？ B：经理对我说,开会的时间要延长,请通知大家。
	A：校长同意延长他的假期吗？ B：校长同意延长他的假期。
	A：为什么比赛又延长时间了？ B：由于两个队的比分相同,比赛又延长了十分钟。
658 严肃 yánsù	엄숙하다. 근엄하다.
	A：你们害怕老校长吗？ B：老校长的表情总是那么严肃,同学们都有点怕他。
	A：情况怎么样？ B：情况复杂,必须认真分析,严肃对待。
	A：他工作认真吗？ B：即使是严肃的工作他也吊儿郎当。
	A：哈哈哈！你要说什么？ B：这是个很严肃的问题,你不要跟我嬉皮笑脸！
659 痒 yǎng	가렵다. 간지럽다
	A：你头皮为什么老是痒痒的？ B：我使用新买的洗发水后,头皮过敏了。
	A：你被蚊子咬了吗？ B：昨晚被蚊子咬了,现在特别痒。
	A：帮我挠挠后背,好痒啊！ B：好的。
	A：你怕被人挠痒痒吗？ B：哈哈,我害怕。
	A：好久没有练习汉语了,感觉牙痒痒。 B：那咱们用汉语对话吧！
660 样式 yàngshì	양식. 형식. 디자인, 모양
	A：他制作了什么？ B：他仿照图片里飞机的样式制作了一架飞机模型。
	A：商店里老年人的服装多吗？ B：商店里老年人的服装不多,而且样式单一。
	A：妈妈的新衣服怎么样？ B：妈妈新衣服样式很美观。
	A：你觉得这个花瓶怎么样？ B：这个花瓶样式古色古香,十分好看。
	A：你觉得这套家具怎么样？ B：这套家具的颜色我很满意,但是样式有些老气。
661 摇 yáo	흔들다.

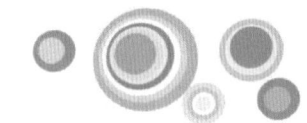

		A：我问他认不认识这个字。B：他摇头说："不认识。"
		A：婴儿被妈妈放在了哪里？B：婴儿被妈妈放在了摇篮里。
		A：地球如同人类的什么？B：地球如同人类生活的摇篮。
		A：你喝酸奶之前会怎么做？B：我先把酸奶摇均匀再喝。
		A：你为什么一直在摇头？B：因为这个知识点我没听懂。
662 咬 yǎo	물다. 깨물다	
		A：被狗咬伤之后要怎么做？ B：被狗咬伤时，一定要尽快地打狂犬疫苗。
		A：这个苹果被谁咬了一口？ B：那个苹果被我咬了一口。
		A：小孩子为什么哭了？ B：他被虫子咬了一口。
		A：你这儿的皮肤怎么变红了？ B：因为昨晚被蚊子咬了。
663 要不 yàobù	그렇지 않으면	
		A：我要和老师说一下我的缺课原因吗？ B：你要把缺课的原因向老师说清楚,不然老师会以为你无故旷课。
		A：从南京怎么到上海？ B：从南京到上海可以搭乘江轮,要不坐火车也行。
		A：咱们什么时候出发？ B：咱们快点儿出发吧，要不就来不及了。
		A：你想吃冷面吗？ B：我今天不太想吃冷面，要不我们吃火锅吧！
		A：我很喜欢汉语和中国文化。B：要不你和我一起学汉语吧。
664 要是 yàoshi	만약 ~이라면.	
		A：个人利益应该得到保护吗？ B：个人利益只要是合法的,就应该得到保护。
		A：我可以下海游泳吗？ B：你要是不会游泳,可千万别到深水里去。
		A：我们明天去爬山吧？ B：要是明天不下雨,我们就去爬山。
		A：你觉得他能考上博士吗？ B：他要是能考上博士,铁树也会开花。
		A：不努力就会学习好吗？ B：要是不努力就能学习好那真是见鬼了。

665 夜 yè	밤. A：我的眼睛好累啊！ B：你昨天又熬夜了吧？ A：你为什么喜欢夜晚？ B：因为夜晚满天的星星很漂亮。 A：你会熬夜吗？ B：我经常会熬夜。 A：我好像有点感冒了！ B：一定是夜里你又把被子踢开了。 A："黑夜给了我黑色的眼睛，我却用它寻找光明"出自哪里？ B：出自顾城的诗《一代人》。
666 液体 yètǐ	액체. A：这种液体在使用时，要注意什么？ B：注意不要接触到皮肤。 A：你在看什么？ B：液体表面渐渐地凝结了。 A：你了解水银吗？ B：水银是一种金属，但它在常温下呈液体状态。 A：水是液体的吗？ B：水在常温下是液体的，温度较低时会变成固体。 A：这个液体是什么？ B：它是医用酒精，可以用来消毒。
667 业务 yèwù	감독. 코치 A：领导者需要有哪些能力？ B：领导者不但要懂业务,还要有胆识。 A：公司员工们在庆祝什么？ B：公司员工们在一起庆祝业务的大幅度增长。 A：干部应该怎么要求自己？ B：干部应该学业务、懂技术、不断创新。 A：你熟悉公司的业务了吗？ B：公司业务很复杂，我还在学习中。
668 业余 yèyú	업무외. 여가. 비전문의 A：小明懂事吗？ B：小明十分懂事,在业余时间卖报纸来贴补家用。 A：为了更好地了解中国文化，小明做了什么？ B：小明利用业余时间翻阅了大量的资料。 A：你喜欢收集什么？ B：我喜欢在业余时间收集邮票、古币等。

	A：哥哥这次比赛顺利吗？ B：哥哥下围棋还真是厉害,在这次全市业余棋手大赛中竟然得了冠军。 A：业余时间你喜欢做什么？ B：业余时间我喜欢独自一个人看书或者听音乐。
669 依然 yīrán	여전히. 여전하다. 전과 같다. A：你为什么喜欢松柏？ B：因为冬季的时候，只有松柏依然苍翠,永不凋谢。 A：除夕夜，战士们依然在做什么？ B：除夕夜，战士们依然坚守在边防线上。 A：这位老教授讲课真好啊！ B：是啊，这位年过花甲的老教授,依然活跃在大学的讲台上。 A：张老师怎么样？ B：张老师快退休了,可是工作依然兢兢业业。 A：毕业后你回过校园吗？ B：我毕业十年后回过校园一次，风景依然，但人却已变化万千。
670 一辈子 yíbèizi	한평생. 일생. A：爷爷一生容易吗？ B：爷爷一辈子尝尽了酸甜苦辣,晚年才过上舒心的日子。 A：为什么你流泪了？ B：因为当时的情景太打动我了,我一辈子也忘不了。 A：求婚时，他对你说了什么？ B：他说他会一辈子照顾我。
671 一旦 yídàn	일단~한다면. A：你觉得流言可怕吗？ B：三人成虎虽是无中生有，却可以使一个人的清誉毁于一旦。 A：战争爆发会怎么样？ B：战争一旦爆发，人们就没有好日子过了。 A：如果黄河决口，会怎么样？ B：黄河一旦决口，将淹毁许多良田。
672 一致 yízhì	일치하다. A：代表们做了什么？ B：代表们认真讨论并且一致通过了决议。 A：大家推选谁做班长？ B：经过讨论,大家一致推选李明作班长。 A：在工作中，意见不一致时应该怎么做？ B：应该多和同事沟通，达成一致意见。

673 移动 yídòng	이동하다. 옮기다. 움직이다. A：老师让他做什么？ B：老师让他把书桌朝旁边移动一下。 A：火车开动了吗？ B：汽笛响了三声，火车开始向前移动了。 A：那个闪闪的东西是星星吗？ B：应该是飞机，因为它移动得很快。 A：你觉得移动电话方便吗？ B：我觉得移动电话很方便。
674 移民 yímín	이민하다. 이민. A：移民问题很严峻吗？ B：如果处理不好，移民问题将会很严峻。 A：世界各国对于移民的态度一样吗？ B：欧洲和美国对待移民的态度是不同的。 A：你觉得自由移民怎么样？ B：自由移民听起来冠冕堂皇，实际上并非如此。 A：这里有很多移民过来的人吗？ B：这里有很多从其他地方移民过来的人，其中华人占大多数。
675 遗憾 yíhàn	유감이다, 섭섭하다. 유감스럽다 A：你觉得什么最凄美？ B：我觉得遗憾最凄美。 A：一直遥遥领先的小刚没有获胜吗？ B：小刚在接近终点时摔倒了，真令人遗憾。 A：什么事让爸爸觉得很遗憾？ B：爸爸没能上大学，至今想起来非常遗憾。 A：你没有好好欣赏美景吗？ B：遗憾的是，由于时间的限制，我们只能走马看花。 A：他高考考得怎么样？ B：他只差一分就能考上一流的大学，实在太让人遗憾了。
676 疑问 yíwèn	의문. 의혹 A：她的讲话有效果吗？ B：她的这番讲话消除了人们的疑问。 A：数学老师做了什么？ B：数学老师把同学们提出的各种疑问全部作了解答。 A：关于这个单词有什么疑问吗？ B：老师，我还是不太懂，能不能再讲一下。 A：大家有什么疑问请提出来。B：老师，这句话我有疑问。

梦想中国语 会话

677 以来 yǐlái	~이래. ~한 뒤. 동안 A：自古以来，人们敬佩谁？痛恨谁？ B：自古以来,人们无不敬佩民族英雄,痛恨汉奸卖国贼。 A：改革开放以来，中国发展得怎么样？ B：改革开放以来,中国进入了社会主义现代化建设的新时期。 A：入夏以来，长江下游一带怎么样？ B：入夏以来,长江下游一带降雨频繁,洪涝成灾。 A：你每个月都会给父母寄钱吗？ B：自从工作以来，我每个月都会给父母寄一些零用钱。 A：自从韩国举办奥运会以来，经济发展得怎么样？ B：韩国经济不断发展。
678 意外 yìwài	의외. 뜻밖이다 A：科学家发现了什么？ B：科学家在山脚下意外地发现了华南虎的足迹。 A：这次考试题难吗？ B：这次考试题出乎意外地简单。 A：他怎么感冒了？ B：那么冷的天还穿一件衣服,果然不出意外地感冒了。 A：祝贺你啊！ B：谢谢，我感到很意外，因为没想到能赢，感觉像做梦一样。
679 意义 yìyì	의의. 의미 A：人的一生要过得怎么样？ B：人的一生要过得有意义,不能碌碌无为。 A：这次大会有什么重要意义吗？ B：这次大会对推动教育改革具有重要意义。 A：你想怎样度过一生？ B：我想在有限的生命中多做些有意义的事情。 A：要理解一句话的意义，首先应该做什么？ B：首先必须弄懂每个词语的意义。
680 议论 yìlùn	의논하다. 왈가왈부하다 A：大家在做什么？ B：大家正在七嘴八舌地议论小明。 A：大家在围绕什么话题讨论呢？ B：大家在围绕"追星"的话题激烈讨论中。 A：你认为有意见要怎么做？ B：有意见最好当面提出来,不要背后议论。

	A：这几个月，她过得怎么样？ B：几个月以来，人们对她议论纷纷，但她却一直保持着沉默。
681 义务 yìwù	의무. A：子女需要承担什么义务？ B：子女必须承担赡养父母的义务。 A：适龄公民应该积极履行什么义务？ B：适龄公民应该积极履行服兵役的义务。 A：每个适龄儿童都要上学接受教育吗？ B：每个适龄儿童都必须按时入学,接受九年义务教育。 A：目前中国普及几年制义务教育？ B：中国普及九年制义务教育。
682 因而 yīn'ér	그러므로. 그런 까닭에 A：他能被原谅吗？ B：他虽然犯了错误,但意识到了自己的不对，因而能得到原谅。 A：爸爸为什么被提拔了？ B：爸爸从事销售工作成绩显著,因而被提拔为销售部经理。 A：他为什么没有朋友？ B：他经常失信于人,因而没有朋友。 A：姐姐为什么进步很快？ B：作为新教师,姐姐能虚心向老教师学习,因而教学工作进步很快。 A：为什么她在中国很有知名度？ B：她的歌声甜美动听,富有民族特色,因而在国内有一定的知名度。
683 因素 yīnsù	요소. 성분 A：我们应该怎样建设祖国？ B：我们应该调动一切积极因素,克服消极因素,更好地为祖国建设服务。 A：影响气候的主要因素是什么？ B：影响气候的主要因素是纬度的差异。 A：你觉得什么是战争胜败的决定因素？ B：我觉得人心是战争胜败的决定因素。 A：怎么样才能成就大事？ B：天资是一个因素,不懈努力、肯下功夫是更重要的,这样才能磨杵成针,成就大的事业。 A：为什么今年丰收了？ B：今年天时地利人和,是获得丰收的重要因素。

684 银 yín	은. A：这家银饰店怎么样？ B：这家店的产品都是银制品，物美价廉。 A：你的这个手链好漂亮啊！ B：这是我男朋友送给我的银手链。 A：银子很硬吗？ B：银子和钢铁相比起来很软。 A：你有银的饰品吗？ B：我有一个银项链。 A：银子贵还是金子贵？ B：两者相比，金子更贵一点。
685 英俊 yīngjùn	잘 생기다. 재능이 출중하다. 영준하다 A：你觉得李杰怎么样？ B：李杰的外表英俊,但却虚有其表。 A：你哥哥是怎样的一个人？ B：我哥哥是一个英俊潇洒的青年。 A：迎面走来的是谁？ B：迎面走来的是一位淳朴的英俊少年。 A：你为什么喜欢宋仲基？ B：因为我觉得他长得很英俊。
686 迎接 yíngjiē	영접하다. 마중하다. A：为了迎接运动会，大家在做什么？ B：为了迎接运动会,大家正在加紧训练。 A：同学们为什么这么高兴？ B：因为同学们正在兴高采烈地迎接"六一"儿童节。 A：年轻人应该怎么做？ B：年轻人应朝气蓬勃地迎接未来的每一天。 A：登机的时候，乘务员在做什么？ B：全体乘务员都来到机舱门口迎接乘客。 A：面对挑战你有信心吗？ B：我们应满怀信心地迎接生活的挑战。 A：大家最近都在忙什么呢？ B：为了迎接一年一度的春节，人们都在忙着准备年货，打扫房子。
687 营养 yíngyǎng	영양. A：青少年为什么要注意营养？ B：因为青少年正处于身体发育的时期。 A：番茄是一种怎样的蔬菜？ B：番茄是一种营养价值很高的蔬菜。

		A：儿童需要补充营养吗？ B：儿童在生长发育期，需要补充营养。
		A：你为什么喜欢吃鱼？ B：鱼的味道鲜美,营养也非常丰富。
688 营业 yíngyè	영업하다.	
		A：营业员应该怎样接待顾客？ B：营业员应该主动热情地接待顾客。
		A：这家店为什么停止营业了？ B：这家商店因装修房屋暂时停止营业。
		A：这家饭店营业到几点？ B：这家饭店24小时一直营业。
		A：这家店铺为什么被吊销了营业执照？ B：这家店铺因销售假冒伪劣产品被吊销了营业执照。
689 硬件 yìngjiàn	하드웨어	
		A：这所学校怎么样？ B：这所学校的硬件设施十分齐备。
		A：你了解计算机硬件吗？ B：我对计算机硬件一窍不通。
		A：我的电脑哪里了？ B：您的电脑硬件出了问题。
		A：你为什么选择来梦想中国语学院学汉语？ B：因为我觉得梦想中国语学院的硬件条件很好，老师也很负责。
690 应付 yìngfù	대응하다. 대처하다	
		A：他很厉害啊！ B：是啊，面对威吓,他面不改色从容应付。
		A：你觉得这些知识有用吗？ B：这些知识应付考试还可以,用在实际中就不行了。
		A：他为什么让你这么吃惊？ B：想不到他年纪轻轻,在这种场合态度从容,应付自如。
		A：那这件事就麻烦你啦！ B：这件事情由我来应付,你就专心准备考试吧。
691 应聘 yìngpìn	지원하다. 초빙에 응하다	
		A：她被录取了吗？ B：她应聘时反问考官,最后竟然被录取了。
		A：你大学毕业后，应聘了什么工作？ B：我大学毕业后,去一家外贸公司应聘了会计工作。

 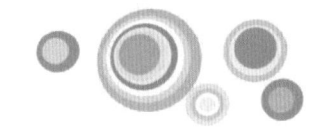

		A：在人才市场上能很快找到胜任工作的人吗？ B：去人才市场上应聘的人虽然很多，但良莠不齐,用人单位要找到真正能胜任工作的人也不容易。
		A：为什么大家都去这家公司应聘？ B：这家公司的待遇非常好,吸引了很多人去应聘。
692	应用 yìngyòng	응용하다. 이용하다, 사용하다 A：现在计算机应用范围广泛吗？ B：现在计算机已经广泛应用到各个领域了。 A：食物疗法怎么样？ B：食物疗法已经被人们应用了很长时间，因为它既不苦口，也无副作用。
693	拥抱 yōngbào	포옹하다. 껴안다. A：他俩为什么一见面就拥抱？ B：因为他俩是多年不见的老朋友。 A：你什么时候拥抱母亲吗？ B：母亲工作很辛苦的时候，我给母亲一个大大的拥抱。 A：走进这片旷野,感觉怎么样？ B：一进入这片旷野,就有一种被大自然拥抱的感觉。 A：拥抱希望，就是拥抱什么？ B：拥抱希望,就是拥抱未来;拥抱希望,就是创造奇迹!
694	拥挤 yōngjǐ	붐비다. 혼잡하다. 한곳으로 몰리다 A：星期天商店里人多吗？ B：星期天商店里很拥挤。 A：车厢拥挤的时候你会有什么感觉？ B：我会感觉闷得透不过气来。 A：他的手机怎么丢了？ B：在拥挤的公交车上,他的手机被扒手偷走了。 A：为什么冬天的教室显得更拥挤？ B：因为大家穿着厚厚的棉衣,本就人多的教室里显得更拥挤了。 A：为什么百货店一大早就有好多人在门口排队等候？ B：因为百货商店今天有打折活动。
695	勇气 yǒngqì	용기 A：你觉得前进的路上需要什么？ B：前进的路上需要披荆斩棘的决心和勇气。 A：妈妈怎样给你勇气？ B：妈妈用温暖的目光给我克服困难的勇气。

	A：面对困难，我们应该怎么做？ B：面对困难,我们应该有克服困难的勇气。 A：你最后怎么做了？ B：我犹豫了一阵，终于鼓起勇气亲自去找他说理。
696 优惠 yōuhuì	특혜의. 우대의. A：百货店如何吸引顾客？ B：百货商店经常搞优惠活动，吸引顾客购物。 A：阿姨，我买了这么多，能不能再优惠点啊？ B：行，那就再给你优惠点吧！ A：你为什么经常去百货商店买东西？ B：因为百货商店经常有优惠的产品。 A：这个产品有什么优惠吗？ B：现在是店庆期间，所有商品打8折。
697 优美 yōuměi	우아하고 아름답다 A：这里的风景怎么样？ B：山中绿树成阴,泉水淙淙,风景优美。 A：优美的大自然可以纯净人的心灵吗？ B：优美的大自然可以纯净人的心灵。 A：草原上随风飘荡着什么？ B：草原上随风飘荡着优美的歌声。 A：她的表演怎么样？ B：她的舞步轻盈优美,她的歌声悦耳动听。 A：你觉得旗袍漂亮吗？ B：旗袍曲线简洁而优美，体现了东方独有的风格和女性迷人的风采。
698 优势 yōushì	우세 A：我应该怎么做？ B：你应该扬长避短,把自己的优势充分体现出来。 A：这名选手怎样赢得了比赛？ B：这名选手充分发挥了他的优势,赢得了比赛。 A：场上情况如何？ B：从场上的攻势看,主队并不占据优势。 A：乒乓球比赛结果怎么样？ B：中国乒乓球队以压倒的优势夺得了冠军。 A：你觉得我跑步有什么不足？ B：你跑步时在速度方面占有明显的优势，但耐力不足。

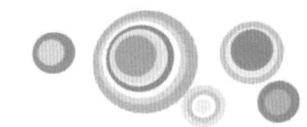

699 悠久 yōujiǔ	유구하다. 아득하게 오래다 A：北京历史悠久吗？ B：北京历史悠久,有着深厚的文化底蕴与独特的风土人情。 A：你听说过贵州茅台吗？ B：贵州茅台历史悠久、酒香浓郁、驰名中外。 A：你崇尚中华民族的历史吗？ B：我崇尚中华民族悠久的历史和灿烂的文化。 A：这个地区怎么样？ B：这个地区历史悠久，风景秀美、资源丰富。
700 犹豫 yóuyù	주저하다. 망설이다. 머뭇거리다 A：他刚刚做了什么好事？ B：为抢救落水儿童,他毫不犹豫地跳进冰冷的水中。 A：你知道黄继光英雄的事迹吗？ B：在生死存亡的紧急关头,黄继光毫不犹豫地用自己的胸膛挡住了敌人的枪口。 A：遇事犹犹豫豫会怎么样？ B：遇事犹犹豫豫的,往往会错过机会。 A：他打算去泰山了吗？ B：他对去泰山旅游一事犹豫不决。 A：他为什么又犹豫了？ B：听了别人对那里生活情况的描述,他犹豫了起来,不知道该不该去那里留学。

 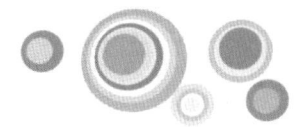

〈 단어 601-650 〉

601-650 单词	拼音	意思
露珠	lùzhū	이슬
洒落	sǎluò	흩뿌리다. 흘리다
晶莹	jīngyíng	빛나고 투명하다. 반짝반짝 빛나다
花瓣	huābàn	꽃잎
红领巾	hónglǐngjīn	붉은 삼각건. 붉은 스카프. 중국 소년 선봉대 대원이 목에 두르는 것
飘动	piāodòng	펄럭이다
布料	bùliào	옷감. 천.
缠绕	chánrào	둘둘 감다. 얽히다. 휘감다.
支架	zhījià	받침대. 지지대
牵牛花	qiānniúhuā	나팔꽃
维吾尔族	wéiwúěrzú	위구르족
翩翩起舞	piānpiānqǐwǔ	나풀나풀 춤추다
米色	mǐsè	미색
朴素	pǔsù	소박하다. 화려하지 않다
伯伯	bóbó	백부. 큰아버지
年事已高	niánshìyǐgāo	나이가 이미 많다
老态龙钟	lǎotàilóngzhōng	늙어서 동작이 부자연스럽다
神情	shénqíng	표정. 안색. 기색
激动	jīdòng	흥분하다. 감동하다
久别	jiǔbié	오랫동안 헤어지다

梦想中国语 会话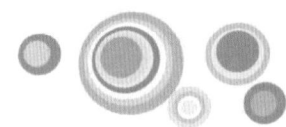

崭新	zhǎnxīn	참신하다. 아주 새롭다
神气	shénqì	활기차다. 생기가 넘치다. 의기양양하다
矛盾百出	máodùnbǎichū	온통 모순투성이이다
编造	biānzào	지어내다. 허구로 만들다
精神不振	jīngshénbúzhèn	느른히. 정신이 흐려지다
苍白	cāngbái	창백하다
有病在身	yǒubìngzàishēn	몸에 병이 있다
穿金戴银	chuānjīndàiyín	귀금속 장신구를 하다
炫耀	xuànyào	자랑하다. 뽐내다. 과시하다
财富	cáifù	재산. 자산.
壮举	zhuàngjǔ	장거.큰일
不屈不挠	bùqūbùnáo	불요불굴하다.흔들리거나 굽힘이 없다
气概	qìgài	기개
军事演习	jūnshìyǎnxí	군사 훈련을 하다. 모의 전투를 하다
战斗力	zhàndòulì	전투력
温度计	wēndùjì	온도계
灵敏	língmǐn	영민하다. 예민하다
描绘	miáohuì	그리다
简洁	jiǎnjié	깔끔하다
韵味	yùnwèi	우아한 맛. 풍아한 맛. 은근한 맛. 함축된 의미
策划	cèhuà	획책하다. 계획하다. 기획하다
展览会	zhǎnlǎnhuì	전람회
订计划	dìngjìhuà	계획을 세우다
脱离	tuōlí	…에서 벗어나다

梦想中国语 会话

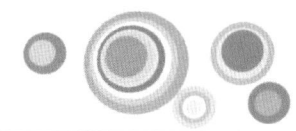

残酷	cánkù	혹하다. 혹독하다
沙漠	shāmò	사막.
丰满	fēngmǎn	풍만하다
骨感	gǔgǎn	매우 날씬하다. 가녀리다
高度	gāodù	정도가 매우 높다
警觉	jǐngjué	경각
批评	pīpíng	비판하다. 비평하다
丑恶	chǒuè	추악하다. 더럽다
一针见血	yīzhēnjiànxiě	한 마디로 정곡을 찌르다
派别	pàibié	(학술·종교·정당 등의) 파별. 파(派). 유파
争论	zhēnglùn	변론하다. 쟁론하다. 쟁의하다. 논쟁하다
隔岸观火	géànguānhuǒ	강 건너 불 보듯 하다. 수수방관하다
贫富差距	pínfùchājù	빈부 격차
腼腆	miǎntiǎn	어색해하다. 부끄러워하다. 수줍어하다
技巧	jìqiǎo	기교. 기예
发挥	fāhuī	발휘하다.
配套	pèitào	맞추다. 하나의 세트로 만들다
腰带	yāodài	허리띠. 벨트
找不着	zhǎobùzhuó	찾아 내지 못하다
转眼	zhuǎnyǎn	별안간. 눈 깜짝할 사이
发挥	fāhuī	발휘하다
冠军	guànjūn	챔피언. 우승(자). 우승팀. 1등
断言	duànyán	단언하다
充电	chōngdiàn	지식·기술 등을 재충전하다.

梦想中国语 会话

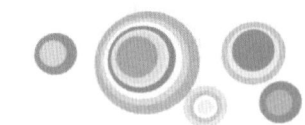

项目	xiàngmù	과제. 프로젝트
研究	yánjiū	연구하다. 탐구하다
满足	mǎnzú	만족하다. 흡족하다
感触	gǎnchù	감동. 감개. 감회. 느낌. 감명
外貌	wàimào	외모. 용모
滋味	zīwèi	속마음. 기분. 심정. 느낌
华侨	huáqiáo	화교
求婚	qiúhūn	구혼하다. 프러포즈
浪漫	làngmàn	낭만적이다. 로맨틱하다
招聘	zhāopìn	모집하다. 초빙하다
音符	yīnfú	음부. 음표
碰撞	pèngzhuàng	부딪치다
优雅	yōuyǎ	우아하다.
闲下来	xiánxiàlái	한가해지다
打动	dǎdòng	감동시키다
忘我	wàngwǒ	자신을 돌보지 않다. 사심이 없다
尽情	jìnqíng	하고 싶은 바를 다하여. 한껏
凭借	píngjiè	…에 의지하다. …를 통하다
优惠	yōuhuì	특혜의. 우대의. 할인
入职体检	rùzhítǐjiǎn	입사 신체 검사
贵方	guìfāng	귀측
签订	qiāndìng	조인하다. 체결하다
翠柏	cuìbǎi	푸른 측백나무
四季长青	sìjìchángqīng	사계절 항상 푸르다

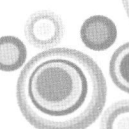

坚贞	jiānzhēn	지조[절개]가 굳다. 충실하다
高尔基	gāoěrjī	고리키(Gorky)
运用	yùnyòng	운용하다. 활용하다. 응용하다
艺术手法	yìshùshǒufǎ	예술적 수법
恩爱夫妻	ēnàifūqī	금슬 좋은 부부
鸳鸯	yuānyāng	원앙
埃及金字塔	āijíjīnzìtǎ	이집트의 피라미드
悠久	yōujiǔ	유구하다. 장구하다. 아득하게 오래다
常识	chángshí	상식. 일반 지식
配饰	pèishì	장식을 안받침해 주는 물품
适度	shìdù	(정도가) 적당하다. 적절하다
弊	bì	폐. 문제점. 폐단. 폐해. 해
恩格尔系数	ēngéěrxìshù	엥겔 지수
总额	zǒngé	총액
结账	jiézhàng	계산하다. 결산하다
物美价廉	wùměijiàlián	상품의 질이 좋고 값도 저렴하다
消化吸收	xiāohuàxīshōu	(배운 지식을) 소화하고 받아들이다
肠胃科	chángwèikē	장과 위에 관련된 과
营养	yíngyǎng	영양
维持	wéichí	유지하다. 지키다
连	lián	중대
营	yíng	대대
恐龙	kǒnglóng	공룡
古生物	gǔshēngwù	고생물

咬	yǎo	물다. 깨물다
嗡嗡	wēngwēng	윙윙. 웽웽
啄木鸟	zhuómùniǎo	딱따구리
据统计	jùtǒngjì	통계에 따르면
驶离	shǐlí	(차·배 등을) 몰고 떠나다
海港	hǎigǎng	(해안에 있는) 항구. 항만
魔术	móshù	마술
抖动	dǒudòng	흔들다. 털다
无影无踪	wúyǐngwúzōng	완전히 사라지다. 향방을 전혀 알 수 없다
片刻之间	piànkèzhījiān	짧은 시간 동안에
来临	láilín	다가오다. 이르다. 도래하다
瞬间	shùnjiān	순간. 눈 깜짝하는 사이. 순식간. 삽시간
晋升	jìnshēng	승진하다. 진급하다
销售	xiāoshòu	판매. 매출
成绩显著	chéngjìxiǎnzhù	성과가 현저하다
生涯	shēngyá	생애. 생활. 일생
订单	dìngdān	주문서. 주문 명세서
正宗	zhèngzōng	정통
味觉体验	wèijuétǐyàn	미각 체험
小吃部	xiǎochībù	간이 식당. 스낵바
门面	ménmiàn	상점 앞면. 외관. 외양. 겉모습
一应俱全	yīyīngjùquán	있어야 할 것은 다 갖추어져 있다
地道	dìdào	정통의
背井离乡	bèijǐnglíxiāng	고향을 등지고 떠나다

舍身救人	shěshēnjiùrén	생명을 바치며 남을 구원하다
左顾右盼	zuǒgùyòupàn	왼쪽 오른쪽으로 두리번거리다
号啕大哭	háotáodàkū	크게 소리내어 울다.
仗义	zhàngyì	의리를 중시하다. 의리가 있다
言听计从	yántīngjìcóng	말이나 계책을 모두 듣고 받아들이다.
半辈子	bànbèizǐ	반평생
苦尽甘来	kǔjìngānlái	고진감래
比萨斜塔	bǐsàxiétǎ	피사의 사탑
诋毁	dǐhuǐ	비방하다. 헐뜯다
春游	chūnyóu	봄놀이하다. 봄 소풍 가다
愉快	yúkuài	기쁘다. 유쾌하다. 즐겁다. 기분이 상쾌하다
呈现	chéngxiàn	나타나다. 드러나다. 양상을 띠다
恍惚神情	huǎnghūshénqíng	표정이 어리둥절하다. 정신이 멍하다
可持续	kěchíxù	환경 파괴 없이 지속 가능하다
微妙	wēimiào	미묘하다
叛逆	pànnì	배반하다. 반역하다
反常	fǎncháng	이상하다. 정상이 아니다. 비정상적이다
坦然	tǎnrán	마음이 편안한 모양. 마음이 안정되어 있는 모양
即将	jíjiāng	곧. 머지않아
命运	mìngyùn	운명. 장래. 전도
事态	shìtài	사태. 정황
不容乐观	bùrónglèguān	낙관적이지 않다
衰弱	shuāiruò	쇠약해지다. 약해지다
剧烈	jùliè	극렬하다. 격렬하다

高血压	gāoxuèyā	고혈압
神经衰弱	shénjīngshuāiruò	신경쇠약
美术馆	měishùguǎn	미술관. 화랑
第五交响曲	dìwǔjiāoxiǎngqǔ	운명 교향곡
沿路	yánlù	연도. 도로변
传递	chuándì	전달하다. 전하다. 건네다
挥舞	huīwǔ	휘두르다
旗	qí	기. 깃발
摆动	bǎidòng	(좌우로) 흔들다. 흔들거리다. 일렁거리다
搞经营	gǎojīngyíng	창업을 하다
敏锐	mǐnruì	(감각이) 빠르다. 예민하다. 예리하다
捕捉	bǔzhuō	잡다. 포착하다. 놓치지 않다
窜来窜去	cuànláicuànqù	이리저리 마구 뛰어다니다
敏捷	mǐnjié	민첩하다. 빠르다
下达	xiàdá	(명령·지시 등을) 하달하다
荣誉	róngyù	명예. 영예
校园	xiàoyuán	교정. 캠퍼스
谴责	qiǎnzé	비난하다. 질책하다. 견책하다
损人利己	sǔnrénlìjǐ	남에게 손해를 끼치고 자기 이익만을 차리다
捏造	niēzào	날조하다
诬陷	wūxiàn	무함하다
不可思议	bùkěsīyì	불가사의하다. 사람의 사유로는 헤아릴 수 없다
发脾气	fāpíqi	성질부리다. 화내다. 성내다
意念	yìniàn	생각. 견해

梦想中国语 会话

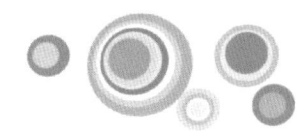

风气	fēngqì	풍조. 기풍
你追我赶	nǐzhuīwǒgǎn	서로 뒤쳐지지 않으려 하다
五星红旗	wǔxīnghóngqí	오성홍기. [중화 인민 공화국의 국기]
调皮鬼	tiáopíguǐ	개구쟁이. 말썽꾸러기. 장난꾸러기
贴切	tiēqiè	적절하다. 타당하다. 적합하다.
宰相肚里能行船	zǎixiàngdùlǐnéngxíngchuán	도량이 넓다. 재상의 뱃속은 배도 저을 수 있다.
辞藻	cízǎo	말, 언어, 어휘
补助	bǔzhù	보조하다. 돕다.
务实	wùshí	구체적인 실제 사업을 수행하다
相声	xiàngshēng	만담. 재담
喜闻乐见	xǐwénlèjiàn	기쁜 마음으로 듣고 보다. 즐겨 듣고 즐겨 보다
庆典	qìngdiǎn	경축 의식. 축전
淘汰	táotài	도태시키다
险要	xiǎnyào	험요하다. 험준하고 중요하다
暴雨	bàoyǔ	폭우
猛涨	měngzhǎng	폭등하다. 급등하다
防洪	fánghóng	홍수를 방지하다
严峻	yánjùn	중대하다. 심각하다. 모질다. 가혹하다
好转	hǎozhuǎn	호전되다. 좋아지다
股市	gǔshì	주식 시장
狂涨	kuángzhǎng	(물가·가격 등이) 폭등하다
饥饿	jīè	배고프다. 굶주리다
塑造	sùzào	인물을 형상화하다
雷锋	léifēng	레이펑

梦想中国语 会话

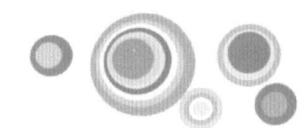

铭记	míngjì	명기하다. 명심하다
描写	miáoxiě	묘사하다. 그려 내다
散文	sǎnwén	산문
涨潮	zhǎngcháo	밀물이 들어오다
分辨	fēnbiàn	분별하다. 구분하다
雁荡山	yàndàngshān	옌당산
引人注目	yǐnrénzhùmù	사람들의 주목[이목]을 끌다
千奇百怪	qiānqíbǎiguài	기이하고 다양하다.괴상하다.가지각색의 괴이한 모양
浮想联翩	fúxiǎngliánpiān	상상이나 생각이 끊임없이 떠오르다
香气四溢	xiāngqìsìyì	향기가 퍼지다
清除	qīngchú	깨끗이 없애다
黑社会	hēishèhuì	암흑가. 범죄 조직. 마피아
犯罪团伙	fànzuìtuánhuǒ	범죄 조직
肃清	sùqīng	숙청하다. 깨끗이 제거하다
性质	xìngzhì	성질. 성분
惊险	jīngxiǎn	아슬아슬하다. 스릴이 있다. 손에 땀을 쥐게 하다
跌倒	diēdǎo	넘어지다. 쓰러지다. 자빠지다. 엎어지다
手疾眼快	shǒujíyǎnkuài	손발이 빠르다.반응이 빠르고 날쌔다.민첩하다
车祸	chēhuò	차 사고. 교통 사고
火势	huǒshì	불길. 불타는 기세
落水	luòshuǐ	물에 빠지다
奋不顾身	fènbùgùshēn	자신의 생명을 돌보지 않고 용감하게 돌진하다
抢救	qiǎngjiù	서둘러 구호하다. 구출하다. 구조하다. 응급 처치하다
不然	bùrán	그렇지 않으면. 아니면

梦想中国语 会话

木塞	mùsāi	코르크(cork) 마개
虎口余生	hǔkǒuyúshēng	호랑이의 아가리에서 목숨을 건지다. 구사일생으로 겨우 살아나다.
胸脯	xiōngpú	가슴
宽广	kuānguǎng	넓다
推敲	tuīqiāo	이것저것 곰곰이 생각하다. 헤아리다
通顺	tōngshùn	매끄럽다. 조리가 있다. 순탄하다. 순조롭다
紧凑	jǐncòu	치밀하다. 잘 짜이다. 빈틈없다
松散	sōngsǎn	느슨하다. 성기다
翻修改建	fānxiūgǎijiàn	재건축하다
甩卖一空	shuǎimàiyīkōng	헐값으로 아무것도 없이 다 팔았다
开发	kāifā	개발하다
不毛之地	bùmáozhīdì	불모지. 황량하고 척박한 땅
愿望	yuànwàng	희망. 소망. 바람. 소원
度假	dùjià	휴가를 보내다
去处	qùchù	곳. 장소. 간 곳. 행방. 행선지
山清水秀	shānqīngshuǐxiù	산 좋고 물 맑다. 산수가 아름답다
鸟语花香	niǎoyǔhuāxiāng	새가 지저귀고 꽃이 향기를 풍기다
诗情画意	shīqínghuàyì	시의 정취와 그림의 분위기
见闻	jiànwén	견문. 문견
混乱	hùnluàn	혼란하다
纪律	jìlǜ	기율. 기강. 법도
答卷	dájuàn	답안을 작성하다. 시험 문제에 대답하다
监考	jiānkǎo	시험을 감독하다. 시험 감독

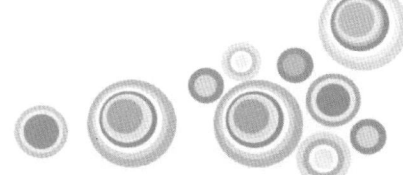

声明	shēngmíng	성명서. 성명문
生效	shēngxiào	효과가 나타나다. 효력이 발생하다
选票	xuǎnpiào	선거표. 투표(한) 용지
承办	chéngbàn	맡아 처리[취급]하다
学雷锋	xuéléifēng	레이펑한테 배우다
纷纷	fēnfēn	잇달아. 연달아
志愿者	zhìyuànzhě	지원자
散发	sànfā	뿌리다. 배포하다
反响	fǎnxiǎng	반향

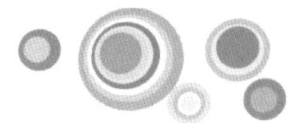

〈 단어 651-700 〉

651-700 单词	拼音	意思
投票	tóupiào	투표하다
干部	gànbù	간부
年满	niánmǎn	(기한·나이 따위가) 차다. 만기가 되다
周岁	zhōusuì	만 ... 살
统计	tǒngjì	통계하다
换届选举	huànjièxuǎnjǔ	임기 만료에 의한 교체 선거
演说	yǎnshuō	연설하다
班级	bānjí	반. 클래스
明显	míngxiǎn	뚜렷하다. 분명하다. 확연히 드러나다
社会实践	shèhuìshíjiàn	사회 실천
结束	jiéshù	끝나다. 마치다
治病	zhìbìng	질병을 치료하다. 병을 고치다
详细	xiángxì	상세하다. 자세하다. 세세하다
病情	bìngqíng	병세
对症下药	duìzhèngxiàyào	병의 증상에 따라 약을 처방하다
生意	shēngyì	장사. 영업. 사업
搞清楚	gǎoqīngchǔ	분명히 하다. 명백히[명백하게] 하다
前因后果	qiányīnhòuguǒ	(일의) 원인과 결과
警官	jǐngguān	경관
原委	yuánwěi	(일의) 경위. 본말. 시말

梦想中国语 会话

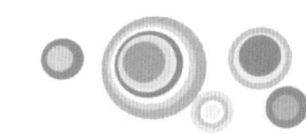

一五一十	yīwǔyīshí	하나도 빠짐없이. 처음부터 끝까지. 낱낱이
急切	jíqiè	급하다. 다급하다
跋山涉水	báshānshèshuǐ	산을 넘고 물을 건너다. 여정이 고되다
风餐露宿	fēngcānlùsù	바람과 이슬을 맞으면서 한데서 잠을 자다. 풍찬노숙하다
矿藏	kuàngcáng	지하 자원[매장 광물의 총칭]. 광산
蛛丝马迹	zhūsīmǎjì	거미줄과 말 발자국
张望	zhāngwàng	두리번거리다. 주위를 둘러보다. 먼곳을 보다
收养	shōuyǎng	입양하다. 수양하다
祖国	zǔguó	조국
亲生	qīnshēng	자신이 낳은. 자신을 낳은
迎接	yíngjiē	맞이하다
加紧	jiājǐn	박차를 가하다. 다그치다. 강화하다. 속도를 내다
刻苦	kèkǔ	노고를 아끼지 않다. 고생을 참아 내다
冠军	guànjūn	챔피언(champion). 우승(자). 우승팀. 1등
荣誉	róngyù	명예. 영예
打胜仗	dǎshèngzhàng	(전쟁·경기 등에서) 이기다. 승리하다
加强	jiāqiáng	강화하다. 증강하다
战时	zhànshí	전시
大获全胜	dàhuòquánshèng	완승을 하다
放学	fàngxué	(학교가) 방학하다
梅花鹿	méihuālù	꽃사슴
脱离	tuōlí	벗어나다. 떠나다
抢救	qiǎngjiù	서둘러 구호하다. 구출하다. 구조하다. 응급 처치하다

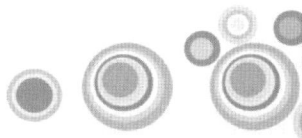

充足	chōngzú	충분하다. 충족하다
差点	chàdiǎn	하마터면. ...을 뻔하다
比分	bǐfēn	점수. 득점
吊儿郎当	diàoérlángdāng	건들건들하다. 빈둥빈둥하다. 산만하다. 진지하지 않다
嬉皮笑脸	xīpíxiàoliǎn	히히거리다. 낄낄거리며 진지하지 않는 모양
过敏	guòmǐn	알러지. 과민하다
蚊子	wénzi	모기
咬	yǎo	물다. 깨물다
挠	náo	긁다
挠痒痒	náoyǎngyǎng	가려운 곳을 가볍게 긁다
仿照	fǎngzhào	따르다. 모방하다. 본뜨다
模型	móxíng	모형
美观	měiguān	보기 좋다. 예쁘다. 아름답다
古色古香	gǔsègǔxiāng	고색이 창연하다. 옛 모습 그대로이다
老气	lǎoqì	(색상이나 디자인이) 한물 가다. 노티 나다
摇篮	yáolán	요람
如同	rútóng	마치 …와[과] 같다
均匀	jūnyún	균등하다. 고르다. 균일하다
打狂犬疫苗	dǎkuángquǎnyìmiáo	공수병 (광견병) 예방 주사
虫子	chóngzi	벌레
皮肤	pífū	피부
博士	bóshì	박사
熬夜	áoyè	밤새다
被子	bèizi	이불

梦想中国语 会话

踢开	tīkāi	차버리다
顾城	gùchéng	꾸청 (이름)
接触	jiēchù	접촉하다
渐渐地	jiànjiànde	더금더금.점점
凝结	níngjié	응결하다. 응결되다
水银	shuǐyín	수은
金属	jīnshǔ	금속
呈	chéng	(어떤 색깔이나 상태를) 나타내다. 띠다. 드러내다
固体	gùtǐ	고체
酒精	jiǔjīng	알코올
消毒	xiāodú	소독하다
胆识	dǎnshí	담력과 식견
庆祝	qìngzhù	경축하다
大幅度	dàfúdù	대폭적인
增长	zēngzhǎng	증가하다. 늘어나다
熟悉	shúxī	잘 알다. 익숙하다
懂事	dǒngshì	철들다
贴补家用	tiēbǔjiāyòng	생활비를 보조하다
翻阅	fānyuè	(서적이나 서류를) 쭉 훑어보다. 쭉 페이지를 넘기다
资料	zīliào	자료
下围棋	xiàwéiqí	바둑을 두다
全市	quánshì	전 시
棋手大赛	qíshǒudàsài	기사 대회
冠军	guànjūn	챔피언

松柏	sōngbǎi	송백. 소나무와 잣나무
苍翠	cāngcuì	짙푸르다. 검푸르다. 암녹색이다. 푸르고 싱싱하다
永不凋谢	yǒngbùdiāoxiè	영원히 시들지 않다
除夕夜	chúxīyè	제야 밤
坚守	jiānshǒu	결연히 지키다. 떠나지 않다
边防线	biānfángxiàn	국경 수비 기구가 설치된 국경선
教授	jiàoshòu	교수
年过花甲	niánguòhuājiǎ	나이가 60이 넘었다
活跃	huóyuè	활동적이다. 활기 있다
退休	tuìxiū	퇴직하다
兢兢业业	jīngjīngyèyè	신중하고 조심스럽게 맡은 일을 부지런하고 성실하게 하다
变化万千	biànhuàwànqiān	변화가 다양하다
尝尽	chángjìn	맛보다
酸甜苦辣	suāntiánkǔlà	세상 풍파. 풍상고초. 세상의 온갖 고초
晚年	wǎnnián	만년
舒心	shūxīn	마음이 편하다
情景	qíngjǐng	정경(情景). 작자의 감정과 묘사된 경치
打动	dǎdòng	감동시키다
求婚	qiúhūn	구혼하다
照顾	zhàogù	보살피다. 돌보다. 간호하다
流言	liúyán	유언. 소문
无中生有	wúzhōngshēngyǒu	본래 없던 일을 있다고 말하다 없는 사실을 날조하다. 터무니없이 꾸며 대다
清誉毁于一旦	qīngyùhuǐyúyīdàn	오랜 노력의 성과나 귀한 물건이 한순간에 훼손되다

爆发	bàofā	일어나다
决口	juékǒu	제방이 (홍수로) 터지다
决议	juéyì	결의. 결정
推选	tuīxuǎn	천거[추천]하여 선발[선출]하다
沟通	gōutōng	서로 통하게 하다. 교류하다
开动	kāidòng	출발하다
汽笛	qìdí	기적(소리)
闪闪	shǎnshǎn	번쩍번쩍하다
严峻	yánjùn	중대하다. 심각하다
欧洲	ōuzhōu	유럽/유럽 대륙
冠冕堂皇	guānmiǎntánghuáng	겉모양이 번지르르하다. 그럴듯하다. 근사하다
并非如此	bìngfēirúcǐ	그렇지 않다
凄美	qīměi	애달프다. 처절하다
遥遥领先	yáoyáolǐngxiān	큰 점수로 리드하다. 점수 차가 많이 벌어지다
接近	jiējìn	접근하다. 가까이하다. 다가가다
摔倒	shuāidǎo	쓰러지다. 넘어지다
欣赏	xīnshǎng	감상하다. 좋아하다. 마음에 들다
限制	xiànzhì	제한. 한정. 한계
走马看花	zǒumǎkànhuā	주마간화. 대충대충 보고 지나가다
一流	yīliú	일류
番	fān	한바탕. 한차례. 한번
消除	xiāochú	없애다. 해소하다. 풀다
解答	jiědá	해답하다. 질문을 풀다. 의문을 풀다
自古以来	zìgǔyǐlái	옛날부터. 자고이래

梦想中国语 会话

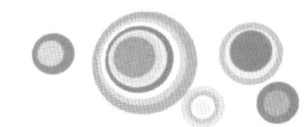

汉奸	hànjiān	한간
卖国贼	màiguózéi	매국노
下游一带	xiàyóuyīdài	하류의 강물이 흘러 지나가는 지역. 하류 지역
频繁	pínfán	빈번하다
洪涝	hónglào	논밭이 침수되는 재해
寄钱	jìqián	송금하다
零用钱	língyòngqián	잡비. 용돈
举办	jǔbàn	거행하다. 개최하다. 열다
奥运会	àoyùnhuì	올림픽
华南虎	huánánhǔ	남중국 호랑이
足迹	zújì	족적. 발자취
出乎意外	chūhūyìwài	예상을 벗어나다
碌碌无为	lùlùwúwéi	부질없이 바쁘게 보내며 이룬 바가 없다
推动	tuīdòng	추진하다
改革	gǎigé	개혁하다
弄懂	nòngdǒng	알다. 이해하다
七嘴八舌	qīzuǐbāshé	이리쿵저리쿵 여러 사람들이 왁자지껄 떠들썩하게 이야기하다
激烈	jīliè	격렬하다. 치열하다
当面	dāngmiàn	직접 마주하여. 맞대면하여
提出来	tíchūlái	제출하다. 제의하다
议论纷纷	yìlùnfēnfēn	의견이 분분하다. 왈가왈부하다
保持	bǎochí	(지속적으로) 유지하다. 지키다. 보지하다.
沉默	chénmò	침묵하다

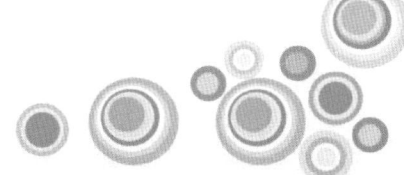

承担	chéngdān	맡다. 담당하다. 감당하다. 부담하다. 책임지다
赡养	shànyǎng	(부모를) 봉양하다
适龄	shìlíng	적령기이다. 알맞은 나이이다
服兵役	fúbīngyì	군복무를 하다
提拔	tíbá	발탁하다. 등용하다
从事	cóngshì	종사하다. 몸담다
销售	xiāoshòu	팔다. 판매하다. 매출하다
显著	xiǎnzhù	현저하다. 뚜렷하다. 두드러지다. 돋보이다
失信于人	shīxìnyúrén	남에게 신용을 잃다
虚心	xūxīn	겸손하다. 겸허하다. 자만하지 않다. 허심하다
知名度	zhīmíngdù	지명도
甜美动听	tiánměidòngtīng	달콤하고도 감동적이다
调动	diàoòng	변동하다. 옮기다. 이동하다
积极	jījí	적극적이다
克服	kèfú	극복하다. 이기다
消极	xiāojí	소극적이다
纬度	wěidù	위도
胜败	shèngbài	승패. 승부. 승리와 패배
天资	tiānzī	타고난 자질. 천부의 재능
不懈	bùxiè	게으르지 않다. 꾸준하다
肯下功夫	kěnxiàgōngfū	기꺼이·자진하여 열심히 하다
磨杵成针	móchǔchéngzhēn	쇠공이를 갈아서 바늘을 만들다. 끈기 있게 노력하면 무슨 일이든지 다 이룬다
成就	chéngjiù	완성하다. 이루다

丰收	fēngshōu	풍작을 이루다. 풍년이 들다
银饰店	yínshìdiàn	은 장식품 가게
物美价廉	wùměijiàlián	상품의 질이 좋고 값도 저렴하다
饰品	shìpǐn	장신구. 액세서리
虚有其表	xūyǒuqíbiǎo	유명무실하다. 겉모양만 멀쩡〔번지르르〕하다
潇洒	xiāosǎ	시원스럽고 대범하다
淳朴	chúnpǔ	순박하다
兴高采烈	xìnggāocǎiliè	매우 기쁘다. 신바람이 나다. 매우 흥겹다
朝气蓬勃	zhāoqìpéngbó	생기가 넘쳐흐르다. 생기발랄하다. 씩씩하다
乘务员	chéngwùyuán	승무원
全体	quántǐ	전체
机舱	jīcāng	비행기의 객실 또는 화물칸. 기내
满怀	mǎnhuái	가슴에 꽉 차다. 가슴에 맺히다
一年一度	yīniányīdù	1년에 한 번
年货	niánhuò	설에 쓰이는 일체의 물건. 설맞이 용품
发育	fāyù	발육하다. 자라다. 성장하다
番茄	fānqié	토마토
蔬菜	shūcài	채소. 야채. 푸성귀. 남새. 소채
鲜美	xiānměi	맛이 좋다. 맛이 신선하다
接待	jiēdài	접대하다. 응접하다. 영접하다
顾客	gùkè	고객. 손님
装修	zhuāngxiū	인테리어
暂时	zànshí	잠시. 일시
吊销	diàoxiāo	회수하여 취소하다

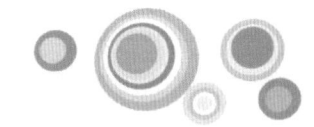

执照	zhízhào	면허
假冒伪劣	jiǎmàowěiliè	가짜가 진짜를 대신하여 품질이 떨어지다
齐备	qíbèi	갖추다. 구비하다. 완비하다
一窍不通	yīqiàobùtōng	아무것도 모르다. 아는 게 하나도 없다
威吓	wēixià	위협하다. 으름장 놓다. 으르다
从容	cóngróng	넉넉하다. 여유 있다
录取	lùqǔ	채용하다. 고용하다. 합격시키다. 뽑다
反问	fǎnwèn	반문하다. 반어로 묻다
竟然	jìngrán	뜻밖에도. 의외로. 상상 외로. 놀랍게도
外贸	wàimào	대외 무역
会计	kuàijì	회계원
胜任	shèngrèn	능히 감당하다
良莠不齐	liángyòubùqí	좋은 사람과 나쁜 사람이 뒤섞여 있다
用人单位	yòngréndānwèi	고용 업체
待遇	dàiyù	대우. 대접
吸引	xīyǐn	흡인하다. 빨아당기다. 잡아끌다
范围	fànwéi	범위
广泛	guǎngfàn	광범(위)하다. 폭넓다. 두루 미치다
疗法	liáofǎ	치료법. 요법
副作用	fùzuòyòng	부작용
旷野	kuàngyě	광야. 광원
大自然	dàzìrán	대자연
奇迹	qíjì	기적
车厢	chēxiāng	객실. 화물칸. 차실. 트렁크

 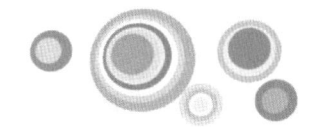

闷得透不过气来	mèndetòubùguòqìlái	답답해서 숨쉴 수가 없다
扒手	páshǒu	소매치기
棉衣	miányī	솜옷
排队	páiduì	줄을 서다
等候	děnghòu	기다리다
披荆斩棘	pījīngzhǎnjí	어려움이나 장애를 제거하다
犹豫	yóuyù	주저하다. 망설이다
说理	shuōlǐ	이치를 따지다. 도리를 밝히다
购物	gòuwù	물품을 구입하다. 물건을 사다
店庆	diànqìng	매년 상점이나 음식점의 개점일에 개최하는 기념행사
泉水淙淙	quánshuǐcóngcóng	샘물이 졸졸 흐르다
纯净	chúnjìng	순수하고 깨끗하게 하다. 순정하게 하다
草原	cǎoyuán	초원. 풀밭
随风飘荡	suífēngpiāodàng	바람을 따라 나부끼다
舞步轻盈	wǔbùqīngyíng	춤의 스텝이 경쾌하다
悦耳动听	yuèěrdòngtīng	구성지다. 건드러지다
曲线	qūxiàn	곡선
简洁	jiǎnjié	깔끔하다. 매끈하다. 간결하고 명료하다
风采	fēngcǎi	풍채. 풍모. 기품
扬长避短	yángchángbìduǎn	장점〔우수한 점〕을 발양하고 단점〔결점〕을 피하다
赢	yíng	이기다. 승리하다
攻势	gōngshì	공세
占据	zhànjù	점거하다. 점유하다
压倒	yādǎo	압도적

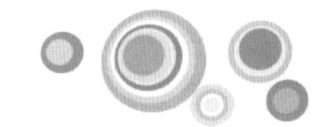

明显	míngxiǎn	뚜렷하다. 분명하다. 확연히 드러나다
耐力	nàilì	지구력. 내구력. 인내력
底蕴	dǐyùn	온축. 상세한 내용[경위]. 내부 상황
风土人情	fēngtǔrénqíng	지방의 특색과 풍습. 풍토와 인심
贵州茅台	guìzhōumáotái	구이저우마오타이. 귀주모태
崇尚	chóngshàng	숭상하다. 존중하다. 받들다
灿烂	cànlàn	찬란하다. 눈부시다
秀美	xiùměi	수려하다. 곱다. 어여쁘다. 고상하다. 우아하다
抢救	qiǎngjiù	구하다
黄继光	huángjìguāng	황계광
事迹	shìjì	사적
生死存亡	shēngsǐcúnwáng	생사존망. 생사존망이 걸려 있다
紧急关头	jǐnjíguāntóu	긴급한 시기
胸膛	xiōngtáng	흉강. 가슴
挡住	dǎngzhù	저지하다. 막(아 내)다
泰山	tàishān	타이산. 태산
描述	miáoshù	묘사하다. 기술[서술]하다

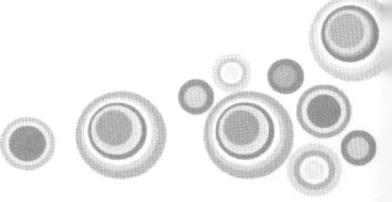

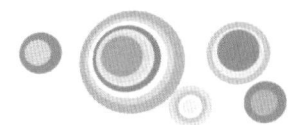

〈 회화 701-800 〉

701 与其 yǔqí	~하기는. ~하느니. ~하기보다는 차라리 A: 潜水好玩吗? B: 与其在这里想象，不如去试一下。 A: 如果这次考试考砸了怎么办? B: 与其现在担心，不如平时努力学习。 A: 睡觉能帮助我们放松心情吗? B: 与其在家睡一天，不如出去散步放松一下心情。 A: 我们放学后出去玩吧? B: 我不去，与其放学后去玩，不如回家温习功课。
702 语气 yǔqì	말투. 어기. 어투 A: 他怎么垂头丧气的? B: 听他的语气，好像不太高兴。 A: 你为什么喜欢她? B: 因为她对我说话的语气非常柔和。 A: 妈妈生气时的语气是什么样的? B: 妈妈生气时语气很不好。 A: 他什么时候语气会生硬? B: 他在课上朗读课文的时候语气会很生硬。
703 预报 yùbào	예보하다. A: 你昨天看天气预报了吗? B: 看了，天气预报说今天有雨。 A: 大家今天为什么不上课? B: 因为听天气预报说今天有台风。 A: 你今天怎么穿这么多? B: 因为听天气预报说从今天开始降温。 A: 天气预报是可信的吗? B: 是的，虽然有时候会不太准，但天气预报基本是可信的。
704 预订 yùdìng	예약하다. 예매하다 A: 你预定过酒店吗? B: 是的，我预定过首尔的酒店。 A: 你的婚礼为什么推迟了? B: 因为教堂几个月前就被预订满了。 A: 您想预订几天的房间? B: 我想预订从10月1号到10月7号这7天的房间。 A: 飞机票可以预定吗? B: 可以，你可以从航空公司官网上预订飞机票。

705 预防 **yùfáng**	예방하다. A：你为什么每天早上都出去跑步？B：为了锻炼，预防感冒。 A：戴口罩有什么作用？B：可以预防疾病的传染。 A：除了戴口罩，还有什么方法可以预防疾病的传染？B：还可以去医院打预防针。 A：疾病是可以预防的吗？B：可以的，平时要勤洗手，讲卫生。
706 缘故 **yuángù**	연고. 이유 A：他为什么退学了？B：因为生病的缘故，他只能退学了。 A：他今天因为什么缘故迟到了？B：可能是因为下雨的缘故吧。 A：飞机起飞的时间为什么变更了？B：因为天气的缘故，飞机改为明天起飞了。 A：她今天为什么情绪很不好？B：我们也不知道是什么缘故。
707 原料 **yuánliào**	원료. 감. A：造纸的原料是什么？B：芦苇的茎和叶很坚韧，都是造纸的好原料。 A：附近的工厂怎么都停产了？B：都是因为没有原料了。 A：你们是怎么分工的？B：我去买原料，他来加工。 A：我们平时吃的面粉的原料是什么？B：是小麦。
708 原则 **yuánzé**	원칙. A：做人最基础的原则是什么？B：诚实守信。 A：爷爷经常对你说什么？B：爷爷经常对我说，做人要有原则。 A：国家之间和平共处的五项原则是什么？ B：互相尊重主权和领土完整，互不侵犯，互不干涉内政，平等互利，和平共处。 A：你为人处世的第一条原则是什么？B：实事求是。
709 愿望	희망. 바람. 소원.

yuànwàng	A：你的愿望是什么？B：我的愿望是让沙漠变成绿色的海洋。	
	A：父母的愿望是什么？B：家长都是望子成龙，望女成凤。	
	A：她的愿望实现了没有？B：还没有，她还需要一些时间。	
	A：今年最令她开心的是什么？B：她考上了理想的大学，这是她梦寐以求的愿望。	
710 晕 **yūn**	어지럽다. 까무러치다.	
	A：他为什么不喜欢航海？B：因为他晕船。	
	A：他怎么突然晕倒了？B：可能是天气太热，中暑了。	
	A：头晕的原因有哪些？B：肚子饿时可能会头晕，蹲久了站起来也会头晕。	
	A：医生说她怎么样？B：医生说她虽然看起来很好，但随时可能会晕倒。	
711 运气 **yùnqì**	운수. 운세.	
	A：你觉得今天我们能按时到达么？B：如果运气好，等会儿不堵车的话，应该是可以的。	
	A：你今天运气怎么样？B：别说了，今天运气糟透了。	
	A：今天钓了几条鱼？B：今天运气不太好，没钓几条。	
	A：他为什么能拿第一名？B：七分靠努力，三分靠运气。	
712 运输 **yùnshū**	운반하다. 수송하다. 운송하다.	
	A：这辆火车要去哪里？B：这辆火车运输了一批木材要到南方去。	
	A：这架飞机是干什么用的？B：这架飞机是用来运输货物的。	
	A：运输是什么意思？B：用车、船、飞机等交通工具把旅客、货物等从一个地方运到另一个地方。	
	A：这辆货车一次能运输多少货物？B：这辆车一次能运输2吨的货物。	
713 运用 **yùnyòng**	운용하다. 활용하다. 응용하다.	

	A：怎样学习才是最有效率的？B：学习中切忌死记硬背,应学会举一反三,灵活运用。 A：怎样将知识运用到生活中去？B：这要求我们在生活中学会多思考。 A：背单词有什么好处？B：背单词能帮助我们写出更优秀的作文。 A：他用什么方法取得了胜利？B：他灵活运用了孙子兵法，打了不少胜仗。
714 灾害 zāihài	재해. 재난. 화. A：什么会给农民带来巨大的损失？B：洪涝灾害会给农民带来巨大的损失。 A：各种自然灾害中，你认为什么是最严重的？B：我认为地震是最严重的自然灾害。 A：在自然灾害面前，我们应该怎么做？B：我们应该团结一致，互相帮助。 A：这里曾经是一片绿洲，怎么变成这样了？B：都是环境污染和自然灾害造成的。
715 赞成 zànchéng	찬성하다. 찬동하다. A：你觉得他的意见怎么样？B：我赞成他的意见。 A：你妈妈会赞成你自己的决定吗？B：有时候会，有时候不会。 A：你如果不赞成别人的观点会怎么做？B：我会委婉地提出自己的意见。 A：你最希望谁能赞成你的观点？B：我最希望家人能赞成我的观点。
716 糟糕 zāogāo	엉망이 되다. 망치다. A：你今天心情怎么样？B：事事不顺，简直糟糕透了。 A：他最近过得怎么样？B：近来他的情况很糟糕。 A：你会把成绩单拿给爸爸看吗？B：这么糟糕的成绩，爸爸看了肯定会大发脾气。 A：这次的地震会毁掉那座城市吗？B：别担心，情况也许并没有想像中那么糟糕。
717 造成 zàochéng	형성하다. 조성하다. 초래하다. 야기하다. A：朋友之间产生矛盾会怎样？B：如果不及时处理，会造成不好的后果。 A：你今天为什么不跟他说话？B：因为他昨天说的话对我造成了伤害。

		A：他为什么会营养不良？B：他过于节俭，长久以来不按时吃饭造成了他营养不良。
718 责备 zébèi		책망하다. 탓하다. 나무라다. A：如果你晚上出去玩儿电子游戏，回来后受到了妈妈的责备，你会觉得委屈吗？B：不委屈，这都怪我没有提前告诉妈妈。 A：爸爸妈妈什么时候会责备你？B：在我不听话的时候。 A：你受过老师的责备吗？B：受过，因为我不好好听课。 A：你责备过谁吗？为什么？B：我责备过弟弟，因为他偷吃了我的糖。
719 摘 zhāi		따다, 꺾다. 뜯다. A：你会摘路边的野花吗？B：不会，因为花草也是有生命的。 A：你去果园干什么了？B：我去果园摘苹果了。 A：什么样的果实才可以摘？B：成熟的果实才可以摘。 A：你进屋第一件事会干什么？B：我会摘掉帽子。
720 粘贴 zhāntiē		붙이다. 바르다. A：照片应该粘贴在简历的哪里？B：一般来说是左上角或右上角。 A：在粘贴时会用到什么工具？B：可能会用到胶水，胶带或剪刀。 A：这幅画是怎么制作的？B：这幅画是用废纸粘贴起来的。 A：使用胶水粘贴时，需要注意什么？B：要注意避免粘到自己的手。
721 展开 zhǎnlǎn		펴다. 펼치다. A：今天上课干什么了？B：今天我们班就"追星"问题展开了激烈的讨论。 A：小鸟翅膀受伤了还能再飞吗？B：恐怕是不能了，它再也不能展开翅膀飞翔了。 A：怎样写看图作文？B：你要根据图片展开合理的想象。
722 展览		전람하다.

zhǎnlǎn	A：这个展览怎么样？ B：看了这个展览，人们的心情都很沉重。	
	A：博物馆里展览的都是什么？ B：博物馆里展览的都是珍贵的古代文物。	
	A：你昨天去北京干什么了？ B：爸爸带我参观了北京市少年书画展览。	
	A：你去过展览会吗？ B：去过，只有优秀的作品才会出现在展览会上。	
723 战争 zhànzhēng	전쟁.	
	A：人们怎么看待战争？ B：人们讨厌战争，热爱和平。	
	A：听说你爷爷是一名老战士？ B：是的，我爷爷参加过抗日战争。	
	A：你读过战争题材的小说吗？ B：读过。	
	A：那你看过战争题材的电影吗？ B：看过。	
724 涨 zhǎng	(물가 수위 등이)오르다.	
	A：最近物价涨了吗？ B：最近物价涨了挺多。	
	A：河水怎么涨高了不少？ B：可能是因为昨天下雨了。	
	A：爸爸今天为什么这么高兴？ B：因为爸爸今天涨工资了。	
	A："水涨船高"是什么意思？ B："水位升高，船身也随之升高"的意思。	
725 掌握 zhǎngwò	숙달하다. 파악하다. 정통하다.	
	A：怎样才能掌握一门语言？ B：只要认真学习就能掌握它。	
	A：你用了几年掌握了绘画的技巧？ B：我用了两年。	
	A：这节课学习的知识你掌握了多少？ B：掌握了大约有一半左右。	
	A：你现在掌握了几门语言？ B：我现在掌握了3门语言。	
726 账户 zhànghù	예금계좌.	
	A：你有个人的银行账户吗？ B：我暂时还没有。	
	A：你爸爸有个人的银行账户吗？ B：我爸爸有个人的银行账户。	

	A：你能记住自己的账户密码吗？B：我能记住。 A：忘记了账户密码怎么办？B：你可以申请重新设置密码。
727 招待 **zhāodài**	접대하다. 대접하다. 환대하다. A：你在家里招待过朋友吗？B：我生日的时候在家里招待过朋友。 A：在你的家乡一般用什么招待客人？B：在我的家乡一般用米酒招待客人。 A：应该怎样招待客人？B：应该热情地招待客人。 A：你上周去西藏旅游了吗？B：恩，那里的牧民很热情地招待了我们。
728 着凉 **zháoliáng**	감기에 걸리다. A：怎样才能不着凉？B：多穿衣服，多喝水。 A：你着凉了吗？B：是的，昨晚开着窗睡着了，所以着凉了。 A：着凉了会很难受吗？B：着凉了会流鼻涕，会很难受。 A：着凉跟感冒有什么区别？B：着凉就是感冒了。
729 召开 **zhàokāi**	열다. 개최하다. A：这个学期学校召开家长会了吗？B：恩，3月初召开了一次家长会。 A：大家为什么都跑进教室来了？B：老师说一会儿要召开班会。 A：大会是明天召开吗？B：是的，会场已经布置好了。 A：什么时候召开运动会？B：今年5月中旬会召开夏季运动会。
730 照常 **zhàocháng**	평소와 같다.. A：星期天餐厅照常营业吗？B：星期天餐厅照常营业。 A：昨天下午下雨了，足球赛进行了吗？B：足球赛在雨中照常进行了。 A：春节期间商店会关门吗？B：春节期间，各大商店照常营业。 A：下雨了，我们还用去上课吗？B：当然了，我们依然照常上课。

731 真实 zhēnshí	진실하다. A: 新闻报道都是真实的吗? B: 新闻报道必须真实，不许有半点虚假。 A: 这是一张真实的照片吗? B: 不是，这是一张电脑合成的照片。 A: 那部电影是真实的吗? B: 这部电影是根据一个真实的故事拍摄的。 A: 广告都是真实的吗? B: 广告上说的未必都是真实的。
732 针对 zhēnduì	겨누다. 조준하다. A: 你们今天上课干什么了? B: 我们今天针对"什么是勇敢"这个话题进行了讨论。 A: 他是不是针对我? B: 不是的，他针对的是事，不是人。 A: 大家针对这个问题还有没有别的意见? B: 没有了。
733 珍惜 zhēnxī	진귀하게 아껴 아끼다. 귀중히 여기다.. A: 我们为什么要珍惜时间? B: 因为时间就是生命。 A: 我们为什么要珍惜粮食? B: 因为粮食是农民的劳动果实。 A: 你有很珍惜的东西吗? B: 有，我很珍惜我妈妈给我买的裙子。 A: 你打算怎样珍惜时间? B: 我要在有限的时间内学习更多的知识。
734 诊断 zhěnduàn	진단하다. A: 医生的诊断结果是什么? B: 医生说她以后再也不能走路了。 A: 诊断结果出来了吗? B: 还没有，下星期一出结果。 A: 她最近怎么闷闷不乐的? B: 她被医生诊断为癌症。 A: 目前最好的诊断方法是什么? B: 去做一个CT。
735 睁 zhēng	크게 뜨다. A: 你睁着眼不睡觉干什么呢? B: 我在数星星。 A: 这幅画里有什么秘密? B; 你睁大眼睛仔细瞧瞧。

梦想中国语 会话

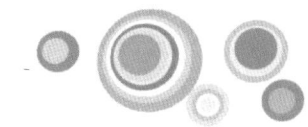

	A：" 睁眼说瞎话" 什么意思？B：肆无忌惮地说谎话。 A：" 睁一只眼闭一只眼" 是什么意思？B：对应该阻止的事情假装没看见。
736 争论 **zhēnglùn**	변론하다. 쟁론하다. 논쟁하다. A：他们在争论什么？B：他们在争论应该选谁当总统。 A：人们为什么会争论？B：因为他们对同一件事情的观点不一致。 A：他与人争论时有什么表现？B：他的脸会变得通红。 A：你与谁争论过问题？B：高中时，我与同桌争论过数学问题。
737 争取 **zhēngqǔ**	쟁취하다. 다내다. 노력하다. A：你今年有什么目标吗？B：我今年的目标是争取买一套属于自己的房子。 A：这支球队今年的目标是什么？B：是年底的比赛争取能进前三名。 A：你还有多长时间结束？B：我争取一个小时内结束。 A：你什么时候结婚？B：我争取明年结婚。
738 整个 **zhěnggè**	모든 것. 온, 모두. A：你为什么想坐飞机去旅游？B：整个中国那么大，我想去看看。 A：你的梦想是什么？B：我的梦想是环游整个世界。 A：他怎么整个人都不开心？B：他今天考试没考好。 A：你整个脸怎么都红了？B：我在太阳底下站了一个小时，所以晒红了。
739 整体 **zhěngtǐ**	전부, 전체. 총체. A：那支球队的整体实力怎么样？B：还可以，值得期待。 A：他怎么评价这个房子？B：他说这房子整体结构不错。 A：我今天穿这身衣服怎么样？B：整体看上去还不错。 A：你注重整体还是注重细节？B：我比较注重整体。

740 政策 zhèngcè	정책.. A: 政策是谁制定的？ B: 政策是国家制定的。 A: 政策和法律一样吗？ B: 不一样，但同样需要遵守。 A: 国家为什么要制定政策？ B: 为了能让人们享受更好的生活。 A: 你知道国家有哪些政策吗？ B: 我知道中国有计划生育的政策。
741 政治 zhèngzhì	정치.. A: 你最喜欢什么科目？ B: 我最喜欢政治。 A: 你家谁比较关心政治？ B: 我爸爸比较关心政治。 A: 你觉得政治跟生活有关系吗？ B: 我觉得政治跟生活有密切的关系。 A: 他的梦想是什么？ B: 他想要成为一名政治家。
742 证据 zhèngjù	증거.. A: 警察为什么逮捕了他？ B: 因为警察掌握了他犯罪的证据。 A: 你有什么证据说是她偷吃了蛋糕？ B: 有人看见她偷吃了。 A: 怎样才能让大家相信我说的话？ B: 空口无凭，你要拿出证据来。 A: 警察怎么来了？ B: 警察来找他的犯罪证据。
743 挣钱 zhèngqián	돈을 벌다.. A: 他为什么不上学？ B: 因为他家里很困难，所以他得在外打工挣钱，没法儿上学。 A: 你们家谁挣钱最多？ B: 我爸爸挣钱最多。 A: 你是从什么时候开始挣钱的？ B: 我从初中开始就打工挣钱了。 A: 你觉得挣钱的意义是什么？ B: 我觉得靠自己的能力吃饭是一件很自豪的事情。
744 支 zhī	자루. 개피 [막대 모양의 물건을 세는 단위]. A: 你能借我一支笔用吗？ B: 对不起，我只有一支笔。

		A：情人节你收到了什么礼物？B：我收到了一支钢笔。 A：妈妈怎样哄宝宝睡觉？B：妈妈会给宝宝唱一支摇篮曲。 A：你去超市买什么了？B：我买了一支雪糕。
745 支票 zhīpiào		수표 A：这张支票为什么不能用？B：因为这是一张空头支票。 A：支票有什么用处？B：用支票可以去银行取钱。 A：你有支票吗？B：我没有支票，但我爸爸有。 A：支票应该怎么用？B：各种支票的使用用途都不同。
746 直 zhí		곧다.. A：请问，人民医院怎么走？B：沿着这条街直走就到了。 A：什么树又高又直？B：松树又高又直。 A：升国旗时应该怎样做？B：应该站得笔直，向国旗致敬。 A：你的家乡有什么变化？B：家乡一条条弯曲的小路已经变成了笔直的公路。
747 执行 zhíxíng		집행하다. 수행하다. A：街上怎么会有警车？B：那是警察在执行任务。 A：《新交通安全法》从什么时候开始执行？B：《新交通安全法》从明年一月开始执行。 A：上级下达的命令要怎么做？B：要认真执行，不能敷衍。 A：你们有新的计划了吗？B：没有，我们打算执行原来的计划。
748 指导 zhǐdǎo		지도하다. 가르치다. A：你是怎么掌握这门技术的？B：我经过师傅的指导慢慢掌握了这门技术。 A：为什么说书籍是我们的老师和朋友？ B：因为书可以给我们指导和帮助。

	A：你为什么喜欢那个老师？B：因为他总是温柔地给予我指导和劝告。 A：感冒药可以随便吃吗？B：什么药都不能随便吃，你应该在医生的指导下服用。
749 指挥 zhǐhuī	지휘하다.. A：昨天的球赛输了还是赢了？B：原本快输了，但经过教练的指挥，反败为胜了。 A：在你家谁打扫卫生？B：在我家我妈妈指挥我跟爸爸打扫卫生。 A：马戏团的动物为什么听人的指挥？B：因为它们接受了训练。 A：战场上的指挥人叫什么？B：叫指挥员，也叫将军。
750 制度 zhìdù	제도 A：同学们在讨论什么？B：在讨论学校新出的规章制度。 A：制度有什么好处？B：它可以维护社会的公平和公正。 A：你们公司的上下班制度是怎么样的？B：早上8点上班，下午5点下班。 A：如果违反了制度会怎样？B：如果违反了制度，会受到惩罚。
751 制定 zhìdìng	제정하다. 세우다 A：你今年制定计划了吗？B：制定了，我今年的计划之一是通过HSK6级考试。 A：应该怎么制定工作计划？B：制定工作计划一定要从实际出发。 A：你平时怎么制定计划？B：我平时都是认真思考后才制定计划。 A：你制定过什么计划？ B：我制定过旅行计划。
752 制作 zhìzuò	제작하다. 만들다.. A：你制作过什么东西吗？B：我制作过新年贺卡，我把它送给了妈妈。 A：这个玩具是用什么材料制作而成的？B：它是用塑料做的。 A：你为什么收集落叶？B：因为我想用它们来制作标本。 A：电影中的太空船和外星人都是怎么制作的？B：那些都是用电脑程序制作的。

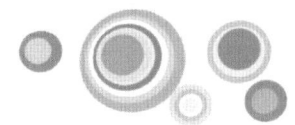

753 至今 zhìjīn		지금까지. 현재까지.
	A：你叔叔最近怎么样了？	B：他离开家已经三年了，至今还没有消息。
	A：你印象最深的事情是什么？	B：大学毕业时的情景，至今记忆犹新。
	A：埃及人是用什么方法建起金字塔的？	B：这个问题至今没有人知道。
	A：你最遗憾的是事情是什么？	B：奶奶去世前，我没能赶回家，让我遗憾至今。
754 至于 zhìyú		~의 정도에 이르다. ~으로 말하면..
	A：这次考试考得怎么样？	B：不太好，但还不至于不及格。
	A：你围棋下得怎么样？	B：我会下象棋，至于围棋，我一窍不通。
	A：你至于生这么大气么？	B：怎么不至于，你都没对我说一句道歉的话。
	A：你邻居是做什么工作的？	B：我只知道她每天早出晚归，至于具体干什么不知道。
755 治疗 zhìliáo		치료하다..
	A：奶奶的病怎么样了？	B：经过住院治疗，已经好多了。
	A：他怎么突然病得那么重？	B：她开始得了感冒，没及时治疗，现在病情加重了。
	A：医生的职责是什么？	B：积极为病人治疗。
	A：你同桌今天怎么没来上课？	B：他生病了，正在医院治疗。
756 秩序 zhìxù		질서..
	A：老师为什么批评了他们？	B：因为他俩大声吵架，扰乱了课堂秩序。
	A：我们为什么排队？	B：因为人们要自觉遵守社会秩序。
	A：交警的职责是什么？	B：积极维护交通秩序。
	A：维护社会秩序靠什么？	B：要靠我们大家自觉遵守社会秩序。
757 周到 zhōudào		세심하다. 꼼꼼하다. 빈틈없다, 주도면밀하다.
	A：那家店有名气的原因是什么？	B：那里的服务很周到。

	A：怎样才能更好地完成这项工作？B：首先要计划周到，其次要努力实现计划。 A：李叔叔是一个怎样的人？B：他是一个性格稳重，考虑问题周全的人。 A：大家为什么称赞他是一名孝子？B：因为他对父母照顾得很周到。
758 逐步 zhúbù	점차. 한 걸음 한 걸음. 한 걸음씩. A：怎样能快速地学好中文？B：学习要逐渐积累，逐步提高，不能急于求成。 A：他最近学习成绩怎么样？B：他最近学习很努力，成绩正在逐步提高。 A：你个子高还是你爸爸个子高？B：我爸爸，但随着我年龄的增长，差距正在逐步减小。 A：他是怎么成功的？B：他是一步一个脚印，努力奋斗，逐步走向成功的。
759 主持 zhǔchí	주최하다. 사회를 보다, 주관하다. A：姐姐的梦想是什么？B：姐姐的梦想是做一名主持人。 A：今天的班会由谁主持？B：老师生病了，今天的班会由班长主持。 A：今天的晚会主持人是谁？B：是一名声音优美的学姐。 A：你做过主持人吗？B：没有，我没有那个勇气。
760 主观 zhǔguān	주관. 주관적이다. A：主观是什么意思？B：主观是指人的一种思考方式，与"客观"相反。 A：太过主观会有什么问题？B：太过主观会导致看问题不够全面。 A：大家为什么不满意他的决定？B：因为他太注重自己的主观想法了。 A：他为什么失败了？B：他做事主观，不肯接受别人意见，最终失败了。
761 主席 zhǔxí	주석. 위원장. 의장. A：中国第一任国家主席是谁？B：是毛泽东。 A：主席是什么意思？B：主席是主要席位或主人席位的简称。

	A：你爷爷是哪儿的主席？B：我爷爷是市书法家协会的主席。 A：你大学的时候是学生会主席吗？B：我不是，我的同桌是。
762 主张 zhǔzhāng	주장하다. 주장. 견해. 의견. A：坚持自己的主张是正确的吗？B：坚持自己主张的同时也应该听取别人的主张。 A：他们俩为什么争论？B：两人的主张不一样，谁都不肯放弃自己的主张。 A：考试题泄露了怎么办？B：有人主张重考一次，也有人不同意。 A：他今天怎么不开心？B：他工作上自作主张，被领导批评了，自然心情不好。
763 嘱咐 zhǔfù	분부하다. 당부하다.. A：上学前妈妈嘱咐你什么？B：我妈妈嘱咐我上课认真听讲，中午好好吃饭。 A：爸爸信里写什么了？B：爸爸嘱咐我在外面注意安全，注意身体健康。 A：医生说什么了？B：医生嘱咐爸爸要多休息，少抽烟。 A：小时候妈妈嘱咐你最多的话是什么？B：过马路要小心。
764 祝福 zhùfú	축복하다. 축원하다. 기원하다. 축복. 축하.. A：过节的时候人们会做什么？B：人们会互相送上祝福。 A：一般大家对新人的祝福是什么？B：祝他们新婚快乐，百年好合，白头偕老。 A：一般对老人的生日祝福是什么？B：祝他福如东海，寿比南山。 A：你最希望得到谁的祝福？B：我最希望得到父母的祝福。
765 注册 cānyù	참여하다. 참가하다. A：你在网上注册过什么？B：我注册过邮箱。 A：注册一个公司难吗？B：不简单，需要很多手续。 A：注册邮箱需要填写哪些信息？B：需要填写用户名、密码、身份证号码等等。 A：用手机号可以注册微信吗？B：我也不清楚，你可以试试。

766 抓紧 zhuājǐn	꽉 쥐다. 단단히 잡다..	
	A：同学们最近都干什么呢？B：快期末考试了，大家都在抓紧时间复习呢。	
	A：这件事这么着急，你还不抓紧？B：我这就去办。	
	A：今天怎么没看见你同桌？B：明天是毕业晚会，他们正在抓紧时间排练。	
	A：放学后你干什么去？B：放学后我要抓紧时间写作业。	
767 专家 zhuānjiā	전문가.	
	A：什么样的人可以叫做专家？B：专家指在学术，技艺方面有专门研究或特长的人。	
	A：张教授是哪方面的专家？B：张教授是著名的脑科专家。	
	A：专家年龄都很大吗？B：不一定，但是很多专家年龄都不小。	
	A：你认识什么专家吗？B：我觉得我妈妈是料理专家。	
768 专心 zhuānxīn	전심전력하다.	
	A：上课应该干什么？B：上课应该专心听讲。	
	A："专心致志"是什么意思？B：形容非常认真地去做某件事。	
	A：怎样才能把工作做好？B：只要专心地去做就可以做好。	
	A：教室里，同学们在干什么？B：同学们正在专心地学习。	
769 转变 zhuǎnbiàn	전변하다. 바꾸다. 바뀌다.	
	A：他是怎么使大家改变了对自己的看法？B：他通过一个学期的努力，转变了大家的看法。	
	A：这几年他发生了什么转变？B：他由坏学生转变成了一个好学生。	
	A：这一年你最大的转变是什么？B：我变得乐于与人交流了。	
	A：近几年你的家乡有什么转变吗？B：我的家乡变得更加干净、更加城市化了。	
770 转告	전언하다. 전달하다. (말을) 전하다.	

zhuǎngào	A: 能帮我转告他一件事吗？ B: 好的，你说。	
	A: 他要你转告我什么？ B: 他让我转告你自己多保重身体。	
	A: 明天有会议，可我现在联系不到他怎么办？ B: 我会转告他明天按时参加。	
	A: 你好，董事长在吗？ B: 他不在，有什么事就跟我说吧，等他回来我会转告他的。	
771 装 **zhuāng**	싣다. 포장하다. (물건을) 담다.	
	A: 你包里装的是什么？ B: 各种化妆品，还有一瓶水。	
	A: 你的手机在哪里？ B: 我的手机装在包里了。	
	A: 现在穿长袖是不是太热了？ B: 是的，现在该穿夏装了。	
	A: 你觉得那辆车上装的是什么？ B: 我觉得可能是沙子。	
772 装饰 **zhuāngshì**	장식품. 장식하다..	
	A: 春节期间，妈妈用什么装饰屋子？ B: 妈妈喜欢用鲜花装饰屋子。	
	A: 是谁把教室装饰得这么美丽？ B: 是同学们，为了迎接圣诞节。	
	A: 你喜欢什么样的装饰风格？ B: 我喜欢简单大方的装饰风格。	
	A: 你觉得这家餐厅怎么样？ B: 这家餐厅装饰很具有中国文化特色。	
773 状况 **zhuàngkuàng**	상황. 형편. 상태.	
	A: 爷爷的身体状况怎么样？ B: 爷爷现在很健康。	
	A: 最近公司的经营状况怎么样？ B: 不太好，换了好几个经理，都不见好转。	
	A: 你知道他最近的状况吗？ B: 听说快要结婚了。	
	A: 你家里的经济状况怎么样？ B: 我家里的经济状况还可以。	
774 状态 **zhuàngtài**	상태.	
	A: 你今天身体状态怎么样？ B: 挺好的，我觉得充满了活力。	
	A: 病人现在是什么状态？ B: 已经三天了，病人一直处于昏迷状态。	

	A：他今天是不是发挥失常了？B：是的，他今天状态不佳。
	A：奶奶的病好些了吗？B：奶奶还处于危险状态，需要时刻观察。
775 追求 **zhuīqiú**	추구하다. 탐구하다. 쫓다. A：你追求什么样的生活？B：我追求简简单单，平平淡淡的生活。 A：经营者的追求是什么？B：让顾客高兴而来，满意而去。 A：你被别人追求过吗？B：有的，但我拒绝了他。 A：你追求过别人吗？B：追求过，但是被他拒绝了。
776 资格 **zīgé**	자격. A：这次作文大赛参赛的资格是什么？B：只要是本校的学生就有资格参赛。 A：他为什么被取消了参赛资格？B：因为他作弊了。 A：满足什么条件才有资格报名？B：凡是18周岁以上的公民都有资格报名。 A：谁有资格决定你的未来？B：没有人，除了你自己。
777 资金 **zījīn**	자금. A：他是怎么筹到资金的？B：为了筹集到资金，她四处奔波。 A：你觉得什么对于公司比较重要？B：我觉得资金和人才很重要。 A：这家公司上个月还好好的，怎么突然就倒闭了？B：因为经理卷走了所有的资金。 A：他为什么三番五次向银行申请贷款？B：为了获得周转资金。
778 资料 **zīliào**	자료. A：你每天去图书馆干什么？B：我每天都去查询资料。 A：学校哪里的资料最多最全？B：我觉得图书馆的资料最多最全。 A：你能把你的学习资料借我看看吗？B：可以，拿去看吧。 A：他最近在搜集什么资料？B：他最近在搜集有关地震的资料。

779 资源 **zīyuán**	자원. A：我们应该如何节约水资源？B：日常生活中要注意节约用水。 A：土地中蕴含着什么资源？B：土地中蕴含着丰富的煤炭资源。 A：我们为什么要节约资源？B：因为地球上的资源是有限的，不可再生的。 A：如果不珍惜水资源会怎么样？B：如果不珍惜水资源，地球就会变成一片荒漠。
780 姿势 **zīshì**	자세. 모양. A：用什么姿势看书会损害视力？B：躺着看书，趴着看书都对眼睛不好。 A：写字的姿势不端正会怎样？B：会损害身体健康。 A：姐姐跳舞的姿势像什么？B：像一只翩翩起舞的天鹅一般优美。 A：蛙泳的姿势像什么？B：像青蛙，就是因为这个才命名为蛙泳的。
781 咨询 **zīxún**	자문하다. 상의하다. A：有不懂的事情该怎么做？B：应该向父母，老师或专业人士咨询一下。 A：与法律有关的事情应该去哪儿咨询？B：可以到律师事务所去咨询。 A：怎么才能知道这个商品的价格呢？B：你可以给专卖店打电话咨询一下。 A：怎样才能知道机票的价格？B：你可以向旅行社咨询一下。
782 字幕 **zìmù**	자막. A：这部美国电影有中文字幕吗？B：应该有。 A：你能看懂有字幕的中国电影吗？B：勉强可以。 A：你喜欢看带字幕的电影还是不带字幕的？B：不带字幕的，这样可以锻炼听力。 A：你制作过电影字幕吗？B：我们在大学期间制作过。
783 自从 **zìcóng**	~에서. ~부터. A：这里什么时候开始热闹起来了？B：自从通了火车，小镇就变得热闹起来了。

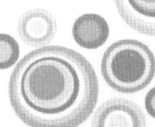

	A：他从什么时候开始变得不爱说话了？B：自从他父母离婚以后。 A：你什么时候来的韩国？B：自从大学毕业后就来了。 A：他从什么时候开始联系不上的？B：自从十年前一别，他就没了消息。
784 自豪 zìháo	자랑스럽다. 스스로 자랑스러워 하다. A：你什么时候会感到自豪？B：当国歌响起时，我会感到无比自豪。 A：看到故乡的变化，你有什么感受？B：我感到非常自豪。 A：最让父母感到自豪的是什么？B：是自己的孩子。 A：你为什么而自豪？B：我为祖国的强大而自豪。
785 自觉 zìjué	자각하다. 스스로 느끼다. 자발적인. 자진하여. A：你能自觉遵守交通规则吗？B：我可以。 A：下课后你能自觉完成作业吗？B：我课后可以自觉完成作业。 A：你能自觉按时吃药吗？B：我可以自觉地按时吃药。 A：老师不在的时候，你能自觉地维持纪律吗？B：我能自觉地维持纪律。
786 自私 zìjué	자각하다. 스스로 느끼다. 자발적인. 자진하여.. A：什么叫自私？B：只为自己打算，只图个人利益。 A：他是一个自私的人吗？B：不是，他是一个非常慷慨的人。 A：自私的人一定是坏人吗？B：不一定，他可能也会帮助别人。 A：你身边有自私的人吗？B：有，我自己有时候也会自私。
787 自信 zìxìn	자신하다. 자부하다. 자신감. 자신만만하다. A：他这次失败的原因是什么？B：他这次失败的原因就是太缺乏自信心。 A：你是一个自信的人吗？B：我是一个自信的人。 A：什么叫自信？B：自己相信自己就叫自信。

	A：自信可以带给我们什么？B：自信可以带给我们克服困难的勇气。
788 自由 **zìyóu**	자유롭다. 자유. A：你向往什么样的生活？B：我向往自由自在的生活。 A：你为什么喜欢放假？B：因为一放假我就自由了。 A：小鸟在笼子里自由吗？B：肯定不自由，我们放它走吧。 A：你爸妈是自由恋爱吗？B：我爸妈是自由恋爱。
789 自愿 **zìyuàn**	자원하다. A：谁让他去矿山工作的？B：他自愿去的。 A：谁让他去打扫街道的？B：他是自愿去打扫街道的。 A：那位老人拿自己的积蓄做了什么？B：那位老人自愿捐出所有的积蓄，希望孩子们早日回到教室上课。 A：这些书是从哪里来的？B：这些书都是同学们自愿捐出来的。
790 综合 **zōnghé**	종합하다. 총괄하다. A：他们两个的实力怎么样？B：从他俩的综合实力来看,水平不相上下。 A：你的成绩怎么样？B：我数学成绩偏低，但综合成绩还行。 A：我们平时学到的知识有什么用？B：我们要把学到的知识综合利用起来。 A：综合是什么意思？B：不同类别的事物组合在一起。
791 总共 **zǒnggòng**	모두 합쳐서. 도합. 전부. A：你总共去过几次游乐园？B：我总共去过两次。 A：这些东西总共是多少钱？B：总共是350元人民币。 A：从你家到学校总共多远？B：总共250米。 A：你家总共有几口人？B：我家总共有3口人。

	A：你这周总共来上了几天课？B：我这周总共上了6天课。
792 总理 zǒnglǐ	총리. A：你最喜欢哪一位总理？B：我最喜欢周恩来总理。 A：周总理是一位怎样的人？B：周总理是一位平易近人，和蔼可亲的人。 A：周总理年轻时的志向是什么？B：为中华崛起为读书。 A：周总理去世时你的心情怎么样？B：我们都很悲伤。
793 总算 zǒngsuàn	마침내. 드디어. A：雨好像停了？B：一连下了好几天雨，今天总算放晴了。 A：姐姐中考成绩怎么样？B：姐姐终于考上了重点高中，总算没有白费力气。 A：你工作做完了吗？B：熬了好几晚，总算完成了。 A：你昨天什么时候到的家？B：昨天晚上堵车厉害，不过11点多总算到家了。
794 总之 zǒngzhī	총괄적으로 말하면. 한마디로 말하지면. A：成功需要什么？B：成功是需要信心、耐心和恒心的，总之，成功绝非易事。 A：水有多么重要？B：没有水，人类就没法生存，总之，我们要珍惜水资源。 A：我应该选择一份什么样的工作？B：总之不管你选择了什么工作，都要尽职尽责。 A：空气对动物重要还是对植物重要？B：总之不管是动物还是植物，都离不开空气。
795 组合 zǔhé	조합합다. 조립하다. A：今天课上我们怎么分组？B：老师说今天我们自由组合。 A：你能将拆分的电视重新组合起来吗？B：我可以将它重新组合起来。 A：你喜欢什么颜色的组合？B：我喜欢白色和黑色的组合。 A：这套音响组合怎么样？B：这套音响组合比较便宜。

796 阻止 zǔzhǐ	저지하다. 가로막다. A：他为什么阻止妈妈上班？B：因为他自己一个人在家很害怕。 A：什么能阻止你们前进的步伐？B：再大的困难,也阻止不了我们前进的步伐。 A：外面下雨了，你还去公园跑步吗？B：去，再大的雨也阻止不了我去跑步。 A：妈妈会阻止你做你自己想做的事吗？B：不会，她会支持我的决定。
797 醉 zuì	(술에) 취하다. A：哥哥怎么在家胡言乱语？B：因为他喝醉了。 A：喝醉的人一般有什么表现？B：喝醉的人走路时一般会摇摇晃晃的。 A：什么能使你沉醉？B：爱情能使我沉醉。 A：什么是酒鬼？B：人们把爱喝酒，经常喝醉的人称为酒鬼。
798 尊敬 zūnjìng	존경하다. A：你最尊敬的人是谁？B：我最尊敬的人是我的老师。 A：人们为什么都很尊敬那位老人？B：因为他仁慈，忠厚，所以大家都很尊重他。 A：什么人会得到别人的尊敬？B：品格高尚的人会得到别人的尊敬。 A：我们为什么要尊敬他人？B：因为尊敬他人就是尊敬自己，想要受到别人尊敬，必须学会尊敬别人。
799 遵守 zūnshǒu	준수하다. 지키다. A：每个人都必须遵守法律吗？B：是的，每个人都应该自觉遵守纪律。 A：我们为什么要遵守交通规则？B：为了防止发生交通事故。 A：你能自觉遵守学校的纪律吗？B：我可以自觉遵守学校的纪律。 A：我们为什么遵守学校的纪律？B：因为我们是学生，所以我们要遵守学校的纪律。
800 作为	~로 여기다. 할 수 있는 일.

zuòwéi	A：他把什么作为第一目标？B：他把坚持不懈地学习作为第一目标。	
	A：作为法官，你的职责是什么？B：我的职责是维护社会的公平和公正。	
	A：你为什么这么认真学习？B：为了将来有所作为。	
	A："大有作为"什么意思？B：形容大大地发挥作用，做出重大贡献。	

〈 단어 701-750 〉

701-750 单词	拼音	意思
潜水	qiánshuǐ	잠수하다
放松	fàngsōng	늦추다. 느슨하게 하다. 정신적 긴장을 풀다.
温习	wēnxí	복습하다
垂头丧气	chuítóusàngqì	의기소침하다. 풀이 죽고 기가 꺾이다.
柔和	róuhé	연하고 부드럽다
生硬	shēngyìng	부드럽지 못하다. 딱딱하다
朗读	lǎngdú	낭독하다. 맑고 큰 소리로 읽다
台风	táifēng	태풍
降温	jiàngwēn	온도를 내리다〔낮추다〕
准	zhǔn	정확하다
酒店	jiǔdiàn	대형 호텔·여관
首尔	shǒuěr	서울
婚礼	hūnlǐ	결혼식. 혼례
推迟	tuīchí	뒤로 미루다. 늦추다. 연기하다
教堂	jiàotáng	교회(당), 성당
航空	hángkōng	항공
官网	guānwǎng	홈페이지, 공식 사이트
锻炼	duànliàn	단련하다, 단조하다. 제련하다
感冒	gǎnmào	감기
戴口罩	dàikǒuzhào	마스크를 쓰다/끼다.

疾病	jíbìng	병. 질병
传染	chuánrǎn	전염하다. 감염하다. 옮다
预防针	yùfángzhēn	예방 주사.
勤洗手	qínxǐshǒu	부지런하게 손을 씻다.
讲卫生	jiǎngwèishēng	위생에 주의하다
退学	tuìxué	퇴학하다. 학교를 그만두다.
变更	biàngēng	변경하다
情绪	qíngxù	정서. 감정. 마음. 기분.
芦苇	lúwěi	갈대
茎	jīng	식물의 줄기
坚韧	jiānrèn	단단하고 질기다. 강인하다.
停产	tíngchǎn	생산을 중지하다.
面粉	miànfěn	밀가루.
小麦	xiǎomài	밀.
诚实守信	chéngshíshǒuxìn	성실하게 신용을 지키다
和平共处	hépínggòngchǔ	평화롭게 공존하다
尊重主权	zūnzhòngzhǔquán	주권을 존중하다
领土完整	lǐngtǔwánzhěng	완전한 영토, 영토 보전
侵犯	qīnfàn	침범하다
干涉内政	gānshènèizhèng	내정 간섭
平等互利	píngděnghùlì	호혜 평등, 평등하게 서로 이익을 주다
为人处世	wéirénchǔshì	처세, 남과 잘 어울리며 처세하다.
实事求是	shíshìqiúshì	실사구시. 사실에 토대로 하여 진리를 탐구하다.
沙漠	shāmò	사막.

望子成龙	wàngzǐchénglóng	아들이 훌륭한 인물이 되기를 바라다.
望女成凤	wàngnǚchéngfèng	딸이 훌륭한 인물이 되기를 바라다.
梦寐以求	mèngmèiyǐqiú	꿈 속에서도 바라다. 간절히 갈망하다.
航海	hánghǎi	항해하다.
晕船	yūnchuán	배멀미하다.
中暑	zhòngshǔ	더위먹다. 중서에 걸리다.
蹲	dūn	쪼그리고 앉다.
随时	suíshí	수시로. 언제나.
糟透	zāotòu	엉망진창이다. 난처하게 되다.
钓	diào	낚다. 낚시질하다.
旅客	lǚkè	여행객. 여객
吨	dūn	(중국식) 톤(ton). ['1 吨'은 1,000kg 임]
效率	xiàolǜ	능률
切忌	qièjì	절대 삼가다. 절대 방지하다
死记硬背	sǐjìyìngbèi	(이해도 못하면서) 무턱대고 외우고, 기계적으로 암송하다.
举一反三	jǔyīfǎnsān	한 가지 일로부터 많은 것을 유추하고 이해하다.
灵活	línghuó	융통성〔신축성〕 있다
背单词	bèidāncí	외우다. 암송하다
孙子兵法	sūnzǐbīngfǎ	손자병법
胜仗	shèngzhàng	승전
损失	sǔnshī	손실. 손해
洪涝	hónglào	논밭이 침수되는 재해.
地震	dìzhèn	지진

梦想中国语 会话

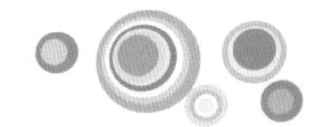

团结一致	tuánjiéyīzhì	일치 단결
曾经	céngjīng	일찍이. 이전에. 이미. 벌써
绿洲	lǜzhōu	오아시스, 물 가운데 있는 녹지
污染	wūrǎn	오염시키다.
委婉	wěiwǎn	완곡하다. 은근하다. 부드럽다
成绩单	chéngjìdān	성적서. 성적표.
发脾气	fāpíqì	성질부리다. 화내다. 성내다.
伤害	shānghài	상하게 하다. 다치게 하다. 상처를 입히다.
营养不良	yíngyǎngbùliáng	영양실조
过于节俭	guòyújiéjiǎn	지나치게 검소하다
委屈	wěiqū	억울하다
怪	guài	탓하다
提前	tíqián	미리, 앞당기다
偷吃	tōuchī	훔쳐 먹다. 남몰래 먹다.
野花	yěhuā	야생화. 들꽃. 야화.
果园	guǒyuán	과수원
成熟	chéngshú	익다. 여물다. 성숙하다
帽子	màozi	모자.
粘贴	zhāntiē	붙이다. 바르다
简历	jiǎnlì	이력서.
胶水	jiāoshuǐ	풀
胶带	jiāodài	테이프
剪刀	jiǎndāo	가위
废纸	fèizhǐ	폐지

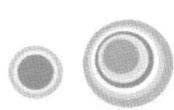
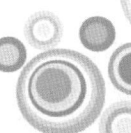

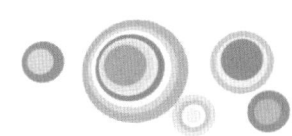

避免	bìmiǎn	피하다. (모)면하다.
就	jiù	...에 대해
追星	zhuīxīng	스타를 우상으로 받들다.스타를 숭배하다.덕질하다
激烈	jīliè	격렬하다. 치열하다
翅膀	chìbǎng	날개
看图作文	kàntúzuòwén	그림을 보고 글을 쓰다
沉重	chénzhòng	몹시 무겁다
珍贵	zhēnguì	진귀하다. 귀중하다.
古代文物	gǔdàiwénwù	고대 문물
参观	cānguān	참관하다. 견학하다. 시찰하다
看待	kàndài	대(우)하다. 다루다. 취급하다
抗日战争	kàngrìzhànzhēng	항일 전쟁
题材	tícái	제재. 문학이나 예술 작품의 소재
水涨船高	shuǐzhǎngchuángāo	물이 불어나면 배도 올라간다.
升高	shēnggāo	위로 오르다. 높이 오르다
绘画	huìhuà	그림을 그리다
技巧	jìqiǎo	기교. 기예
暂时	zànshí	잠깐. 잠시. 일시
密码	mìmǎ	암호. 비밀 번호
申请	shēnqǐng	신청하다
设置	shèzhì	설치하다. 설립하다. 세우다
家乡	jiāxiāng	고향
米酒	mǐjiǔ	미주. 쌀술. 쌀로 담근 술. 막걸리
西藏	xīzàng	[지명] 서장

牧民	mùmín	유목민
流鼻涕	liúbítì	콧물이 나오다
班会	bānhuì	학년·반·조 등의 회의.
布置	bùzhì	안배하다. 진열하다. 배치하다.
夏季	xiàjì	하계. 여름
餐厅	cāntīng	식당
营业	yíngyè	영업하다.
报道	bàodào	보도.
虚假	xūjiǎ	거짓의. 허위의. 속임수의. 가짜의. 위선의.
合成	héchéng	합성하다
根据	gēnjù	…에 의거하여.근거하다. 의거하다. 따르다.
拍摄	pāishè	촬영하다
粮食	liángshì	양식. 식량.
果实	guǒshí	성과. 수확.
裙子	qúnzi	치마. 스커트.
有限	yǒuxiàn	유한하다. 한계가 있다.
闷闷不乐	mènmènbúlè	마음이 답답하고 울적하다. 몹시 우울해하다
目前	mùqián	지금. 현재.
秘密	mìmì	비밀. 기밀
瞧瞧	qiáoqiáo	보다. 구경하다
瞎话	xiāhuà	거짓말. 헛된 소리
肆无忌惮	sìwújìdàn	제멋대로 굴고 전혀 거리낌이 없다.
阻止	zǔzhǐ	저지하다.
一致	yīzhì	일치하다.

梦想中国语 会话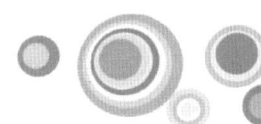

同桌	tóngzhuō	짝꿍
结束	jiéshù	끝나다. 마치다. 종결하다. 종료하다. 마무르다
环游	huányóu	주유(周遊)하다. 돌아다니며 구경하다.
制定	zhìdìng	제정하다. 작성하다. 확정하다
法律	fǎlǜ	법률
遵守	zūnshǒu	준수하다. 지키다
计划生育	jìhuàshēngyù	산아 제한 계획. 계획출산
逮捕	dàibǔ	체포하다. 잡다. 붙들다
犯罪	fànzuì	죄를 저지르다
蛋糕	dàngāo	케이크
空口无凭	kōngkǒuwúpíng	그저 말만 할 뿐 실제 증거가 없다
打工	dǎgōng	아르바이트하다. 일하다
初中	chūzhōng	중학교
意义	yìyì	의의. 의미
自豪	zìháo	스스로 긍지를 느끼다. 스스로 자랑스럽게 생각하다
借	jiè	빌려주다
哄宝宝	hǒngbǎobǎo	아기를 재우다
摇篮曲	yáolánqǔ	자장가
雪糕	xuěgāo	아이스크림
空头支票	kōngtóuzhīpiào	공수표. 부도 수표
用处	yòngchù	용도. 용처. 쓸모
取钱	qǔqián	출금하다. 돈을 찾다
用途	yòngtú	용도
街	jiē	거리. 가두. 길거리. 가로. 대로. 큰길

松树	sōngshù	소나무
升国旗	shēngguóqí	국기를 게양하다.
笔直	bǐzhí	아주 똑바르다. 매우 곧다. 꼿꼿하게.
致敬	zhìjìng	경례를 보내다. 경의를 표하다
弯曲	wānqū	만곡하다. 꼬불꼬불하다. 구불구불하다
公路	gōnglù	도로. 공로
警车	jǐngchē	경찰차.
执行任务	zhíxíngrènwù	임무를 집행하다
上级	shàngjí	상부. 상사.
下达	xiàdá	하달하다. 내려오다
命令	mìnglìng	명령
敷衍	fūyǎn	대강대강 일을 끝내다
掌握	zhǎngwò	숙달하다. 정통하다. 파악하다.
温柔	wēnróu	온유하다. 부드럽고 상냥하다
劝告	quàngào	권고하다. 충고하다
随便	suíbiàn	마음대로. 함부로 하다
服用	fúyòng	먹다. 복용하다
原本	yuánběn	원래
教练	jiàoliàn	감독. 코치
反败为胜	fǎnbàiwéishèng	역전승하다
打扫卫生	dǎsǎowèishēng	청소하다
马戏团	mǎxìtuán	곡예
训练	xùnliàn	훈련하다. 훈련시키다
指挥员	zhǐhuīyuán	지휘관. 지휘자

将军	jiāngjūn	장군
规章	guīzhāng	규칙. 규정. 장정
维护	wéihù	유지하고 보호하다. 지키다

〈 단어 751-800 〉

751-800 单词	拼音	意思
惩罚	chéngfá	징벌(하다). 징계하다
实际	shíjì	실제
认真	rènzhēn	진지하다. 착실하다. 진솔하다
新年	xīnnián	신년. 새해
贺卡	hèkǎ	축하 카드
玩具	wánjù	장난감
塑料	sùliào	플라스틱. 비닐
收集	shōují	수집하다. (끌어)모으다
落叶	luòyè	낙엽
标本	biāoběn	표본
太空船	tàikōngchuán	우주선
外星人	wàixīngrén	외계인
埃及人	āijírén	이집트인.
遗憾	yíhàn	유감이다. 유감스럽다.
去世	qùshì	돌아가다. 세상을 뜨다
赶回家	gǎnhuíjiā	집으로 쫓아가다. 서둘러 집에 돌아왔다.
不至于	búzhìyú	~까진 아니다. ~까진 하지않다.
围棋	wéiqí	바둑
象棋	xiàngqí	중국 장기

一窍不通	yīqiàobùtōng	아무것도 모르다. 아는 게 하나도 없다
道歉	dàoqiàn	사과하다
早出晚归	zǎochūwǎnguī	아침 일찍 나가 저녁 늦게 돌아오다
住院	zhùyuàn	입원하다
加重	jiāzhòng	가중되다. 심해지다
职责	zhízé	직책. 본분의 책임. 마땅히 져야 할 책임
积极	jījí	적극적이다
排队	páiduì	줄을 서다
自觉	zìjué	자각하다. 자발적인
交警	jiāojǐng	(교통 경찰)의 약칭. 교통 경찰관
维护	wéihù	유지하고 보호하다. 지키다
稳重	wěnzhòng	신중하다. 진중하다
考虑	kǎolǜ	고려하다. 생각하다
积累	jīlěi	쌓이다. 누적되다. 축적되다
提高	tígāo	제고하다. 향상시키다. 높이다
急于求成	jíyúqiúchéng	객관적인 조건을 무시하고, 서둘러 목적을 달성하려 하다
随着	suízhe	(…에) 따르다. …따라서
差距	chājù	격차. 차이
减小	jiǎnxiǎo	작아지다. 잦아들다
脚印	jiǎoyìn	발자국. 발자취. 족적
班长	bānzhǎng	반장
优美	yōuměi	우미하다. 우아하고 아름답다
客观	kèguān	객관적이다

导致	dǎozhì	야기하다. 초래하다. 가져오다
不肯	bùkěn	…하려 하지 않다
第一任	dìyīrèn	초대
主席	zhǔxí	주석
简称	jiǎnchēng	약칭
书法家	shūfǎjiā	서예가. 서도가
协会	xiéhuì	협회
放弃	fàngqì	버리다. 포기하다
泄露	xièlòu	누설하다. 폭로하다
自作主张	zìzuòzhǔzhāng	자신의 생각대로 정하다
批评	pīpíng	비평하다
过马路	guòmǎlù	길을 건너다
百年好合	bǎiniánhǎohé	평생토록 화목하다
白头偕老	báitóuxiélǎo	백발이 되도록 해로하다
福如东海	fúrúdōnghǎi	동해 바다처럼 한없는 복을 누리십시오
邮箱	yóuxiāng	이메일
手续	shǒuxù	수속. 절차
填写	tiánxiě	써 넣다. 기입하다
密码	mìmǎ	암호. 비밀 번호
身份证号码	shēnfènzhènghàomǎ	주민등록번호
排练	páiliàn	무대 연습을 하다. 리허설을 하다
技艺	jìyì	기예. 기술. 기교
研究	yánjiū	연구하다. 탐구하다
特长	tècháng	특기. 장기. 장점. 특색

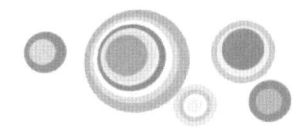

教授	jiàoshòu	교수
脑科	nǎokē	뇌과
料理	liàolǐ	요리
专心致志	zhuānxīnzhìzhì	온 마음을 다 기울이다. 전심전력으로 몰두하다
由	yóu	…부터.에서
乐于	lèyú	기꺼이 (어떤 일을) 하다
交流	jiāoliú	서로 소통하다. 교류하다
更加	gèngjiā	더욱. 더
城市化	chéngshìhuà	도시화
保重	bǎozhòng	건강에 주의[유의]하다. 몸조심하다
董事长	dǒngshìzhǎng	대표이사. 회장. 이사장
化妆品	huàzhuāngpǐn	화장품
长袖	chángxiù	긴소매 셔츠
夏装	xiàzhuāng	여름옷. 하복
辆	liàng	대. 량
沙子	shāzi	모래
迎接圣诞节	yíngjiēshèngdànjié	성탄절을 맞이하다
风格	fēnggé	스타일
大方	dàfāng	속되지 않다. 세련되다. 고상하다. 우아하다.점잖다
经营	jīngyíng	운영하다
活力	huólì	활력. 생기. 원기
昏迷	hūnmí	혼미하다. 의식불명이다
发挥失常	Fāhuīshīcháng	정상적으로 발휘하지 못하다
不佳	bùjiā	좋지 않다

危险	wēixiǎn	위험하다
时刻观察	shíkèguānchá	시시각각으로 살피다
平平淡淡	píngpíngdàndàn	보통이다. 평범하다. 그저 그렇다
拒绝	jùjué	거절하다. 거부하다
参赛	cānsài	시합에 참가하다. 경기에 나가다
作弊	zuòbì	커닝하다. 법이나 규정을 어기다
满足	mǎnzú	만족하다. 만족시키다
凡是	fánshì	~하기만 하면
筹到	chóudào	모으다
四处奔波	sìchùbēnbō	이리 뛰고 저리 뛰었다
倒闭	dǎobì	도산하다
卷走	juǎnzǒu	휩쓸다
三番五次	sānfānwǔcì	여러 번. 누차. 수 차례
申请贷款	shēnqǐngdàikuǎn	차관신청
周转	zhōuzhuǎn	(자금을) 회전시키다. 회전[운전]
查询	cháxún	문의하다. 조회하다. 조사하여 묻다. 알아보다
搜集	sōují	수집하다. 모아들이다. 찾아 모으다. 채집하다
地震	dìzhèn	지진
节约	jiéyuē	절약하다. 줄이다. 아끼다
蕴含	yùnhán	포함하다. 내포하다. 함유하다. 품다
煤炭	méitàn	석탄
不可再生	bùkězàishēng	재생 불능. 비재생
荒漠	huāngmò	황량한 사막
损害视力	sǔnhàishìlì	시력을 해치다

端正	duānzhèng	바르다. 단정하다
翩翩起舞	piānpiānqǐwǔ	나풀나풀 춤추다
天鹅一般优美	tiānéyībānyōuměi	백조처럼 아름답다
蛙泳	wāyǒng	개구리헤엄. 평영
命名	mìngmíng	명명하다. 이름짓다
律师事务所	lǜshīshìwùsuǒ	변호사 사무소
专卖店	zhuānmàidiàn	전문 매장
旅行社	lǚxíngshè	여행사
勉强	miǎnqiáng	간신히[가까스로·억지로] …하다
锻炼	duànliàn	단련하다
热闹	rènào	번화하다. 번화한[떠들썩한] 장면
通了火车	tōnglehuǒchē	기차가 개통되다
小镇	xiǎozhèn	작은 마을
离婚	líhūn	이혼하다
一别	yībié	헤어지다
响起	xiǎngqǐ	울려퍼지다. 울리다
祖国	zǔguó	조국
强大	qiángdà	강대하다
规则	guīzé	규칙. 규정. 법규
维持纪律	wéichíjìlǜ	규율을 유지하다
图	tú	욕심부리다. 탐내다
利益	lìyì	이익. 이득
慷慨	kāngkǎi	아끼지 않다. 후하다
缺乏	quēfá	결핍되다. 결여되다

梦想中国语 会话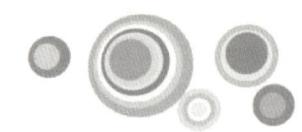

克服	kèfú	극복하다. 이기다
自由自在	zìyóuzìzài	자유자재하다. 조금도 제한이나 속박이 없는 상태
笼子	lóngzi	조롱. 장
肯定	kěndìng	확실히. 틀림없이. 분명히
恋爱	liànài	연애하다. 서로 사랑하다
矿山	kuàngshān	광산
街道	jiēdào	거리
积蓄	jīxù	저금. 모아둔 돈
捐出	juānchū	기부하다
早日	zǎorì	일찍이. 신속하게. 빨리
不相上下	bùxiāngshàngxià	우열을 가릴 수 없다. 막상막하
偏低	piāndī	너무 낮다. 일방적으로 낮다.
类别	lèibié	종류. 유별. 종별. 유형
组合	zǔhé	조합하다
游乐园	yóulèyuán	놀이공원
和蔼可亲	héǎikěqīn	상냥하고 친절하다. 온화하고 정겹다
志向	zhìxiàng	지향. 포부. 장래 희망
崛起	juéqǐ	우뚝 솟다
悲伤	bēishāng	마음이 아프다. 마음이 상하다
放晴	fàngqíng	날씨가 개다
白费力气	báifèilìqì	힘을 헛되이 소비하다. 헛수고하다
熬	áo	밤새다
堵车	dǔchē	교통이 꽉 막히다. 교통이 체증되다
恒心	héngxīn	변함없는[꾸준한] 마음[의지]. 항심

绝非易事	juéfēiyìshì	절대 쉬운 일이 아니다
尽职尽责	jìnzhíjìnzé	직무와 책임을 다하다
拆分	chāifēn	헐다. 부수다. 해체하다
音响	yīnxiǎng	음향. 음향 기기
步伐	bùfá	걸음걸이. 발걸음. 속도. 순서
支持	zhīchí	지지하다
胡言乱语	húyánluànyǔ	호언란설. 허튼소리를 함부로 지껄이다
摇摇晃晃	yáoyáohuànghuàng	흐늘쩍흐늘쩍. 비틀비틀하다. 휘청휘청하다
沉醉	chénzuì	몹시 취하다. 만취하다. 대취하다
酒鬼	jiǔguǐ	술고래. (술)주정뱅이
仁慈	réncí	인자하다
忠厚	zhōnghòu	충직하고 온후하다. 충후하다
品格高尚	pǐngégāoshàng	성품이 고상하다
规则	guīzé	규칙. 규정. 법규
防止	fángzhǐ	방지하다
纪律	jìlǜ	기율. 기강. 법도
坚持不懈	jiānchíbúxiè	조금도 느슨해지지 않고 끝까지 견지하다
法官	fǎguān	(법관·사법관)'의 통칭
职责	zhízé	직책. 본분의 책임. 마땅히 져야 할 책임
维护	wéihù	유지하고 보호하다. 지키다
有所作为	yǒusuǒzuòwéi	성과가 있다
发挥	fāhuī	발휘하다.